Anja Krüger

DIE ANGSTMACHER

Titel in der Regel auch als E-Book erhältlich

Anja Krüger

DIE ANGST MACHER

Wie uns die Versicherungswirtschaft abzockt

Lübbe Ehrenwirth

Dieser Titel ist auch als E-Book erschienen

Lübbe Ehrenwirth in der Bastei Lübbe GmbH & Co. KG

Originalausgabe

Dieses Werk wurde vermittelt durch Aenne Glienke,
Agentur für Autoren und Verlage, www.aenneglienkeagentur.de

Textredaktion: Dr. Katharina Theml, Wiesbaden
Umschlaggestaltung: Johannes Wiebel, punchdesign, München
Umschlagmotiv: Illustration Johannes Wiebel, punchdesign, München, unter Verwendung eines Motivs von © musicman/Shutterstock
Satz: Siebel Druck & Grafik, Lindlar
Gesetzt aus der Weiss
Druck und Einband: GGP Media GmbH, Pößneck

Printed in Germany
ISBN 978-3-431-03844-6

5 4 3 2 1

Sie finden uns im Internet unter: www.luebbe.de
Bitte beachten Sie auch: www.lesejury.de

Inhaltsverzeichnis

Vorwort 9

I. **Bündnis für Pfründe** 13

1. Verzögern, verschleppen, sich verklagen lassen 14
Wenn ein Arbeitsunfall alles verändert / Psychotest statt Untersuchung

2. Wie die Politik die Bürger in die Arme der Assekuranz treibt 29
Hartz-IV-sichere Verträge / Furchtappelle / Erst Angst machen und dann abblitzen lassen / Genug ist nicht genug / Die Versorgungslücke / Schlechte Rendite, hohe Kosten, unflexibel / Systematisch in die Irre führen / Informationsbomben / Sterbetafeln nach Bedarf / Zu eigenen Gunsten verrechnen / Vorsorge statt Vergnügen / Mogelpackungen

3. Gute Freunde: Politiker und Versicherer 67
Der Drückerkönig wird gesellschaftsfähig / Genosse Generaldirektor / Versicherungsvertreter als Volksvertreter / Private Krankenversicherer auf dünnem Eis / Provisionsexzesse / Parteispenden / Kohls Kumpel

4. Die Verkäufer 92
Aggressive Verkaufstruppen / Der Gestank aus Budapest / Roadshow / Anbauen, Umbauen, Abbauen / Verkaufstechniken / Wir werden gekauft, wir verkaufen nicht / Berater in der Tasche / Virtuelle Vermittler / Mit Apps, Social Media & Co. auf Kundenfang

5. Exotenexkurs: Extremus und Atompool 117
Terrorversicherer als Standortfaktor / 250 Nuklear-Risiken

II. Branche auf Renditekurs **125**

1. Die verlogene Kampagne von ERGO 126
Lehrbeispiel für das falsche Spiel der Branche / PR statt Praxis / Fehlende Glaubwürdigkeit

2. Die Verschleierungstaktiken 143
Seehund ja, Kuh nein / Das Prinzip der benannten Gefahren / Verschlimmbesserung / Mit Unsinn Geld verdienen: Restschuldversicherungen / Policen bei Penny / Garantieversicherungen / Renditegrab Sterbegeldversicherung / Für jeden Anlass etwas / Unfallversicherungen

3. Wie schlecht Versicherer Geschädigte behandeln 176
Unfallopfer als Kollateralschaden des Preiskriegs / Mitschuld erklären, Ansprüche kürzen / Auto in Todesgefahr / Wenn ein Mensch zweimal zum Opfer wird / Vorsicht bei freundlichen Helfern

4. Die Servicewüste 203
Callcenter statt qualifizierte Mitarbeiter / Schwindende Kampfkraft / Die Männerbastion / Archaische Verhältnisse / Frauenförderung wegen Fachkräftemangels / Wie die Branche das Thema Versicherungsbetrug instrumentalisiert / Die schwarze Liste der Versicherer

III. Warum Verbraucher der Branche ausgeliefert sind 225

1. Der fast aussichtslose Kampf gegen die Versicherungswirtschaft 226
Ohrfeige für die Generali / Die AXA und die Loveparade / Wenn die Haftpflicht nicht zahlt

2. Wie weit der starke Arm der Assekuranz reicht 244
Übermächtige Gegner / Kein scharfes Schwert / Wie Versicherer Grundsatzurteile verbindern / Verbraucherschutz per Klage / Anwalts Liebling: Rechtsschutzversicherung / Wegfall des Alles-oder-Nichts-Prinzips

3. Wer enttäuschten Kunden hilft 264
Die Entscheidungsgewalt des Ombudsmanns / Kein echter Schiedsrichter für Privatpatienten / Die Versicherungsaufsicht BaFin / Hitliste der Beschwerden / Anstalt für Vertrauensbildung / Als die Assekuranz noch ein Kartell war

4. Assekuranz in Europa 285
Die Aufsichtsagentur EIOPA / Solvency II / Zum Glück gibt es Europa

Literaturverzeichnis 299

Anmerkungen 301

Vorwort

Was für eine Branche! Zwei Meldungen aus der jüngeren Vergangenheit werfen ein bezeichnendes Licht auf die Versicherungswirtschaft. Zuerst kommt heraus, dass der biedere Familienversicherer Hamburg-Mannheimer seine Topverkäufer in Budapest zu einer Sexparty mit Prostituierten eingeladen hat. Wenige Wochen später erstattet die Muttergesellschaft ERGO Anzeige wegen Erpressung gegen drei Personen. Ein obskurer Streit zwischen Vertretern und Versicherer soll hinter dem Bekanntwerden dieser und weiterer unschöner Meldungen über abgezockte Kunden stecken. Nun kümmert sich die Justiz um die Frage, ob das stimmt. Doch selbst wenn: Erpressbar muss man sich ja erst mal machen. Viele Menschen glauben, dass diese Sexparty keine Ausnahme in der Versicherungswirtschaft war und ist. Den Leuten in der Assekuranz traut das Publikum eine Menge zu.

Die Branche hat einen schlechten Leumund, nicht nur wegen solcher Affären. Sie hat ihn zu Recht, und zwar auch jenseits von *sex & crime*. Viele Menschen fühlen sich abgezockt. Die Bürger zahlen und zahlen und zahlen – aber wenn sie die Versicherung brauchen, haben sie nichts als Ärger. Ob es die Kamera ist, die der Freund kaputt gemacht hat, das eigene Auto, in das jemand gebrettert ist, oder eine Krankheit, wegen der ein Berufstätiger nicht mehr arbeiten kann –, immer müssen die Versicherungskunden darauf gefasst sein, dass ihr Versicherer den Schaden nicht reibungslos reguliert. Menschen, die bei einem Unfall unverschuldet schwer physisch oder psychisch verletzt wurden, werden nicht selten durch jahrelange Prozesse getrieben. Bis sie nicht mehr können. Zeichnet sich dagegen ab, dass ein Versicherer vor dem Bundesgerichtshof verliert, gibt er schnell klein bei, damit es kein Grundsatzurteil zuungunsten der Branche gibt.

Das sind keine gepflegten Vorurteile, das sind die Erfahrungen vieler Menschen.

Ja, dieses Buch ist kein ausgewogenes Buch. Die Lage lässt das nicht zu. Das Verhältnis zwischen Versicherungswirtschaft und Verbrauchern ist erschreckend ungleich: Mächtige und Ohnmächtige stehen sich gegenüber. Auf der einen Seite stehen die gewaltigen Unternehmen, die Zeit und Geld und Verkaufstruppen für alle denkbaren Zielgruppen haben. Brillante Köpfe in unzähligen Abteilungen entwickeln immer neue Verträge, um den Bürgern das Geld aus der Tasche zu ziehen, und immer abgedrehtere Vertragsunterlagen, die kein Mensch durchschauen kann. Ihr langer Arm reicht bis in Politik und Wissenschaft, Anwaltschaft und Gutachterwesen. Ihren Kunden und der Öffentlichkeit verweigern sie einen echten Einblick und verschanzen sich immer wieder hinter dem Argument »Geschäftsgeheimnis«. Wer so viele Geheimnisse hat wie die Versicherer, der muss auch etwas zu verbergen haben.

Auf der anderen Seite: die Verbraucher. Jeder Mensch fürchtet sich vor Schicksalsschlägen. Die Truppen der Assekuranz machen sich das zunutze. Wer furchtlos zu ihnen kommt, bleibt es nicht lange. Altersarmut, Berufsunfähigkeit, plötzlicher Herztod – Versorgungslücken gibt es immer zu entdecken. Angst macht Verbraucher zur schnellen Beute der Versicherer. Für jede Angst haben sie ein Angebot in der Tasche.

Der Staat zwingt die Bürger immer mehr zur privaten Vorsorge, was viele mit »Versicherungen abschließen« übersetzen. Sie sollen private Rentenversicherungen kaufen, die so kompliziert gestrickt sind, dass sie keine Chance haben, sie zu verstehen. Der Bürger kann nur Blackboxes miteinander vergleichen und nur ungefähr erahnen, was am Ende dabei herauskommt. Versicherungsbedingungen werden in Deutschland nicht geschrieben, damit die Kunden sie lesen und verstehen. Sie werden erstellt und in schlimmstem Juristendeutsch gehalten, damit der Versicherer auf der sichereren Seite ist. Kunden kaufen die Katze im Sack. Jeder weiß das. Wir alle verhalten uns so, weil wir Versicherungsschutz brauchen und keine Alternative dazu haben. Jeder unterschreibt Versicherungsverträge, die er nicht gelesen hat oder nicht versteht, nicht verstehen kann. Das ist der Normalfall. Und das ist schlecht.

Natürlich gibt es auch gute Versicherungen. Aber das große Problem ist: Man kann sie nicht erkennen. Der Kunde muss Glück haben. Er muss das Glück haben, einen wirklich guten Berater, Versicherungsmakler oder – ja, selbst die gibt es – guten Vertreter zu finden. Er muss das Glück haben, dass die ausgesuchte Police hält, was man ihm verspricht. Er kann es ja nicht kontrollieren. Er muss das Glück haben, dass der Versicherer nicht plötzlich seine Geschäftsstrategie ändert oder aufgekauft wird und schärfere Richtlinien aus dem guten einen schlechten Vertrag machen. Er muss das Glück haben, dass die Police nicht nur deshalb so günstig ist, weil der Anbieter in Kürze pleitegeht. Wer Glück haben muss, der hat schon Pech. Denn er ist den Gewalten einfach ausgeliefert.

Stellt sich heraus, dass der Kunde leider eine Niete gezogen hat, ist es zu spät. Er bleibt auf dem Schaden sitzen oder muss wegen der niedrigen Rente darben. Viele kapitulieren im Kleinkrieg mit Sachbearbeitern und Juristen. Aber es gibt auch viele, die sich nicht geschlagen geben. Sie werden oft als Querulanten, Simulanten oder notorische Nörgler abgestempelt. Sie verdienen unseren Respekt. Die Idee, dass Angebot und Nachfrage für ein Gleichgewicht auf dem Markt sorgen, funktioniert in der Versicherungswirtschaft nicht. Ob beim Verkauf oder bei der Regulierung von Schäden, die Branche missbraucht ihre Macht. Davon handelt dieses Buch.

I. Bündnis für Pfründe

1. Verzögern, verschleppen, sich verklagen lassen

Zu verkaufen steht über dem Schild mit der Hausnummer, das in die Gasse in Werne-Stockum zeigt. Am Ende der kleinen Straße wohnen Uwe Steinhardt und seine Frau in einem großzügigen Einfamilienhaus mit schönem Wintergarten. Noch. Das Paar – die drei erwachsenen Kinder sind ausgezogen – sieht keine andere Lösung mehr als den Hausverkauf. Langsam, aber sicher gehen die finanziellen Reserven zu Ende. Die beiden wollen die Zügel in der Hand behalten, sie wollen nicht warten, bis die Zwangsversteigerung droht. Schon immer waren sie vorausschauend, schon immer gingen sie lieber auf Nummer sicher. Um sich gegen Schicksalsschläge zu wappnen, versicherte sich das Paar gut. Das kostete viel Geld. Dann hatte Uwe Steinhardt einen Unfall. Nun machen die beiden die bittere Erfahrung, dass ihr vermeintliches Sicherheitsnetz sie nicht auffängt. »Wenn die Versicherung nicht zahlt, lebe ich in einigen Jahren von Hartz IV«, fürchtet Uwe Steinhardt. Genau das wollte er verhindern, deshalb hatte er vorgesorgt. Glaubte er. Früher war er selbstständiger Vermessungstechniker. Jetzt kann der Zweiundfünfzigjährige nicht mehr arbeiten und steht vor dem finanziellen Ruin. Ruiniert von einem Versicherer, der mehr als 15 Jahre hohe Beiträge kassiert hat, so sieht es Steinhardt. Seit Jahren kämpft er darum, dass die Versicherungsgesellschaft Debeka seine Berufsunfähigkeit anerkennt. Doch ob oder wann das geschieht, ist fraglich. Die Debeka hat Zeit. Uwe Steinhardt nicht.

Ausgerechnet die Debeka. Das Koblenzer Unternehmen hat einen ausgezeichneten Ruf. Es gilt als einer der solidesten, ja vielleicht als der solideste Versicherer Deutschlands. Die Gesellschaft versichert traditionell viele Beamte. Sie vertreibt ihre Verträge über einen angestellten Außendienst und nicht wie die meisten Konkurrenten über Vertreter, die Dollarzeichen in den Augen haben, wenn sie nur an Kunden denken. In der großen Empfangshalle im Koblenzer Hauptquartier bezeugen links neben dem Eingang weit mehr als ein Dutzend Abbildungen mit besten Benotungen von *Test*, *Focus Money*, *Euro am Sonntag* und anderen Zeitschriften, wie gut Verträge aus diesem Haus bei unabhängigen Prüfern abschneiden.

Die Debeka ist keine kleine Klitsche, das zeigen nicht nur das fünfzehnstöckige Verwaltungsgebäude und angrenzende Bürokomplexe, eine Viertelstunde zu Fuß vom Deutschen Eck entfernt. Sie ist gemessen an der Zahl der Kunden der größte private deutsche Krankenversicherer und einer der zehn größten Lebensversicherer. Berufsunfähigkeitspolicen sind ebenso wie Rentenversicherungen Teil des sogenannten Lebensgeschäfts. Die Debeka gehört zu den Lebensversicherungen, die ihre Kunden am besten an den Gewinnen beteiligen. Sie verkauft keine fondsgebundenen Lebensversicherungen, bei denen der Kunde allein das Kapitalmarktrisiko trägt. Als Versicherungsverein auf Gegenseitigkeit gehört sie theoretisch ihren Kunden, die alle auch Mitglieder des Vereins sind. Deshalb muss das Unternehmen keinen Gewinn an Aktionäre ausschütten, der bleibt im Haus oder wird an die Kunden verteilt. Vorstandschef Uwe Laue verdiente 2010 mit 380 000 Euro vergleichsweise bescheiden, Allianz-Chef Michael Diekmann kam mit fast 5,9 Millionen Euro auf mehr als das Zehnfache. Doch Uwe Steinhardt nützt das alles nichts. Die Debeka zahlt nicht. Und das, obwohl die Verantwortlichen in der Ferdinand-Sauerbruch-Straße in Koblenz genau wissen, dass in seinem Fall einiges schiefgelaufen ist.

Vor Schicksalsschlägen kann man sich nicht schützen. Aber vor den finanziellen Folgen, sagt die Versicherungswirtschaft. »Damit Ihr Leben nicht zum Risikospiel wird«, wie die Nürnberger Versicherung so schön wirbt. Doch ob mit oder ohne Police, das Risikospiel bleibt. Uwe Steinhardt ist kein Einzelfall. »Im Leistungsfall kommt es oft zum Streit zwischen dem Versicherer und dem Kunden«, weiß Edda Castelló, Versicherungsexpertin der Verbraucherzentrale Hamburg. Die Unternehmen versprechen den Bürgern finanzielle Sicherheit in einer existenziellen Krise. Doch in vielen Fällen verschärfen sie diese Krise. Will ein Kunde nach einem Unfall oder einer Krankheit den versprochenen Schadensersatz, steht er erst einmal unter Generalverdacht. Die Geschädigten fühlen sich dabei häufig schlecht behandelt. Die Gesellschaften nennen es »einen Leistungsfall prüfen«. Aber die Betroffenen empfinden es als aggressive Abwehr, wenn die Sachbearbeiter immer wieder ihre Unterlagen anfechten und neue Gutachten anfordern, die eingereichten Anträge und Expertisen jedoch ewig auf dem Schreibtisch oder im elektronischen Postfach des Versicherungsangestellten liegen bleiben. In einem zermürbenden, nervenaufreibenden Kleinkrieg kämpfen Geschädigte um ihr Recht. Jahrelang haben sie viel Geld gezahlt. Wollen sie etwas von ihrem Versicherer, werden sie im günstigen Fall wie lästige Bittsteller und im schlimmsten wie Kriminelle behandelt.

Die Versicherungsgesellschaften treiben Kunden und Geschädigte damit nicht nur in den Ruin, sondern auch in die Verzweiflung. »Es ist erniedrigend und entwürdigend, erst einen Schaden zu erleiden und dann als Simulant und Betrüger hingestellt zu werden«, sagt Stefanie Jeske, Vorsitzende der Düsseldorfer Interessengemeinschaft subvenio. Die gemeinnützige Organisation setzt sich ein für Unfallopfer, denen Versicherer keinen Schadensersatz zahlen wollen. Für die Betroffenen ist dieses Verhalten eine extreme psychische Belastung. Sie sind Opfer einer Strategie, die der Fachanwalt für Versicherungsrecht Jürgen Hennemann als »Versicherungsdreiklang« bezeichnet: »Verzögern, verschleppen, sich verklagen lassen.« Das Vorgehen der Branche hat System, wenn es um hohe Personenschäden geht. Davon ist der Fachanwalt aus Buchholz südlich von Hamburg fest überzeugt. »Die Versicherer zielen auf die wirtschaftliche Zerstörung der Geschädigten, und sie haben die erforderliche gesetzliche Infrastruktur dafür«, sagt Hennemann, der ausschließlich Geschädigte und keine Versicherungsunternehmen vertritt. Anders als in den USA droht den Gesellschaften hierzulande keine Strafzahlung, wenn sie mutwillig die Bearbeitung eines Schadens verzögern.

Wenn ein Arbeitsunfall alles ändert

Uwe Steinhardt wäre nie auf die Idee gekommen, dass er einmal als Versicherungsbetrüger oder Simulant angesehen werden könnte. In seinem früheren Leben war er Vermessungstechniker. 1985 machte er sich mit zwei Kollegen selbstständig, die drei gründeten eine Firma für Vermessungstechnik in Unna. Das Büro arbeitete für Mineralölgesellschaften. Steinhardt vermaß Tankstellen, war im ganzen Bundesgebiet unterwegs. »Tankstellen sind in ständiger Veränderung«, erklärt er. Sie werden regelmäßig modernisiert, mal wird ein neuer Tank installiert, mal eine neue Halle hochgezogen, mal etwas angebaut. Uwe Steinhardt lieferte die Daten für die Bauherren. Es lief gut.

Die Firma vereinbart 1988 für ihn eine kombinierte Lebens-, Unfall- und Berufsunfähigkeitsversicherung mit der SIGNAL IDUNA in Dortmund. Das soll seine Altersvorsorge sein. 1989 bauen er und seine Frau das Haus in Werne-Stockum. Sie schließen eine Lebensversicherung bei der Alten Leipziger ab, die ebenfalls einen Berufsunfähigkeitsschutz hat. Die Familie soll das Haus behalten können, falls dem Vermessungstechniker etwas zustößt.

Auch der Alten Leipziger hat Uwe Steinhardt seinen Fall gemeldet. »Erst habe ich aus der Zentrale in Oberursel positive Signale bekommen«, sagt er rückblickend. Dann gab man ihm zu verstehen, man warte ab, wie die Debeka sich entscheide. Diese Vorgehensweise sei die Regel, heißt es bei der Alten Leipziger. »Wenn ein Versicherungsnehmer bei mehreren Versicherern Leistungen beantragt, dann ist es üblich, dass der hauptsächlich betroffene Versicherer die Leistungsprüfung übernimmt«, sagt Sprecher Karl Hochstadt. Bei der Alten Leipziger geht es um eine monatliche Rente von 200 Euro, bei der Debeka geht es um mehr als 4000 Euro.

Mit der Debeka hat Uwe Steinhardt seit Anfang der Neunzigerjahre zu tun. Seine Firma kommt in Kontakt mit einem Außendienstmitarbeiter der Debeka. Es passiert etwas in der Branche sehr Typisches: Der Vermittler macht die bestehende Police schlecht und preist die eigenen Verträge in den sonnigsten Farben. »Wir bekamen eine um 10 bis 15 Prozent höhere Ablaufleistung in Aussicht gestellt«, berichtet Steinhardt. Zehn oder gar 15 Prozent mehr Rente – das ist schon eine interessante Hausnummer. »Ich dachte: Die Debeka versichert Beamte, das ist ein seriöses Unternehmen«, beschreibt er seine damaligen Überlegungen. Das Vermessungsbüro stellt die Altersvorsorge für die Inhaber um. Die Firma entscheidet sich für Verträge bei der Debeka. Die sehen neben der Altersrente auch eine Rente im Falle der Berufsunfähigkeit vor – und die Befreiung von der Beitragszahlung für die Altersvorsorge, falls der Versicherte seinen Job nicht mehr ausüben kann.

Am 2. August 2007 hat Uwe Steinhardt einen Unfall. Er nimmt an einer Tankstelle Vermessungen vor, als ihn von hinten ein Astra Kombi trifft. Zu diesem Zeitpunkt zahlte seine Firma an die Debeka im Monat 1400 Euro an Versicherungsprämien – für Altersvorsorge und Berufsunfähigkeit. »Bei dem Unfall ist es zu einer Beschleunigungsverletzung der Halswirbelsäule gekommen, zu einem stumpfen Schädel-Hirn-Trauma«, berichtet er. »Das Gehirn ist gegen die Schädeldecke geprallt, gleichzeitig ist die Wirbelsäule überstreckt worden.« Ärzte diagnostizieren massive Nervenschädigungen. Unter anderem hat Uwe Steinhardt Probleme, nach links zu schauen und andere Sehstörungen, Konzentrationsschwierigkeiten, Schwindelanfälle und Beeinträchtigungen beim Gehen.

Der Vermessungstechniker lässt sich schulmedizinisch behandeln, macht eine Rehabilitation, probiert alternative Therapien. Er kämpft. Nichts hilft. Ende 2007 bekommt die Debeka seinen Antrag auf Berufsunfähigkeitsrente In der Regel zahlt die

Versicherung bei einer Berufsunfähigkeit von 50 Prozent. Aber Uwe Steinhardt hat einen guten Vertrag bei einem guten Versicherer. Seine Police sieht vor, dass er ab einer Berufsunfähigkeit von 25 Prozent Geld bekommt, nicht die volle Summe, aber den entsprechenden Anteil. Er hat mit dem Unternehmen eine hohe Berufsunfähigkeitsrente vereinbart. 4400 Euro im Monat.

Die Debeka hat fast 430 000 Berufsunfähigkeitspolicen in den Büchern. Die Versicherungssumme von Uwe Steinhardt ist nicht die höchste, aber eine der höchsten. Sollte er fünfundsechzig Jahre alt werden und die Gesellschaft die Berufsunfähigkeitsrente zahlen, kostet sie das richtig viel Geld. Es gibt Unternehmen, die schließen für Verträge in dieser Größenordnung selbst eine Versicherung ab, rückversichern heißt das im Fachjargon. Das hat die Debeka nicht gemacht. Müsste sie die Rente zahlen, müsste sie das ganz allein tragen.

Bei der Debeka sind 15 sogenannte Leistungsprüfer damit beschäftigt, Anträge wie die von Uwe Steinhardt zu bearbeiten. Rund 1300 Anträge kommen im Jahr ins Haus. Bekommt er einen Antrag auf Berufsunfähigkeitsrente auf den Tisch, versucht der Sachbearbeiter sich ein genaues Bild zu verschaffen. Er schickt dem Betroffenen einen Fragebogen; Beamte, Angestellte und Selbstständige bekommen unterschiedliche. Bei Beamten akzeptiert die Debeka die Entscheidung des Dienstherrn, wenn ein Kunde nach dem Beamtenrecht dienstunfähig ist. Ist die gesetzliche Rentenversicherung der Auffassung, dass jemand seinen Job nicht mehr ausüben kann, spielt das keine Rolle. »Die rechtlichen Grundlagen sind unterschiedlich, daher kann man deren Gutachten oft nicht brauchen«, begründet das der Arzt Ulrich Gottwald, der Leiter der zuständigen Leistungsabteilung.

Bei vielen Anträgen wird bei der Debeka nach Aktenlage entschieden, und zwar immer dann, wenn den Prüfern die Sache klar erscheint. »Der Sachbearbeiter macht sich aufgrund seiner Erfahrung und seiner Kenntnis der Rechtsprechung ein Bild«, sagt Karl-Heinz Löhr, Leiter der Hauptabteilung Lebensversicherung der Debeka. Bis zu einer Größenordnung von 150 000 Euro steht das im Ermessen der Sachbearbeiter. »Es ist nicht die Regel, dass wir einen Gutachter einschalten«, sagt Löhr. Doch bei Uwe Steinhardt ist das geschehen. Dem Sachbearbeiter, der aufgrund der vereinbarten Rentenhöhe sofort seine Vorgesetzten informiert hat, schienen Unfallhergang und das von Steinhardt beschriebene Krankheitsbild nicht zusammenzupassen. Damit beginnt eine Reihe von bis heute andauernden Merkwürdigkeiten. Beide Seiten beschreiben das Geschehen gleich, aber werten es unterschiedlich.

Psychotest statt Untersuchung

Es beginnt mit einem »Schadenregulierer« des Rückversicherers GenRe, der sich bei Uwe Steinhardt meldet. Die Debeka schaltet den Rückversicherer ein, weil sie Unterstützung bei der medizinischen Bewertung haben will, sagt sie. Inzwischen hat der Versicherer Unterlagen über die wirtschaftliche Situation von Steinhardts Firma eingeholt. Die machte Verluste. Das lässt die Sache für den Versicherer verdächtig erscheinen. Der Schadenregulierer ist Arbeitsmediziner. Er ruft bei Uwe Steinhardt an und will zu ihm nach Hause kommen. »Für die Untersuchung wollte er ein Feldbett mitbringen«, erinnert sich der Familienvater. Danach will der Arbeitsmediziner mit allen Personen in der Firma des Verunglückten sprechen. Das alles findet der Vermessungstechniker seltsam. Er lehnt den Besuch ab.

Schließlich treffen sich der Arbeitsmediziner, Uwe Steinhardt und seine Tochter in einer Dortmunder Klinik. Dort spricht der Schadenregulierer stundenlang mit Steinhardt, nach etwa sechs Stunden kann der nicht mehr. Die körperliche Untersuchung soll an einem anderen Tag nachgeholt werden. Sie wird nie stattfinden. Der Arbeitsmediziner schreibt erst nach vier Monaten einen Bericht. Trotz Mahnung. Er hat selbst gesundheitliche und familiäre Probleme und wohl zu viele Aufträge angenommen, findet die Debeka später heraus. Da ist es August 2009, der Unfall ist zwei Jahre her.

Auch beim nächsten Versuch, ein Gutachten zu bekommen, geht einiges schief – was nicht Uwe Steinhardt zu verantworten hat. Ein Professor der Universitätsklinik Erlangen soll für eine interdisziplinäre Untersuchung sorgen, neben neurologischen Schäden sollen orthopädische und wegen des anhaltenden Schwindels auch Schäden am Ohr untersucht werden. Das ist der Auftrag, den die Debeka gibt, und das ist die Voraussetzung, unter der Steinhardt nach Erlangen fährt. Doch aus dem interdisziplinären Gutachten wird nichts. Warum nicht, kann sich die Debeka nicht erklären. »Da ist etwas in der Universitätsklinik schiefgelaufen, das ist nicht unsere Schuld«, sagt Hauptabteilungsleiter Karl-Heinz Löhr. Das Ergebnis ist ein psychiatrisches Gutachten. Danach ist Uwe Steinhardt wegen somatoformer Störungen zu 20 Prozent berufsunfähig. Ab 25 Prozent muss die Debeka zahlen. Die Hauptbeschwerden von Steinhardt werden völlig außer Acht gelassen.

Dafür machen die Mediziner einen Test, um Uwe Steinhardts Bereitschaft zur Mitarbeit zu prüfen. Das ist heute bei psychiatrischen Gutachten so üblich, sagt Debeka-Arzt Gottwald. Dem Test zufolge strengt sich Steinhardt bei den Untersuchungen nicht an. Selbst wenn das so gewesen sein sollte: Wäre das ein Wunder? Uwe Steinhardt hatte zu diesem Zeitpunkt, Jahre nach dem Unfall, von der Debeka einen aus seiner Sicht seltsamen Schadenregulierer geschickt bekommen. Er musste stundenlange Gespräche mit einem Mediziner über sich ergehen lassen, der nicht willens oder fähig war, anschließend in angemessener Zeit ein Gutachten zu schreiben. Dann musste er nach Erlangen fahren und sich statt der erwarteten körperlichen Untersuchung Psycho-Tests stellen. Dass allein dieser Ablauf einen höchst merkwürdigen Eindruck macht, wissen auch die Verantwortlichen bei der Debeka. »Das alles ist uns sehr unangenehm. Aber sollen wir deshalb eine Berufsunfähigkeitsrente zahlen, von der wir nachweislich wissen, dass sie nicht berechtigt ist?«, fragt

Hauptabteilungsleiter Löhr. »Nachweislich« stützt sich auf ein einziges neurologisches Gutachten. Der Erlanger Psychiater, der die zugesagte Organisation der interdisziplinären Untersuchung nicht hinbekommen hat, hat eine weitere neurologische Untersuchung empfohlen, die auch stattgefunden hat.

Im Mai 2010 soll Uwe Steinhardt noch einmal nach Erlangen. Weil er krank wird, kann er nicht fahren. Schließlich wird er in Essen von einem Neurologen untersucht. Der kann nichts Gravierendes finden. In seinem Gutachten ist die Rede von »Aggravation«, das ist der Fachbegriff für die Übertreibung von Krankheitserscheinungen. Steinhardt reicht weitere Gutachten ein, auch zu nicht neurologischen Beschwerden wie Sehstörungen und Schwindelanfällen. Geprüft werden sie von dem Neurologen, er entscheidet für alle Fachgebiete. Der Neurologe kommt zu dem Schluss, dass die Schwindelanfälle kein Ohrenproblem seien. Deshalb muss nach Auffassung der Debeka auch kein HNO-Spezialist einen Blick auf Uwe Steinhardt werfen. Zum Jahreswechsel 2011 schickt sie ihm die Ablehnung seines Antrags.

Uwe Steinhardt ist nach seinem Unfall nicht untätig geblieben. Da die Debeka über Jahre nicht dazu in der Lage ist, ein Gutachten erstellen zu lassen, gibt er für viel Geld selbst Expertisen in Auftrag. Nach denen ist er berufsunfähig. Aber diese Gutachten akzeptiert die Debeka nicht. »Sie sind nicht von einem neutralen Gutachter erstellt worden«, sagt Debeka-Arzt Gottwald.

Im Herbst 2011 zieht Uwe Steinhardt vor Gericht. Gegen die Alte Leipziger prozessiert er schon. Die Kosten dafür trägt seine private Rechtsschutzversicherung. Für die Sache mit der Debeka will sie zunächst nicht aufkommen, weil die Firma der Vertragspartner ist. Doch die Police wird auf Uwe Steinhardt umgeschrieben. Die beiden Partner haben sich aus der Firma zurückgezogen. Nach der Ablehnung der Berufsunfähigkeitsrente schickt die Debeka eine Rechnung mit den ausstehenden Beiträgen in Höhe von mehr als 30000 Euro. Die Firma meldet Insolvenz an. Bis dahin war rechtlich gesehen das Unternehmen Vertragspartner der Debeka und nicht die Privatperson Uwe Steinhardt. Das ist ein wichtiger Unterschied, auch wenn der Unternehmer und der Versicherte ein und dieselbe Person sind. Bisher ist seine private Rechtsschutzversicherung für den Fall nicht aufgekommen. Dass jetzt nicht mehr die Firma, sondern der Privatmann Vertragspartner ist, ist für Steinhardt aber eine zweischneidige Sache. Einerseits kommt nun die Rechtsschutzversicherung für die Klage auf, das sind immerhin Gerichtskosten von mehr als 9000 Euro und fast 6000 Euro für den Rechtsanwalt. Aber das Finanzamt will Geld sehen für den Gegenwert des Vertrags, in dem ja auch Kapital für die Altersvorsorge liegt. Auf Uwe Steinhardt kommen Steuerschulden in Höhe von 100000 Euro zu. Dafür stehen seine Chancen, vor Gericht wenigstens einen Teilerfolg zu erreichen, rein statistisch gesehen fünfzig zu fünfzig. Von den Gerichtsverfahren wegen einer Berufsunfähigkeitsversicherung verliert das Unternehmen nach eigenen Angaben 10 bis 15 Prozent, bei 40 bis 50 Prozent gewinnt es. In den übrigen Fällen schließt die Gesellschaft einen Vergleich. Das bedeutet: Jeder zweite klagende Kunde erreicht zumindest einen Teilerfolg. Wie hoch ihre Ablehnungsquote in der Berufsunfähigkeitsversicherung ist, kann die Debeka nicht sagen. »Wir führen darüber keine Statistik. Nach Erhebungen des map-Report gehören wir zu den Versicherern mit den besten Leistungsquoten. Viele Problemfälle entstehen aber meistens durch fehlerhafte Gesundheitsangaben im Versicherungsantrag«, sagt Arzt Gottwald. Der map-Report ist ein angesehener Brancheninformationsdienst, der regelmäßig Untersuchungen über die Leistungen und die finanzielle Stabilität von Versicherern herausgibt.

Den Vertrag bei der SIGNAL IDUNA hatte Uwe Steinhardts Firma nicht gekündigt, sie hat ihn ruhen lassen. Die SIGNAL IDUNA zahlt dem ehemaligen Vermessungstechniker heute eine Berufsunfähigkeitsrente, wenn auch nicht besonders viel: 87 Euro im Monat. »Die Voraussetzungen zur Zahlung einer

Berufsunfähigkeitsrente unserer versicherten Person Herrn Steinhardt haben wir ordnungsgemäß geprüft und bereits turnusmäßig überprüft. Es lag und liegt eine Berufunfähigkeit gemäß unserer Versicherungsbedingungen vor«, sagt die SIGNAL IDUNA. Die Debeka beeindruckt das nicht. Sie beeindruckt auch nicht, dass die Stadt Unna ihn zu 70 Prozent schwerbehindert erklärt hat. Uwe Steinhardt hatte auch eine Unfallversicherung. Die Unfallversicherung zahlte ihm rund 90 000 Euro. Unfallversicherer zahlen nur bei bleibenden Schäden, und sie prüfen den Gesundheitszustand der Verunglückten sehr genau. Der Versicherer hat ihm das Geld auf der Grundlage des Gutachtens eines Hals-Nasen-Ohren-Fachmanns überwiesen.

Uwe Steinhardt kann einfach nicht verstehen, was ihm widerfährt. »Ich habe mich so aufgestellt, dass ich der Solidargemeinschaft nicht zur Last falle, wenn mal etwas schiefgeht«, sagt er. So wollen Politik und Gesellschaft das. Die Bürger sollen vorsorgen für den Fall, dass das Schicksal eines Tages zuschlägt. Wer wegen einer Krankheit oder nach einem Unfall kein Geld mehr verdienen kann und trotzdem seinen Lebensstandard erhalten will, muss in guten Zeiten viel dafür bezahlen. Das hat Steinhardt getan, aber das nützt ihm nichts. Ist er ein Einzelfall? Wohl kaum. Verlässliche Zahlen gibt es nicht. Die Branche veröffentlicht nicht, wie viele Anträge auf Renten wegen einer Berufsunfähigkeit sie ablehnt. Branchenkenner gehen davon aus, dass es 30 bis 40 Prozent sind. Aber solange sich die Assekuranz querstellt und die echten Zahlen nicht herausgibt, kann das nur eine Vermutung sein.

Dabei wäre die Quote sehr aufschlussreich. Und zwar die jedes einzelnen Unternehmens. Kunden könnten ihre Kaufentscheidung auch von diesem Faktor abhängig machen. Der Rechtswissenschaftler Hans-Peter Schwintowski von der Berliner Humboldt-Universität fordert, dass die Gesellschaften Kunden vor Abschluss über die Ablehnungsquoten informieren. »Die Ablehnungsquote sollte im Produktinformationsblatt stehen«, sagt er. Dieses Blatt müssen die Versicherer Kunden vor dem Abschluss aushändigen. Experten gehen davon aus, dass nur bei 5 Prozent der Ablehnungen der Kunde vor Gericht zieht. Denn nicht jeder kann sich einen Prozess leisten, zumal bekannt ist, dass die Versicherer durch alle Instanzen gehen. »Die Versicherer können die Ablehnung im Leistungsfall strategisch einsetzen und damit kalkulieren«, sagt Professor Schwintowski. So können sie niedrige Prämien anbieten. Geringer Beitrag und hohe Ablehnungsquote – das könnte Kunden eine Warnung sein.

Die Anbieter verweisen gerne darauf, dass die Ablehnungsquote nichts sagt, weil viele Kunden unberechtigterweise einen Antrag stellen. Selbst wenn das richtig sein sollte: Der Fehler liegt bei den Unternehmen. Hohe berechtigte Ablehnungsquoten wären ein Zeichen dafür, dass die Policen systematisch falsch verkauft werden. Haben viele Kunden eine völlig falsche Vorstellung vom Leistungsumfang, läuft etwas in der Kommunikation zwischen Vermittler und Verbraucher schief. Wie soll der Kunde das ändern? Sind bei vielen Antragstellern vor dem Abschluss die Angaben zum Gesundheitszustand falsch, hat der Versicherer ein Problem mit seinen Verkäufern. Die Vermittler müssen dafür sorgen, dass dem Kunden klar ist, dass er seinen Vertrag gleich wegwerfen kann, wenn er Vorerkrankungen verschweigt – auch die, die mit einer späteren Berufsunfähigkeit nichts zu tun haben. In freier Wildbahn machen Vertreter aber nicht selten das genaue Gegenteil. Sie reden Vorerkrankungen und Untersuchungen klein, sodass der Interessent sie nicht angibt. Später kann der Verbraucher nicht nachweisen, dass der Vertreter ihn dazu ermuntert hat.

Der Versicherer ist immer in der stärkeren Position. Der Kunde muss beweisen, dass er nicht mehr arbeiten kann. Er muss in einer extremen Krisensituation, in der sein ganzes bisheriges Leben infrage steht, seitenweise Anträge ausfüllen. Die Meldung der Berufsunfähigkeit ist eine anspruchsvolle Angelegenheit. »Der Laie ist damit überfordert«, sagt Versicherungsberater Stefan Albers. Anders als Vertreter oder Makler dürfen echte Versicherungsberater wie Albers keine Policen verkaufen, sondern nur empfehlen. Sie dürfen kein Geld vom Versicherer nehmen. Der Kunde zahlt für die Beratung ein Honorar. Auch wenn er einen Schaden hat, kann er den Berater in Anspruch nehmen. Und im Falle einer Berufsunfähigkeit sollten die Betroffenen Hilfe suchen, sagt Albers. Den Schaden einfach zu melden, kann für den Betroffenen schlimme Folgen haben. Er bekommt kein Geld und ist finanziell erledigt.

Um nicht oder weniger zahlen zu müssen, lassen sich die Versicherer einiges einfallen. Die Alte Leipziger hat in der Berufsunfähigkeitsversicherung etwas, was Versicherungsmakler ein »negatives Alleinstellungsmerkmal« nennen. Sie verkauft Berufsunfähigkeitspolicen mit Dynamik, das heißt mit einer vorgesehenen Anpassung von Beiträgen und Leistungen. Anders als bei Wettbewerbern gibt es keine Begrenzung für die Dynamik. Beantragt ein Kunde eine Berufsunfähigkeitsrente mit einer Jahresleistung von mehr als 40 000 Euro, prüft der Versicherer, ob in jedem einzelnen Jahr mit Beitragsanpassung infolge der Dynamisierung auch das Einkommen des Kunden entsprechend gestiegen ist. Ist das nicht der Fall, bekommt der Berufsunfähige seine Beiträge für die Anpassung zurück, und die Rente bleibt auf dem niedrigeren Niveau vor der Dynamisierung. Bei Kunden, die nicht berufsunfähig werden, prüft der Versicherer nicht, ob ihr Einkommen entsprechend der Dynamisierung gestiegen ist. Aber er nimmt von den Kunden die höheren Prämien. Sie werden nicht zurückerstattet. »Eine Rückzahlung von Beiträgen an Kunden, die diese Dynamisierung abgeschlossen haben und nicht berufsunfähig werden und weniger Einkommenssteigerungen haben, als die Dynamisierung vorsieht, erübrigt sich, weil der Kunde hier in der Prüfungspflicht ist«, sagt die Alte Leipziger. Der Kunde muss also selbst genau verfolgen, ob sein Einkommen angemessen steigt. Ist das nicht der Fall, muss er das sofort melden, damit er den Mehrbeitrag nicht zahlen muss. Vergisst er das, hat er Pech gehabt. Der Versicherer dagegen nimmt sich das Recht, im Nachhinein zu prüfen und das für ihn

Günstigere zu wählen: die Beitragsrückzahlung statt der höheren Rente. Der Kunde ist selbst schuld, wenn er die komplizierte Sachlage nicht versteht und nicht jedes Jahr prüft, ob Gehalt und Dynamisierung gleichermaßen steigen.

Den Beruf aus gesundheitlichen Gründen nicht mehr ausüben zu können – ein Albtraum. Schlimme Krankheiten und Invalidität sind für die Betroffenen und ihre Angehörigen immer eine Katastrophe. Nicht nur der Körper, auch die Seele leidet. Uwe Steinhardt hat nicht nur finanzielle Probleme. Er muss schmerzhaft lernen, dass er ein anderer Mensch geworden ist. Früher war er sportlich, heute kann er nicht mehr auf Inline-Skatern am Ruhr-Marathon teilnehmen. Er sitzt in seinem schönen Wintergarten in dem Haus, das er wohl verkaufen muss, vor hohen Aktenbergen. Dass die Versicherungsgesellschaft ihn wie einen Simulanten behandelt, regt ihn auf. Es kränkt ihn, er ist tief verletzt. Ständig schmiedet er neue Pläne, wie er seine Ansprüche durchsetzen kann. Wie viele Geschädigte, die sich ungerecht behandelt fühlen, lässt er nichts unversucht. Er ist ein Machertyp, er hat Zeit, und er hat viele Ideen. Statt seinen Beruf hat er jetzt einen neuen Lebensinhalt: Er kämpft für seine Entschädigung. An vielen Fronten. Er klagt gegen den Kfz-Haftpflichtversicherer des Astra Kombi. Schließlich hat der Fahrer den Unfall verursacht und muss für die Folgen aufkommen. Eigentlich. Die Gutachter des Versicherers halten ihn für krank, aber nicht wegen des Unfalls – Verschleißerscheinungen lautet ihre Diagnose.

Uwe Steinhardt hat unzählige Geschäftsstellen der Debeka im ganzen Bundesgebiet angeschrieben, um die Mitarbeiter auf seinen Fall aufmerksam zu machen. Die Debeka ist ein Versicherungsverein auf Gegenseitigkeit. Das heißt: Theoretisch gehört sie ihren Versicherten. Er hat sich die Liste der Mitgliedervertreter besorgt und will die Einberufung einer außerordentlichen Mitgliederversammlung durchsetzen. Der Versicherer soll eine Ethikkommission für Fälle wie seinen einrichten. Das wird schwer, die Hürden für Initiativen einzelner Mitglieder bei Versicherungsvereinen sind hoch. Die Vorstellung, dass die Gesellschaften in der Hand der Kunden sind, ist eine Fiktion.

Zuletzt hat er bei der Debeka einen Antrag auf Abschluss einer neuen Berufsunfähigkeitsversicherung gestellt. »Wenn die Debeka meint, dass ich nicht berufsunfähig bin, kann sie mich ja neu versichern«, sagt der Familienvater. Das will die Debeka aber nicht. »Grundlage unserer Entscheidung, Ihrem Antrag auf Berufsunfähigkeitsversicherung nicht zu entsprechen, sind Ihre persönlichen Antragsangaben und alle dem Debeka Lebensversicherungsverein a. G. vorliegenden ärztlichen Berichte«, schreibt ihm die Debeka zurück. Er ist zu krank.

2. Wie die Politik die Bürger in die Arme der Assekuranz treibt

Die Versicherungswirtschaft ist keine Branche wie die Süßwarenindustrie oder das Musikgewerbe. Die Assekuranz hat eine wichtige, ja eine unverzichtbare gesellschaftliche Bedeutung. Risiken zu teilen oder abgeben zu können, ist für Verbraucher und Wirtschaft wichtig, für manche existenziell. Mütter und Väter schlafen besser, wenn sie wissen, dass die Kinder abgesichert sind, wenn ihnen etwas zustößt. Aber: Das auszunutzen ist einfach gemein. Der Staat weiß, dass Menschen geschützt werden müssen, denen von anderen ein Schaden zugefügt wird. Deswegen gibt es so etwas wie Haftung und Schadensersatzansprüche und eine Pflicht zur Haftpflichtversicherung zum Beispiel für Halter von Kraftfahrzeugen und die Angehörigen bestimmter Berufsgruppen. Interessanterweise sind Versicherungsvermittler zum Abschluss einer Berufshaftpflichtversicherung gesetzlich verpflichtet, Ärzte nicht. Medizinern schreiben das »nur« die Berufsordnungen vor.

Vieles läuft schief, wenn Versicherer Schäden regulieren sollen. Bei der Versicherung von Auto, Haus und Wertgegenständen liegt eine Menge im Argen, die Versicherer werden ihrer gesellschaftlichen Verantwortung nicht gerecht. Auch hier verzögern und verschleppen sie die Regulierung, Haftpflichtversicherer treiben Unfallopfer erst in den Ruin und dann in den Wahnsinn. Für Verbraucher – nicht Geschädigte! – gibt es immerhin einen schwachen Trost: Hier gibt es wenigstens so etwas wie Wettbewerb. Kunden können in überschaubaren Zeiträumen ihren Vertrag kündigen und zu einem anderen Anbieter wechseln.

Bei den großen Lebensrisiken ist das anders. Wer sich einmal für einen Berufsunfähigkeits-, einen privaten Renten- oder einen privaten Krankenversicherer entschieden hat, der kann nur unter hohen Verlusten zu einem anderen wechseln. Er ist dem Anbieter ausgeliefert. Und das, obwohl Verbraucher kaum die Möglichkeit haben zu erkennen, worauf genau sie sich mit der Unterschrift unter den Vertrag einlassen. Die unzähligen Angebote der Branche zu überschauen ist für Laien schier unmöglich. Sie zu vergleichen ebenfalls. Die eine Gesellschaft baut hier einen kleinen Zusatzbaustein ein, die andere dort. Die eine rechnet finanzielle Zuwendungen neben der Provision an Vermittler in die Abschlusskosten ein, die andere nicht. Kunden sind keine gleichberechtigten Akteure, die mit den Anbietern auf Augenhöhe verhandeln. In der Versicherungswirtschaft sorgen Angebot und Nachfrage nicht für ein ausgeglichenes Verhältnis zwischen Unternehmen und Verbrauchern. »Es gibt ein strukturelles Kontrolldefizit«, sagt der Rechtswissenschaftler Schwintowski. Ein Teil der Verträge bringt keine Probleme für die Kunden. Sie haben nie einen Schaden, nie einen Unfall. Dass sie viel zu viel Beiträge zahlen, fällt ihnen nicht auf. Dass die versprochene Leistung schlecht ist, auch nicht. »In der Lebensversicherung fällt Verbrauchern ein schlechter Vertrag erst auf, wenn es zu spät ist«, sagt Schwintowski. Dann wundern sich die Kunden, dass die Auszahlung oder Rente so gering ist. Dagegen etwas unternehmen können sie nicht. Zwar bekommen Kunden jedes Jahr die sogenannte Standmeldung, aus der hervorgeht, wie hoch das angesparte Vermögen ist. In den ersten Jahren ist das sehr wenig, weil von den gezahlten Beiträgen die Provision für den Vermittler gezahlt wird. Deshalb irritieren die Standmeldungen, und Verbraucher vertrauen oft auf das, was ihnen ursprünglich vom Verkäufer versprochen wurde.

Statt in diese ungleiche Geschäftsbeziehung einzugreifen und die Rechte der Kunden zu stärken, liefert der Staat die Bürger dieser Branche immer mehr aus. Fast jede Sozialreform reißt eine Lücke, die die Assekuranz geschickt zu füllen weiß. Die Rente mit 67 ist für viele Berufsgruppen eine Illusion, weil körperlich schwer Arbeitende aus gesundheitlichen Gründen nicht so lange in ihrem Beruf arbeiten können. Die Assekuranz hat eine für sie selbst gewinnbringende Lösung parat: Lebensarbeitszeitkonten. Dann können die Beschäftigten vorarbeiten und Überstunden machen, den Lohn packt der Arbeitgeber auf ein Konto bei Finanzdienstleistern. Dafür kassieren die viel Geld. Die Beschäftigten müssen nicht nur für ihren Vorruhestand ackern, sondern auch für die Rendite der Unternehmen. Für die Kürzung der gesetzlichen Rentenansprüche scheinen die Versicherer ebenfalls die ideale Lösung parat zu haben: private Rentenversicherungen in Tausenden von Varianten. Der Staat treibt das voran. Die Kunden sollen Verträge bei privaten Anbietern kaufen, bei denen sie nicht den Hauch einer Chance haben, das Preis-Leistungs-Verhältnis zu durchschauen.

Die gesetzlichen Krankenkassen zahlen für immer weniger, und immer mehr Menschen meinen, nur mit dem Abschluss einer Krankenzusatzversicherung gut versorgt zu sein. Oder sie wechseln direkt in eine private Krankenversicherung und wundern sich nachher, dass sie weniger bekommen als die Kassenpatienten. Die gesetzliche Krankenversicherung und die gesetzliche Rentenversicherung tragen den Namensbestandteil »Versicherung«. Sie sind aber etwas völlig anderes als die privaten Versicherungen. Deshalb werden sie auch »Kassen« genannt, das betont den Charakter dieser Einrichtungen als Teil eines solidarischen Systems. Häufig werden auch private Krankenversicherungen »Privatkassen« genannt. Vor allem Beamte sprechen gerne von »Krankenkasse«, wenn sie ihre private Krankenversicherung meinen. Aber damit verkennen sie, dass es sich um Unternehmen handelt. Die gesetzlichen Kranken- und Rentenkassen sind Teil des Sozialstaats. Sie sind keine Unternehmen, sie sollen keine Gewinne erwirtschaften, die an Aktionäre ausgeschüttet oder als Vermögen angelegt werden. Über die Leistungen entscheidet der Gesetzgeber, von der Politik beauftragte Gremien oder die Selbstverwaltung. Die Kassen sorgen in gewissem Umfang für den Ausgleich zwischen wirtschaftlich Schwachen und Starken, zwischen Kranken und Gesunden. Wie hoch der Krankenkassenbeitrag ist, hängt nicht vom Gesundheitszustand des Mitglieds ab, allein das Einkommen entscheidet darüber. Für die Prämie beim privaten Krankenversicherer ist das Gehalt unerheblich, hier kommt es auf das Alter und den Gesundheitszustand an. Private Versicherer verschärfen den Unterschied zwischen Schwachen und Starken, sie belohnen die Gesunden und Privilegierten und bestrafen diejenigen, mit denen es das Leben ohnehin nicht besonders gut gemeint hat. Wer krank ist, bekommt keine oder nur eine extrem teure Berufsunfähigkeits- oder private Krankenversicherung.

Unter dem Schlagwort von der »Eigenverantwortung« der Bürger fordern Versicherungsmanager und Politiker Hand in Hand, dass die gesetzlichen Kassen immer später, weniger oder vieles gar nicht mehr bezahlen. Sie führen Argumente an, die immer wieder sehr gut funktionieren: weniger Leistungen gleich geringere Sozialabgaben gleich mehr Arbeitsplätze. Die künftigen Renten reichen nicht zum Leben. Viele Behandlungen müssen gesetzlich Versicherte selbst zahlen. Und wenn es nach dem Willen vieler Politiker und erst recht der Manager in den Vorstandsetagen der Versicherungsunternehmen geht, wird das immer mehr zur Regel werden. Das Kalkül: Aus Angst, eines Tages die erforderliche Behandlung nicht zahlen zu können oder im Alter darben zu müssen, decken sich immer mehr Kunden mit immer mehr Policen ein. Früher hat die Gesellschaft wenigstens die schlimmsten finanziellen Folgen von Schicksalsschlägen abgefedert. Doch der Staat scheint den Anspruch aufgeben zu wollen, die Bürger vor existenziellen Risiken zu schützen.

Hartz-IV-sichere Verträge

Die Bundesrepublik hat sich in den vergangenen zwei Jahrzehnten tief gewandelt. Die Arbeitsmarktreformen haben das Phänomen der Scheinselbstständigen, prekäre Beschäftigungsverhältnisse und eine im Mittelstand inzwischen tief verwurzelte Angst vor Verarmung gebracht. Der Begriff »Hartz IV« ist zur Chiffre geworden für das, was dem droht, der arbeitslos oder krank wird und deshalb verarmt. Mit dem Kauf einer Versicherungspolice wollen sich Bürger vor dem sozialen Abstieg wegen einer Berufsunfähigkeit schützen. Die Rücklagen fürs Alter wollen sie nicht angreifen müssen, weil sie erwerbslos werden. Das Häuschen verkaufen zu müssen, in dem man den Lebensabend verbringen will, und von Hartz IV zu leben, diese Furcht ist für Verkäufer von Versicherungen der ideale Nährboden. Die Unternehmen nutzen die Angst vor Verarmung aus, um renditeschwache und teure Verträge an den Mann und die Frau zu bringen. Sie werben damit, dass ihre Policen »Hartz-IV-sicher« sind. Das heißt, der Kunde muss diese Verträge nicht kündigen und das angesparte Kapital verwerten, bevor er staatliche Fürsorgeleistungen bekommt. Eine der ersten Taten der 2009 gewählten schwarzgelben Koalition war die Erhöhung der Freibeträge für Vermögen in Versicherungsverträgen. Das sah aus, als hätten die Unionsparteien und die FDP ihr Herz für Arme entdeckt. Letztendlich nützte das aber nur der Assekuranz.

Nicht nur teilweise, sondern ganz »Hartz-IV-sicher« sind Riester- und Rürup-Renten, ausgerechnet Verträge, die nach zwei Protagonisten aus der politischen Sphäre benannt sind, die in die Finanzindustrie gewechselt sind. Namenspatron der mit Zulagen geförderten Altersvorsorge ist der ehemalige Bundesarbeitsminister Walter Riester (SPD), der mittlerweile beim Riester-Renten-Marktführer Union Investment angedockt hat. Erfinder der mit Steuervorteilen vom Staat geförderten Rente für Selbstständige ist der Ökonom Bert Rürup, als Wirtschaftsweiser und in anderen Funktionen langjähriger Berater der Bundesregierung. Er hat mit dem umstrittenen Gründer des aggressiven Finanzvertriebs AWD Carsten Maschmeyer ein gemeinsames Beratungsunternehmen aufgemacht. Die Rürup-Rente wird von den Vertrieben gerne mit einer Berufsunfähigkeits-Zusatzpolice verkauft. Auch diese Mini-Police wird vom Staat wie der Aufbau der Altersvorsorge steuerlich großzügig gefördert. Der Kunde soll dafür belohnt werden, dass er der Solidargemeinschaft nicht zur Last fällt, wenn er berufsunfähig wird. Genau das wird aber in vielen Fällen geschehen, wenn sich Bürger nur auf den Rürup-Vertrag verlassen. Denn die Berufsunfähigkeitsrente daraus kann gar nicht ausreichen. Die Kosten für diesen Zusatzschutz schmälern die spätere Rente. Gewinner solcher Kombinationen ist nur der Anbieter – wie immer, wenn es darum geht, dass die Versicherungsbranche Aufgaben übernimmt, die früher die gesetzlichen Sozialsysteme erfüllten. Die Politik höhlt die Sozialsysteme immer mehr aus und treibt die Bürger so in die Arme der Versicherungswirtschaft. Doch die Assekuranz ist weder willens noch fähig, diese Aufgaben so zu bewältigen, dass die Bürger wirklich etwas davon haben. Die dürfen nur zahlen und hoffen, dass sie im Ernstfall auch etwas bekommen. Das ist das Problem: Der Abschluss einer Versicherung gleicht einem Glücksspiel. Vielleicht geht es gut, vielleicht auch nicht.

Wer nach 1961 geboren ist, ist über die gesetzliche Rentenversicherung nicht mehr dagegen versichert, dass er seinen Job aus gesundheitlichen Gründen nicht mehr ausüben kann. Diesen Schutz hat die rot-grüne Koalition 2001 zur Freude der Assekuranz abgeschafft. Versicherungsunternehmen wie HDI Gerling interpretieren das so: »Wenn Sie berufsunfähig werden, tut sich ohne entsprechende Absicherung ein schwarzes Loch auf. Denn Kosten, Hypotheken, Verbindlichkeiten laufen weiter, und Sie fallen als Motor aus. Die eigene Vorsorge als ausreichende Absicherung ist unerlässlich.«[1]

Das »schwarze Loch« bedeutet: Egal, was ein Bürger für einen Beruf erlernt hat, solange er noch arbeitsfähig ist, bekommt er keine Zahlung von der gesetzlichen Rentenversicherung. Dabei gilt jede Tätigkeit auf dem Arbeitsmarkt als zumutbar. Hochqualifizierten und gut Ausgebildeten droht schlimmstenfalls, im Kaufhaus als Regalauffüller arbeiten zu müssen. Ist ein Beschäftigter ganz oder teilweise erwerbsunfähig, kann kaum noch oder gar nicht mehr arbeiten, zahlt die gesetzliche Rentenversicherung. Wie hoch die Erwerbsminderungsrente ist, hängt davon ab, was der Betroffene vorher verdient hat. Die private Versicherung der Berufsunfähigkeit zahlt, wenn der Erkrankte oder

Verletzte den bisherigen Beruf nicht mehr ausüben kann, ein Dachdecker mit Schwindelattacken etwa nicht mehr aufs Dach steigen oder ein Chirurg nicht mehr operieren kann, weil ihm die Finger zittern. Es geht um die Absicherung des sozialen Status. Viele Offerten der Versicherungsgesellschaften, vor allem die Lockvogelangebote für junge Leute, sehen eine Rente von 500 Euro vor. Das ist ein merkwürdiger Schutz vor dem sozialen Abstieg, der ja gerade verhindert werden soll. Das kann man sich auch sparen. Doch das wollen die Versicherungsunternehmen nicht. Sie wollen an das Geld der Bürger. Und sie verfolgen eine perfide Strategie. Sie machen potenziellen Kunden systematisch Angst.

Die Versicherer überhöhen das Risiko, berufsunfähig zu werden. »Das sagt die Deutsche Rentenversicherung: Jeder Vierte wird schon vor der Rente arbeitsunfähig. Daher raten wir Ihnen: Schützen Sie sich vor den finanziellen Folgen einer Berufsunfähigkeit«, heißt es in den Werbematerialien des Saarbrücker Direktversicherers CosmosDirekt. Direktversicherer arbeiten ohne Vertreter und vertreiben ihre Policen über das Internet, das Telefon oder Fax. In der Werbung der Allianz Leben trifft es nur jeden Fünften, aber selbstverständlich will auch der Marktführer verkaufen: »Die meisten Deutschen unterschätzen die Wahrscheinlichkeit, berufsunfähig zu werden. Tatsächlich trifft jeden Fünften dieses Schicksal – und das oft schon in jungen Jahren. Krankheiten aller Art gelten dabei als Hauptursache – und nicht, wie oft angenommen, Unfälle.« Der sicherheitsbewusste Verbraucher sorgt vor, weil er die Gefahr von Unfallfolgen erkannt hat. Er soll aber vor etwas anderem mehr Angst haben: der Berufsunfähigkeit. Das ist ein übliches Verkaufsmuster, hunderttausendfach nachgeplappert von Vertretern und Werbefachkräften. »Das Risiko der Berufsunfähigkeit besteht längst nicht nur für ›gefährliche‹ Berufe. Nur ca. 10 Prozent aller Fälle von Berufsunfähigkeit haben ihre Ursache in einem Unfall. 90 Prozent sind hingegen die Folge von Erkrankungen, die in hohem Maße auch bei Berufen mit sitzender Tätigkeit auftreten«, wirbt der Versicherer Hanse Merkur. Wie es gerade passt: Bei der AachenMünchener werden nur 5 Prozent durch Unfälle arbeitsunfähig.[2]

Obwohl in der Branche vom Auszubildenden über den Sachbearbeiter und den Pressesprecher bis zum Vorstandsvorsitzenden niemand gut auf Verbraucherschützer zu sprechen ist, werden sie in dieser Frage gerne als Kronzeugen angeführt. »Laut Verbraucherschützern ist die wichtigste Versicherung neben der privaten Haftpflichtversicherung die Berufsunfähigkeitsversicherung. Das ist auch klar, denn Einkommensausfälle einer frühen Berufsunfähigkeit können enorm sein. Wer finanziert dann Ihre Familie, Miete/Haus, Auto? Vom Staat ist wenig zu holen«, heißt es bei der AachenMünchener.[3] Und ihre Vertriebsorganisation DVAG sieht das ähnlich: »Selbst Verbraucherschützer haben inzwischen ›unisono‹ erkannt: Gerade für jüngere Menschen ist die Berufsunfähigkeitsversicherung besonders wichtig.« Deshalb: »Am besten 75 Prozent des Nettoeinkommens sollten als BU-Rente abgesichert werden, und dies bei einem möglichst günstigen Anbieter.«[4] Das stimmt, auch Verbraucherschützer halten die Berufsunfähigkeitsversicherung für unverzichtbar. Aber sie kritisieren die Branche harsch für zu hohe Preise, die rigide Annahmepolitik und ihre Abwehrtaktik im Ernstfall. Mit der DVAG stehen sie wegen deren aggressiver Verkaufsmethoden und schlechter Beratung ohnehin auf Kriegsfuß.

Furchtappelle

Auf allen Wegen und Kanälen schüren die Versicherer Ängste. Nicht nur vor Berufsunfähigkeit, auch vor Altersarmut. Angstmacherei verbietet in Deutschland eigentlich die Wettbewerbsordnung. Bilder mit Verunglückten gibt es deshalb in der Werbung nicht. Die Versicherer müssen vorsichtig sein. Sie dürfen nicht mit allzu plakativen Angstbildern für ihre Altersvorsorge werben. Das wollen sie auch gar nicht, denn Negativ-Assoziationen muss man vorsichtig dosieren, wenn sie wirken sollen. Die Versicherer gehen subtil vor. Sie stellen sich als Beschützer dar, manche schlüpfen gar in die Rolle eines Schutzengels. Ein Schutz macht nur Sinn, wenn es eine Gefahr gibt. So können die Versicherer Ängste hervorrufen, ohne das schreckliche Geschehen selbst zu zeigen. Sie appellieren an die bereits vorhandenen Gefühle der Verunsicherung. Bei der Altersvorsorge und Hinterbliebenenabsicherung wird der Schrecken durchaus gerne drastisch dargestellt – aber lustig. Die Hannoversche Leben lässt einen Baum auf einen Menschen fallen – Comedy-Star Anke Engelke weiß das witzig zu wenden. Die Generali lässt in einem Hutgeschäft einen älteren Herrn einen Hut probieren. »Entschuldigung, haben Sie mal einen Euro?«, fragt der Herr Kunden in dem Laden. »Ihre Versorgung im Alter kann mühsam werden. Muss aber nicht«, sagt die Stimme aus dem Off. Der Spot lädt zum Schmunzeln ein. Gleichzeitig macht er Angst vor Altersarmut.

Auch das soziale Netzwerk Facebook nutzen die Versicherer für ihre Agitation. Bei der Gothaer pflegt Pressesprecher Klemens Surmann den Auftritt und stellt den Hinweis auf den im *Focus* erschienenen Artikel »Rund 660 000 Rentner müssen nebenher jobben« in das Facebook-Profil des Unternehmens. »Also – denkt rechtzeitig an eure Altersvorsorge, das ist dann gar nicht so teuer – etwa hier«, schreibt Surmann mit einem weiteren Hinweis, diesmal auf eine Seite, auf der die Gothaer ihre private Rentenversicherung anpreist. Die plumpen Methoden solcher »Furchtappelle« werden bei Versicherern immer beliebter. Die Furchtappell-Strategie wird bislang vor allem in der Gesundheitsprävention eingesetzt, zum Beispiel um die Gefahren des Rauchens drastisch darzustellen.

Die Assekuranz spannt noch ganz andere Netzwerke für ihre Propaganda ein. Ihre Marketing-Leute besorgen Kronzeugen aus der Wissenschaft. Experten warnen eindringlich vor Versorgungslücken und raten Bürgern, unbedingt etwas gegen die drohende Altersarmut oder die finanzielle Katastrophe bei Tod oder Krankheit des Hauptverdieners zu tun. Finanzdienstleister geben Studie um Studie in Auftrag, die drohende Altersarmut zu belegen. Immer wieder geben sie Pressekonferenzen mit Wissenschaftlern wie Bert Rürup oder Bernd Raffelhüschen, die mahnen und warnen. So sorgt die Branche für Artikel und Beiträge in Zeitungen und Zeitschriften, im Internet und im Fernsehen, auf die ihre Verkaufstruppen hinweisen können. Viele Vertreter haben Mappen bei sich, aus denen sie im Gespräch mit potenziellen Kunden Kopien von Zeitungsausschnitten holen, in denen es um mehr »Eigenverantwortung« und um die Notwendigkeit von Verträgen zum Schließen diverser Versorgungslücken geht.

Die Versicherungswirtschaft arbeitet fleißig daran, dass die Verbraucher sich ihrer »Versorgungslücken« bewusst werden. Und sie schreckt nicht vor maßlosen Übertreibungen und Verzerrungen zurück. »Die Horror-Diagnose ›berufsunfähig‹ wird mehr Menschen treffen, als bislang gedacht«, schreibt das Magazin *Focus Money*. Das Risiko, wegen Krankheit einen erlernten Beruf nicht mehr ausüben zu können, sei höher als bislang angenommen. »Eine Analyse der Versicherungsmathematiker der Deutschen Aktuarvereinigung – sie liegt *Focus* vor – kommt zu dem Ergebnis: Beinahe jeder zweite heute Zwanzigjährige wird bis zum Rentenbeginn mit 65 Jahren berufsunfähig. Das sind 43 Prozent. Unter den heute Fünfzigjährigen trifft dieses Schicksal jeden Dritten. Frauen sind weniger gefährdet, weil sie seltener in hochriskanten Berufen arbeiten. ›Das Risiko wird fahrlässig unterschätzt‹, sagte der Autor der Untersuchung, Horst Loebus, zu *Focus*.«[5] Die Quelle »Deutsche Aktuarvereinigung« klingt wie »Katasteramt«, wie eine amtliche Stelle. Tatsächlich ist es aber eine Vorfeldorganisation der Versicherungswirtschaft. Hier sind Mathematiker Mitglied, die zum größten Teil bei Versicherungsunternehmen beschäftigt sind.

Für die Versicherer ist das Geschäft mit der Angst vor Berufsunfähigkeit lukrativ. In ihren Beständen liegen 2,8 Millionen Berufsunfähigkeitspolicen, für die Verbraucher im Jahr 2010 mehr als 2 Milliarden Euro an Beiträgen aufbrachten. Hinzu kommen 13,8 Millionen Verträge, die an Lebens- oder Rentenversicherungen gekoppelt sind und für die weitere Milliarden fließen. Allein 2010 haben mehr als 400 000 Bürger eine Berufsunfähigkeitsversicherung abgeschlossen, für die sie im Jahr zusammen 311,7 Millionen Euro zahlen. Würde jeder Vierte oder auch nur jeder Fünfte dieser Kunden tatsächlich berufsunfähig – das würde teuer für die Assekuranz. Deshalb passt die Versicherungswirtschaft ganz genau auf, wem sie eine Police verkauft und wem nicht.

Erst Angst machen und dann abblitzen lassen

Dass jeder Vierte oder Fünfte im Laufe seines Lebens seinen Job aus gesundheitlichen Gründen aufgeben muss, sagt über das individuelle Risiko nichts aus. Das hängt von bereits bestehenden Erkrankungen, dem Beruf, dem Alter und anderen Faktoren ab. Die Gesellschaften wollen jene Erwerbstätigen, die höchstwahrscheinlich nicht berufsunfähig werden. Um diese Gruppe ist ein heftiger Konkurrenzkampf entbrannt. Die Unternehmen stufen Schutzsuchende in Risikogruppen ein. Die Kunden mit einer tatsächlichen oder vermeintlichen hohen Gefährdung sind die »schlechten Risiken« und kommen in die teuerste Gruppe mit der Nummer vier. Wer in Gruppe eins landet, zahlt am wenigsten. Um an die attraktiven Personen mit der kaum bestehenden Gefahr einer Berufsunfähigkeit zu kommen, haben viele Gesellschaften die Risikoprofile neu berechnet. Für junge, gesunde Akademiker sind die Preise gesunken. Früher musste eine dreißigjährige männliche, gesunde Führungskraft mit Verantwortung für zehn Unterstellte bei einem großen Versicherer für eine Rente von 2000 Euro monatlich rund 90 Euro zahlen, jetzt sind es rund 70 Euro. »Bei den schlechten Risiken sind die Versicherer eher noch rigider geworden«, beobachtet Martin Zsohar, Geschäftsführer des Analysehauses für Versicherungstarife Morgen & Morgen.[6] Die »schlechten Risiken« sind Personen, die schwer körperlich arbeiten und weniger verdienen als Hochschulabsolventen am Schreibtisch. Für sie gehen die Kosten für eine Police schnell in die Hunderte Euro pro Monat.

Die Gesellschaften sind ausgesprochen wählerisch. Zu wählerisch, kritisiert der frühere Richter am Bundesgerichtshof und ehemalige Versicherungsombudsmann Wolfgang Römer. Weil sie wissen, dass sie wegen einer zurückliegenden oder einer chronischen Erkrankung eine höhere Wahrscheinlichkeit haben, berufsunfähig zu werden als andere, wollen gesundheitlich Angeschlagene vorsorgen. Aber sie können es nicht. »Diese Leute wollen Verantwortung für die Absicherung des Risikos tragen, aber die Wirtschaft lässt sie nicht«, kritisiert Römer.[7] Und nicht nur dieser Gruppe verweigert die Assekuranz Schutz. Die Unternehmen überziehen bei der Auswahl genehmer Kunden gewaltig. »Selbst die Rechtschreibschwäche Legasthenie reicht manchen Unternehmen, Kunden abzulehnen«, sagt Römer. Wer mit seinem Partner in eine Krise geraten ist und mit ihm eine Paartherapie gemacht hat, hat ebenfalls schlechte Karten. »Die Versicherer gehen mit diesen Kunden sehr unterschiedlich um«, sagt Versicherungsberater Stefan Albers. Viele Versicherer nehmen Kunden mit bestimmten Erkrankungen gar nicht, andere schließen eine Zahlung aufgrund einer Berufsunfähigkeit wegen der bestehenden Beeinträchtigung aus, und wieder andere verlangen saftige Zuschläge. Selbst wenn der Antragsteller persönlich völlig unverdächtig ist, kann er Pech haben. Manche Gesellschaften lehnen Personen ab, weil sie als Angehörige einer bestimmten Berufsgruppe unerwünscht sind, etwa Friseure. Diese Interessenten haben kein individuell höheres Risiko zu erkranken. Nur weil ihre Berufsgruppe statistisch auffällig ist, wollen die Versicherer sie nicht. Friseure gehören zu den Professionen, die bei den Berufsgenossenschaften am häufigsten Hauterkrankungen als Berufskrankheiten melden.

Genug ist nicht genug

Die Versicherungswirtschaft versagt bei der Absicherung der Berufsunfähigkeit. Aber sie will noch viel mehr Aufgaben übernehmen, bei denen es um die existenzielle Absicherung geht. Die Manager reden die gesetzlichen Renten- und Krankenkassen systematisch schlecht. Hier fließen Geldströme in dreistelliger Milliardenhöhe. Davon will die Assekuranz so viel wie möglich in ihre Bilanzen leiten. Dabei ist die Branche schon milliardenschwer. Das bevölkerungsreichste Bundesland Nordrhein-Westfalen hat einen Etat von rund 70 Milliarden Euro. Das ist viel weniger, als bei der Allianz im Jahr 2010 durch die Bücher lief. Europas größter Versicherer hat sage und schreibe 106,5 Milliarden Euro umgesetzt. Das ist das Doppelte des Landeshaushalts von Bayern. Die Allianz verwaltet ein gewaltiges Kapital, und zwar 1518 Milliarden Euro. 5,2 Milliarden Euro hat der Konzern unterm Strich 2010 an Gewinn eingefahren.

Die Versicherungswirtschaft kassiert die Deutschen schon jetzt gewaltig ab, aber es reicht ihr noch lange nicht. Die Manager der Assekuranz wollen viel mehr. Sie wollen nicht nur Aufgaben übernehmen, die – noch – in den Bereich der gesetzlichen Sozialversicherungen gehören. Sie wollen auch an das Geld, das die Bürger zu Banken und Investmenthäusern in der Hoffnung tragen, dass ihr Vermögen wächst. Im Jahr 2010 haben die im Gesamtverband der Deutschen Versicherungswirtschaft zusammengeschlossenen Unternehmen in der Bundesrepublik 178,9 Milliarden Euro eingenommen. Davon stammten rund 160 Milliarden aus Privathaushalten. Für 2011 erwartet die Branche wegen sinkender Prämien in der Lebensversicherung insgesamt 176,7 Milliarden Euro an Einnahmen, auch das ist noch ungeheuer viel. In der Lebensversicherung sinken die Einnahmen, weil die Kunden weniger Verträge gegen einen einmaligen hohen Beitrag abschließen. Dieser Geschäftszweig ist in der Finanzkrise stark gewachsen, weil die Verbraucher den Banken misstrauten und ihr Geld lieber bei den Versicherern parkten. Mit Abflauen der Krise greifen die Bürger wieder stärker zu Angeboten anderer Anbieter. Leichte Umsatzeinbußen bedeuten nicht, dass es der Assekuranz schlecht geht. Die Branche erreicht historisch gesehen 2011 ihr zweithöchstes Beitragsvolumen.

Aber das reicht den Versicherern nicht. Sie wollen, dass Deutschland bei den Pro-Kopf-Ausgaben für Versicherungsprämien zu den europäischen Nachbarn aufschließt. Analysen des Rückversicherers Swiss Re zufolge liegen die Ausgaben für Versicherungsprämien in der Bundesrepublik im Vergleich der Industrieländer unter dem Durchschnitt. Rückversicherer sind die Versicherer derjenigen, die wie Allianz, Generali oder Zurich direkt mit Privatleuten und Wirtschaft Verträge schließen. Als Versicherer der Versicherer sind sie international tätig und verfolgen die Trends in den verschiedenen Märkten, um ihre Geschäftspolitik danach auszurichten. Nach den Beobachtungen der Swiss Re gaben die Deutschen im Jahr 2010 pro Kopf 1402 Dollar, das sind etwa 1015 Euro, für Lebensversicherungsprämien aus. In diese Sparte fallen nicht nur Policen, bei denen Hinterbliebene nach dem Tod des Versicherten die vereinbarte Summe bekommen. Auch private Rentenversicherungen, Berufsunfähigkeitsversicherungen und ein Teil der privaten Pflegeversicherungen werden von den Lebensversicherern angeboten. Im Vergleich zu Ländern wie der Schweiz und Großbritannien erscheinen die Prämieneinnahmen der Lebensversicherer in Deutschland nicht hoch. Die Schweiz ist mit 3667 Dollar pro Kopf und Jahr zusammen mit Luxemburg mit einem Wert von 3698 Dollar weltweit Spitzenreiter bei den Pro-Kopf-Ausgaben für Lebensversicherungen. In Großbritannien sind es 3436 Dollar, in Frankreich immerhin noch 2938 Dollar. Im Schnitt zahlen die Bürger in den Industrieländern pro Kopf 2069 Dollar im Jahr für die Lebensversicherung.[8]

Die deutschen Lebensversicherer wollen auch solche Zahlen erreichen wie die Kollegen in der europäischen Nachbarschaft. »Wir Versicherer sind gut beraten, einen Blick auf die Vermögen zu werfen, die bei den Banken liegen«, sagt Peter Stockhorst, Vorstandschef des Direktversicherers CosmosDirekt. In Frankreich bieten Versicherer in großem Umfang sogenannte Kapitalisierungsprodukte wie Tagesgeldkonten an. Auf diese Konten können Kunden große Beträge einzahlen, die zu einem besseren Satz verzinst werden als auf dem Sparbuch, aber nicht so gut wie bei festen Anlagen. Dafür können sie jederzeit an das Geld. Gerade in unsicheren Zeiten parken Verbraucher ihr Kapital gerne auf solchen Konten. Viele Versicherer bieten so etwas an, etwa Allianz, AXA oder der Direktversicherer Hannover Leben. In der Finanzkrise konnten sie Kunden mit vergleichsweise hohen Zinsen locken, doch in normalen Zeiten bieten Banken oft bessere Konditionen. CosmosDirekt hat allein 2010 ein Viertel der Einnahmen über ein Tagesgeldkonto erwirtschaftet, immerhin 616 Millionen Euro. »Wir gehen in den Wettbewerb mit Banken, aber mit eigenen Produkten – denen einer Versicherung«, sagt Stockhorst.

Auf die Idee für Angebote wie Tagesgeldkonten sind die Gesellschaften gekommen, weil sie beobachtet haben, dass Kunden hohe Auszahlungen aus Lebensversicherungen erst einmal bei Banken liegen gelassen haben. Dieses Geld wollen sie im eigenen Haus behalten, am liebsten auf Dauer. CosmosDirekt möchte, dass die Kunden ihr Geld nicht parken und abziehen, sondern es im Unternehmen lassen und in Altersvorsorge-Verträge investieren. Das können sie bequem per Mausklick. »Viele Kunden nutzen bereits die Möglichkeit, ihr Geld vom Tagesgeldkonto in einen Altersvorsorge-Vertrag, zum Beispiel eine Basisrente, zu stecken«, sagt Stockhorst. Haben sie das getan, ist das Kapital bis zur Rente unantastbar, denn die auch Rürup-Vertrag genannte Basisrente kann nicht aufgelöst werden. Die Versicherer haben in der Finanzkrise vom Vertrauensverlust der Banken profitiert. Kunden wollten ihr Geld dort parken und abwarten, wie sich die Lage in der Finanzbranche entwickelt. Nach Auffassung der Verbraucherzentrale Hamburg hat CosmosDirekt Kunden mit unlauteren Mitteln gelockt. In der Werbung für das

Tagesgeldkonto hieß es: »Die flexible Geldanlage mit dem Plus an Sicherheit« und: »Zudem ist Ihr gesamtes Guthaben im Rahmen der gesetzlichen Regelungen des Sicherungsfonds für die Lebensversicherer jederzeit abgesichert.« Doch so stimmt das nicht. Würde CosmosDirekt in Schwierigkeiten geraten, würde die Auffanggesellschaft Protektor für die Gelder der Kunden einstehen. Protektor ist eine von der Branche nach der Kapitalmarktkrise der Jahre 2001 bis 2003 gegründete Gesellschaft, die seinerzeit die Bestände der in Turbulenzen geratenen Mannheimer Leben übernommen hat. »Die Mittel der Protektor AG reichen aber bei Weitem nicht aus, um die Pleite eines größeren Unternehmens wie etwa der CosmosDirekt komplett aufzufangen. Nach dem Versicherungsaufsichtsgesetz werden in diesem Falle die den Kunden vertraglich garantierten Leistungen um 5 Prozent gekürzt«, argumentiert die Verbraucherzentrale Hamburg. Sie mahnte CosmosDirekt wegen der Werbung ab. Zunächst weigerte sich die Gesellschaft, eine Unterlassungserklärung zu unterschreiben. Nachdem die Verbraucherschützer vor Gericht gezogen waren, lenkte sie ein.

Die Versorgungslücke

Die größte Weichenstellung für gute Geschäfte der Lebensversicherer hat die rot-grüne Regierung mit der Rentenreform von 2002 vorgenommen. Mit dieser Reform hat der Staat die Zusage gekündigt, dass ein Normalverdiener seinen Lebensabend finanziell ausreichend versorgt verbringen kann. Wollen Durchschnittsverdiener im Ruhestand nicht darben, müssen sie Rücklagen bilden – diese Botschaft tönt aus allen Kanälen. Ob das wirklich so ist, hängt vom Einzelfall ab. Aber die Kürzungen der künftigen gesetzlichen Renten sind in der Tat gravierend. Die Frage ist nur, welche Konsequenzen Bürger daraus ziehen.

Die Versicherer sind der Auffassung, dass sie die Einzigen sind, die eine gute Lösung für das Problem haben: die private

Rentenversicherung. Wie bei der Berufsunfähigkeitspolice ist die »Versorgungslücke« das zentrale Verkaufsargument der Unternehmen. Die Anbieter verteilen allerlei »Versorgungslücken-Rechner« an ihre Verkaufstruppen. Manche sind aus Papier oder Plastik, der Vermittler oder Verbraucher kann an Schrauben und Scheiben drehen, auf denen Zahlen mit Einkünften, Inflationsraten und zu erwartenden Alterseinkünften stehen. Andere kann der Vertreter am Computer bedienen. Es macht Eindruck, wenn er den Laptop am Esstisch aufgebaut hat und schon mit wenigen Eingaben und Klicks die Diagnose stellt. »Was man auch ausfüllt, eines kommt immer heraus: Die Lösung ist eine kapitalbildende, lang laufende Versicherung«, sagt die unabhängige Bonner Finanzberaterin Mechthild Upgang. »Man braucht nur an der Inflationsschraube zu drehen und siehe da: Schon ist die Rentenlücke ein bisschen größer.« Hat das Opfer erst genug Angst, folgt die Standardfrage des geschulten Vertreters: »Wie viel könnten Sie denn im Monat für die Altersvorsorge aufbringen?«

Vom »Rentenloch« gar spricht der Versicherer Skandia in seiner »Rentenloch-Kampagne«. »Von vielen unbemerkt tun sich in Deutschland immer mehr und immer größere Rentenlöcher auf«, heißt es in einem Werbespot des Unternehmens. »Es gibt verschiedene Möglichkeiten, sich vor dem freien Fall ins Rentenloch zu schützen«, sagt eine tiefe, beruhigende Männerstimme und stellt verschiedene Varianten der Rentenversicherung vor. Mit der privaten Altersvorsorge könne man gar nicht früh genug beginnen, mahnt die Stimme: »So hat Ihr Vermögen genug Zeit zu wachsen.«

Genau das Gegenteil erlebt hat eine Kundin der Skandia aus Oldenburg. Dagmar T. hat 2004 auf Empfehlung eines Vertreters des Finanzvertriebs AWD eine private Rentenversicherung bei der Skandia abgeschlossen. Verkaufsorganisationen wie AWD bieten keine eigenen Verträge an, sondern verkaufen die von Versicherern oder anderen Finanzdienstleistern und leben von den Provisionen. Der Vertrag bei der Skandia sollte dreißig

Jahre laufen. Zu Beginn zahlte die Kundin im Monat 250 Euro, später schrittweise mehr, denn der Vertrag sah eine »Dynamik« vor. Insgesamt überwies Dagmar T. 13 000 Euro. Vier Jahre nach Abschluss wollte die Kundin nicht weiterzahlen und stellte den Vertrag beitragsfrei. Im Juni 2011 kündigte die Skandia den Vertrag. Dagmar T. erhielt von den Einzahlungen in Höhe von 13 000 Euro nur knapp 3000 Euro zurück. »Der Hauptvertrag hat eine Beitragszahlungsdauer von dreißig Jahren und damit in den ersten drei Jahren eine Investition von 14 Prozent«, schrieb der Versicherer der Kundin. Das bedeutet: Die Skandia hatte in den ersten drei Jahren sage und schreibe 86 Prozent der Prämienzahlungen als Kosten von den Beitragszahlungen abgezogen. Für die Beitragsfreistellung berechnete der Versicherer außerdem noch eine Stornogebühr in Höhe von 2850 Euro, für die Kündigung zog die Skandia weitere 325 Euro Gebühr ab.

Schlechte Rendite, hohe Kosten, unflexibel

Eines der beliebtesten Verkaufsargumente für eine private Rentenversicherung ist die »Demografie«. Die Menschen werden immer älter. Immer weniger Erwerbstätige müssen für immer mehr Rentner aufkommen. Klar, dass die gesetzlichen Renten sinken müssen, lautet das Argument von Verkäufern und willfährigen Wissenschaftlern. Gerne wird es untermauert mit bunten Bildern von Bevölkerungspyramiden, auf denen die unten stehenden Menschen ganz schön viel zu tragen haben. »Der Demografie entkommen die Kunden von privaten Rentenversicherungen erst recht nicht«, sagt Edda Castelló von der Verbraucherzentrale Hamburg. Im Kleingedruckten behalten sich Unternehmen vor, bei Bedarf andere Sterbetafeln zu verwenden als bei der Kalkulation für den bestehenden Vertrag. Werden die Kunden viel älter als erwartet, fällt die Rente magerer aus, sagt sie.

Wer in der Versicherungsbranche unterwegs ist, macht immer wieder eine aufs Neue erstaunliche Erfahrung: Die Versicherer bestreiten etwas und bestätigen es gleichzeitig. So ist es auch mit Volker Priebe, Abteilungsleiter Produktentwicklung beim Marktführer Allianz Leben. Vehement bestreitet er Castellós Argument. »Demografische Faktoren wie das Verhältnis Beitragszahler zu Rentnern oder rückläufige Geburtenentwicklungen, die die Leistungsfähigkeit eines Umlageverfahrens wie der gesetzlichen Rentenversicherung beeinflussen, spielen für den Kunden einer privaten Rentenversicherung im Kapitaldeckungsverfahren praktisch keine Rolle«, sagt er. Die bei Vertragsbeginn einer privaten Rentenversicherung vereinbarte Rentenhöhe ist für die gesamte Laufzeit, die oft 40 Jahre oder länger beträgt, garantiert. Bei der Kalkulation von Rententarifen werde aus diesem Grund die erwartete künftige Verlängerung der Lebenserwartung berücksichtigt, erklärt er. Die Menschen lebten immer länger. Die Annahmen für den künftigen Sterblichkeitstrend hätten daher 2004 aktualisiert werden müssen und würden seither im Neugeschäft ab 2005 mit neuen Sterbetafeln berücksichtigt, sagt er. »Trotzdem bekommt der Kunde, der seine Rentenversicherung vor 2005 abgeschlossen hat, die garantierte Rente, und sein Vertrag wird weiterhin an den Überschüssen beteiligt.« Den Überschussanteil legen die Versicherer jährlich neu fest. Seine Höhe hängt unter anderem davon ab, wie viel Gewinn die Unternehmen mit ihren Kapitalanlagen machen, auch die sogenannten Risikoüberschüsse spielen eine Rolle. »Verlängern sich die Lebenserwartungen, so entstehen weniger Risikoüberschüsse, und wir müssen die Überschussbeteiligung in zukünftigen Jahren niedriger deklarieren«, sagt Priebe. »Das heißt aber nicht, dass der Kunde weniger bekommt. Die Rente einschließlich der Überschussbeteiligung wird ja aufgrund der längeren Lebenserwartung im Durchschnitt auch über einen längeren Zeitraum gezahlt.« Aus mathematischer Sicht macht das vielleicht keinen Unterschied, aus Sicht des Verbrauchers schon: Statistisch gesehen bekommt der Kunde insgesamt nicht weniger, aber nur, wenn er auch die veranschlagte Lebenserwartung erreicht. Die Höhe der Zahlung, die er Monat für

Monat bekommt, ist durch die gestiegene Lebenserwartung niedriger.

Auch jenseits der Demografiedebatte hält Verbraucherschützerin Edda Castelló gar nichts von den Verträgen der Assekuranz für die Altersvorsorge. »Renten- und Lebensversicherungen haben eine schlechte Rendite, hohe Kosten und sind extrem unflexibel und intransparent«, lautet ihr vernichtendes Urteil. Sie ist eine entschiedene Gegnerin dieser Policen. Von ihrem bescheidenen Domizil im fünften Stock der Verbraucherzentrale Hamburg aus führt sie einen schier aussichtslosen Feldzug gegen die Verträge, von denen ihrer Ansicht nach nur die Versicherer profitieren. »Würden die Verbraucher eine rationale Entscheidung fällen, würden sie sich nicht dafür entscheiden«, ist sie überzeugt. Castelló plädiert für Alternativen. Statt eine Rentenversicherung abzuschließen, können Bürger für den Ruhestand Vermögen aufbauen und im Alter einen Auszahlungsplan aufstellen, damit sie wissen, wie viel sie verzehren können.

So etwas hört die Branche nicht gerne. Der Vorsitzende der Hauptgeschäftsführung des Gesamtverbands der Deutschen Versicherungswirtschaft Jörg von Fürstenwerth hält private Rentenversicherungen für die beste Form der privaten Altersvorsorge. »Bei welchem anderen Produkt bekommen Kunden eine lebenslange garantierte Rente?«, fragt er. Allianz-Produktentwickler Volker Priebe sieht das genauso. »Die Zusage einer lebenslangen Rente kann nur in einem Kollektiv mit vielen Menschen erfolgen«, sagt er. Die lebenslange Zahlung sei ein unschlagbarer Vorteil. »Jeder Auszahlungsplan als Altersvorsorge stellt ein Risiko dar«, sagt er. Der angehende Ruheständler müsse selbst festlegen, von welcher Lebenserwartung er ausgeht. »Lebt er länger als gedacht, ist plötzlich kein Geld mehr da.«

Vielleicht ist es ein Erfolg von Verbraucherschützerin Castelló, vielleicht das Resultat der vergangenen Wirtschaftskrisen: Die Zahl der Lebensversicherungen sinkt. Aber es gibt noch immer unglaublich viele. In Deutschland besaßen 80 Millionen Einwohner im Jahr 2010 rund 90 Millionen Lebensversicherungsverträge, im Jahr 2005 waren es 94,2 Millionen. Weniger geworden sind insbesondere die Kapitallebensversicherungen. Sie waren früher das wichtigste Produkt der Branche. Die Vermittler hatten ein gutes Lockmittel. Die Auszahlungen aus den Verträgen waren komplett steuerfrei. Das ist seit 2005 vorbei. Der Staat will nicht mehr die bloße Vermögensbildung der Bürger fördern. Sie sollen sich private Rentenversicherungen zulegen, die werden steuerlich milder behandelt. Ihr Anteil in den Beständen der Branche ist von 12 Prozent im Jahr 2000 auf 38,9 Prozent im Jahr 2010 gestiegen.

Die Verträge werden weniger, die Einnahmen der Unternehmen über lange Strecken gesehen nicht. Im Jahr 2010 haben die Lebensversicherer gewaltige 87,2 Milliarden Euro an Beiträgen kassiert, 2005 waren es 72,6 Milliarden Euro. Die 27,4 Milliarden Euro aus dem Jahr 1990 muten dagegen fast bescheiden an. Nach der Wiedervereinigung haben die Versicherer in den neuen Bundesländern besonders aggressiv Lebensversicherungen verkauft. Dabei hatte die Branche mit einer Art Vertrauenskrise gerechnet. Anders als die Sparguthaben wurden die Vermögen auf den Versicherungskonten bei der Währungsunion nicht eins zu eins umgetauscht, sondern nur eins zu zwei. Die Kunden verloren also die Hälfte ihres Angesparten.

Der Name des bei der letzten Volkskammerwahl erfolgreichen Wahlbündnisses »Allianz für Deutschland« geht übrigens auf den Primus der Versicherungsbranche zurück: Bei der Rückfahrt von seinem ersten Gespräch mit Bundeskanzler und CDU-Chef Helmut Kohl kam der damalige Vorsitzende der DDR-CDU Lothar de Maizière Anfang 1990 im Westteil Berlins an einer Werbetafel der Allianz Lebensversicherung vorbei. »Mir fiel spontan der Slogan der Firma ein, so viel Westfernsehen hatte ich wohl doch gesehen: ›Hoffentlich Allianz versichert‹«, erinnerte sich Lothar de Maizière 20 Jahre später.[9] Es machte klick, und er schlug Kohl bei seinem nächsten Treffen den Namen für das Wahlbündnis vor.

Mit einem Husarenstreich riss sich die Allianz im Frühjahr 1990 die staatliche Versicherungsgesellschaft der DDR unter den Nagel. Sie sicherte sich damit eine hervorragende Startposition für den neuen Markt. Anfang der Neunzigerjahre zogen westdeutsche Vertreter auch der anderen Versicherer in Goldgräberstimmung in den Osten. Dort schwatzten sie vielen eine Police auf, die keine wollten, brauchten oder sich leisten konnten. Zeitweise kündigten die neuen Bundesbürger jede zehnte Lebensversicherung, in der Regel mit hohen Verlusten. Von ihren ersten Zahlungen ging das meiste Geld an den Vermittler. Seit der großen Versicherungsreform 2008 müssen die Kosten für die Vermittlerprovisionen immerhin auf fünf Jahre gestreckt werden. »Aber weg ist das Geld so oder so«, sagt Verbraucherschützerin Edda Castelló. Stolze 8 Milliarden Euro haben allein die Lebensversicherer im Jahr 2010 für Abschlusskosten ausgegeben. Das meiste davon fließt als Provision an Vermittler.

Viele Experten halten die hohen Provisionen für die Vermittler für den entscheidenden Fehler im System der Lebensversicherer. Nicht nur Verbraucherschützer sind dieser Auffassung. Die unabhängige Finanzexpertin Mechthild Upgang ist nicht die Einzige aus der Branche selbst, die in den hohen Abschlussprovisionen den Kardinalfehler sieht. »Würde es nur noch ratierliche Provisionen geben, wären 90 Prozent der heutigen Probleme gelöst«, sagt sie. Dann bekäme der Vermittler nicht mehr kurz nach Vertragsabschluss eine hohe Summe, sondern während der gesamten Laufzeit eine regelmäßige Vergütung. Damit hätten die Verkäufer ein Interesse daran, dass der Kunde eine Police abschließt, die zu ihm passt. Die Beratung würde besser. Gleichzeitig würde sich die in der Branche gepflegte Kultur des schnellen Geldes wandeln. Die Aufschneider und Abzocker würden zurückgedrängt.

Systematisch in die Irre führen

Auch der Versicherungsmathematiker Axel Kleinlein ist kein Fan zu hoher Provisionen. Aber er hält sie nicht für das Grundübel der Branche. »Die Verträge sind das Problem«, sagt Kleinlein, der als Vorsitzender des Bundes des Versicherten klar auf der Seite der Verbraucher steht. »Die Vermittler können nichts dafür, wenn die Unternehmen schlechte Verträge entwickeln.« Kleinlein fordert, dass der Gesetzgeber Grundlagen und klare Regeln schafft, damit Kunden die Chance auf faire und verstehbare private Renten- und Lebensversicherungen haben. Diese Vorgaben müsste der Staat kontrollieren, zum Beispiel, indem Verträge genehmigt werden müssen. »Wir brauchen eine Regulierung des Marktes«, sagt Kleinlein. »Regulierung«, also der Eingriff des Staates, ist ein Wort, das die Assekuranz fürchtet wie der Vampir das christliche Kreuz.

Die Branche möchte so weitermachen wie bisher. Sie führt die Verbraucher systematisch in die Irre. Alljährlich im Spätherbst geben die Versicherer die Überschussbeteiligung für das kommende Jahr bekannt. Das ist eine Prozentangabe, die darüber informieren soll, mit welchem Satz das angesammelte Kapital des Kunden und seine Prämie verzinst werden. Oder besser: das, was vom Beitrag tatsächlich in den Spartopf fließt. Der Versicherer zieht einen großen Batzen für Kosten wie die Vermittlergebühr oder die Verwaltung ab, bevor er für den Kunden zu sparen beginnt. Von den 100 Euro Prämie im Monat bleiben vielleicht nur 80 Euro übrig. Wie viel genau, weiß der Kunde in der Regel nicht. Das ist Geschäftsgeheimnis. Hat der Versicherer einen teuren Vertrieb, zum Beispiel eine Organisation wie AWD oder DVAG, wird er mehr abziehen als einer ohne Vertrieb. Die Überschussbeteiligung bezieht sich also auf den Rest von den 100 Euro, den außer dem Unternehmen niemand kennt. Wer 95 Euro verzinst, gibt dem Kunden mehr als einer, der nur 80 Euro verzinst. Trotzdem wird die Höhe der Überschussbeteiligung in der Branche – von Unternehmen, Vermittlern und Kunden – als zentrale Kennzahl angesehen. Als gut und verbraucherfreundlich gelten Gesellschaften mit hoher Überschussbeteiligung. Das ist absurd. Zieht der Versicherer von den gezahlten 100 Euro nur 5 Euro ab, ist er viel kundenfreundlicher als der Konkurrent, der 20 Euro wegnimmt und eine um 0,2 Prozentpunkte höhere Überschussbeteiligung gewährt.

Die Medien verfolgen die alljährliche Veröffentlichung der aktuellen Werte genau, denn die Journalisten leiten aus der Zahl ab, wie finanzstark ein Versicherer ist und wie er im Vergleich zur Konkurrenz dasteht. Auch Kunden beobachten das gespannt. Gegen Ende des Jahres herrscht Hochkonjunktur in der Branche, dann schließen die meisten Versicherten ab.

Viele Gesellschaften warten erst einmal ab, was Marktführer Allianz Leben macht. Die Allianz Leben ist mit weitem Abstand der größte Lebensversicherer in Deutschland. Fast jeder fünfte verkaufte Vertrag wandert ins Hauptquartier nach Stuttgart. Was der Marktführer macht, hat Einfluss auf die ganze Branche. Die Überschussbeteiligung des Unternehmens gibt den Takt für den Markt vor. »Das stark gesunkene Zinsniveau berücksichtigt der Branchenführer mit einer Anpassung der laufenden Verzinsung der Sparanteile von 4,3 auf 4,1 Prozent«, teilte die Allianz im Dezember 2010 mit. Doch das stimmt so nicht. Nicht alle Kunden bekommen diese Überschussbeteiligung. Die Allianz Leben verkauft nicht nur private Rentenversicherungen, sondern auch Verträge für die betriebliche Altersversorgung. Für solche Verträge hat die Allianz Leben eine Pensionskasse mit fast einer Million Kunden. Diese Verträge erhalten nur eine laufende Überschussbeteiligung von 3,6 Prozent. Diese Information unterschlägt das Unternehmen in der Pressemitteilung. Die erhalten die Kunden erst Monate später aus der »Standmeldung« für den Vertrag. Mit diesen Briefen informieren Versicherer regelmäßig über die bislang erworbenen Ansprüche. Auf Nachfrage gibt der Versicherer als Grund für die niedrige Gewinnbeteiligung an, dass die Pensionskasse so wenig Kapital in Aktien investiert habe. Die Aktienquote liege bei null, heißt es. Dabei hatte der damalige Arbeitsminister Walter Riester die Rentenreform zu Beginn des Jahrtausends damit begründet, dass die Beschäftigten an den Erträgen der – damals – boomenden Kapitalmärkte beteiligt werden sollten. Für den Kunden ist es egal, ob der Versicherer viel oder wenig in Aktien investiert, ob die Börsen boomen oder kränkeln. Er bekommt seit zehn Jahren immer weniger gutgeschrieben.

Informationsbomben

Seit der großen Reform des Versicherungsvertragsgesetzes 2008 müssen die Anbieter Kunden vor dem Abschluss ein sogenanntes Produktinformationsblatt aushändigen. Verbraucher sollen mit wenigen Blicken das Wesentliche eines Vertrags erfassen können. Die Branche hat sich dagegen gewehrt, konnte sich aber nicht durchsetzen. Verhindern konnte sie aber, dass die Unternehmen einen begrenzten Raum für die Informationen bekommen, zum Beispiel eine Seite. Eigentlich soll es ja ein Produktinformations*blatt* sein. Aber die Versicherer dürfen zu jedem einzelnen geforderten Punkt so viel schreiben, wie sie wollen. Das tun sie auch. So torpedieren sie die ursprüngliche Idee. Seitenlang schütten sie die Interessenten mit Informationen zu. Eine Modellrechnung löst die nächste ab, Wichtiges steht neben Unwichtigem. Sie erschlagen den interessierten Bürger mit Daten, Fakten, Zahlen, Grafiken und allen möglichen Hinweisen, bis der kapituliert. »Das liest kein Mensch«, sagt Versicherungsmathematiker Axel Kleinlein. Mit der Informationsbombe spielen die Versicherer geschickt den Ball ins Feld des Verbrauchers. Soll der sich doch erst mal da durcharbeiten, bevor er sich beschwert. Enttäuschte Kunden machen sich oft Vorwürfe, weil sie glauben, sie hätten ihre Hausaufgaben nicht gemacht. Dabei liegt die Schuld nicht bei ihnen. Sie werden bewusst und systematisch ausgetrickst.

Selbst wer sich mühevoll durch die Papierpacken arbeitet, erfährt nicht unbedingt das, was er zu erfahren glaubt. Die ausgewiesenen Abschlusskosten zum Beispiel sind nicht die tatsächlich fließenden, sondern die kalkulierten. Der Vermittler bekommt möglicherweise mehr oder weniger. Trotz des Informationswusts verweisen Versicherer immer wieder auf die »AVB«, die Allgemeinen Versicherungsbedingungen, die sich der Kunde zusätzlich besorgen muss.

Die Versicherer berechnen die Überschussbeteiligung auf der Grundlage des laufenden Jahres. Die Überschussbeteiligung besteht aus zwei Teilen, der garantierten und der variablen. Zu Vertragsbeginn sagt der Versicherer dem Kunden die Mindestverzinsung des angesammelten Kapitals und der Restprämie zu. Diese Mindestverzinsung muss er durchhalten. Auf dieser Grundlage kann das Unternehmen eine definitive Zusage machen, wie viel der Kunde mindestens als monatliche Rente oder einmalige Auszahlung erhält. Gelockt wird der Interessierte aber mit völlig unverbindlichen Prognosen, die auf Hochrechnungen verschiedener Zinssätze beruhen. Der Gesetzgeber legt fest, wie hoch die Garantieverzinsung höchstens sein darf. Dabei orientiert er sich an der Entwicklung der Kapitalmärkte. Zurzeit liegt der Garantiezins bei 1,75 Prozent und damit auf einem historischen Tief. Die Branche hat sich mit Händen und Füßen gegen die Absenkung gewehrt, sie wollten eine Zwei vor dem Komma. Das macht sich besser, wenn der Kunde auf die – ebenfalls oft falschen – Renditeversprechen anderer Geldanlagen schaut.

Versicherer können auch Verträge mit einer niedrigeren Garantieverzinsung verkaufen. Makler würden ihren Kunden den Kauf jedoch nicht empfehlen. Aber Versicherer lassen sich etwas einfallen. Die Allianz Leben weist in ihren Rentenversicherungsverträgen zwar die marktübliche Garantieverzinsung aus. Doch sie zieht jedes Jahr Geld für Kosten vom Deckungskapital des Kunden ab. Das ist das Kapital, das der Sparer bereits aufgebaut hat. Beim Vertrag Allianz PrivatRenteKlassik sind es für jedes Jahr in der Einzahlphase 0,40 Euro pro 100 Euro. »Das ist eine faktische Senkung des Garantiezinses«, sagt Versicherungsmathematiker und Verbraucherschützer Axel Kleinlein.

Gegen diese Auffassung wehrt sich die Allianz. »Diese Sicht ist irreführend, ich kann sie nicht nachvollziehen«, sagt Allianz-Produktentwickler Volker Priebe. Im Fokus der Angebote bei Allianz Leben stehe nicht der Garantiezins, sondern die garantierte Leistung. Sie werde auf Basis aller Rechnungsgrundlagen, also neben dem Garantiezins auch der Sterbetafeln und der einkalkulierten Kosten, berechnet. »Für den Kunden ist entscheidend, dass die garantierte Leistung seines Vertrags nie sinken kann, egal, wie sich die Überschussbeteiligung des Vertrags entwickelt«, sagt Priebe. Vergleiche einzelner Kostenkomponenten mit dem Garantiezins hätten keine Aussagekraft. Vielmehr hätten alle Kosten, unabhängig davon, ob sie sich beispielsweise auf den Beitrag oder das Deckungskapital beziehen, Auswirkungen auf die Rendite.

Ein Dementi klingt anders. Für den Kunden ist es selbstverständlich, dass die garantierte Leistung nicht sinkt. Solange die Überschussbeteiligung über dem Garantiezins liegt, sind solche Fragen eher akademischer Natur. Sollte sie aber einmal so weit fallen, dass der Kunde nur den Garantiezins erhält, spielt das eine Rolle. Dann bekommt er auf das angesammelte Kapital eben nicht den Garantiezins. Dann fällt die Verzinsung um 0,40 Prozentpunkte niedriger aus – und der Kunde zieht vielleicht sein Geld ab und legt es woanders an. Denn die garantierte Leistung ist das absolute Minimum, mit dem der Kunde rechnet. Jeder geht davon aus, dass er mehr bekommt. Dieses Mehr wird aber weniger, wenn in schlechten Zeiten der faktische Garantiezins niedriger ist als gedacht.

Sind die Zeiten schlecht, muss der Kunde Abstriche machen. Sind sie gut, wird er nicht angemessen an den Gewinnen beteiligt, kritisieren Verbraucherschützer. Die Lebensversicherer sammeln gewaltige Mengen an Geld an, 2010 hatten sie 734 Milliarden Euro an Kapitalanlagen. Davon waren nach Angaben der Finanzaufsicht BaFin rund 30,6 Milliarden stille Reserven. Die stillen Reserven entstehen, wenn der Marktwert einer Kapitalanlage höher ist als der in den Büchern verzeichnete Wert. Stehen Immobilien mit einem Wert von 80 Millionen Euro in der Bilanz, würden bei einem Verkauf aber 100 Millionen Euro bringen, liegt die stille Reserve bei 20 Millionen Euro. Bis höchste Gerichte und Gesetzgeber die Versicherer dazu gezwungen haben, auch Teile der stillen Reserven an die Kunden auszuschütten, haben die Gesellschaften sie nicht weitergegeben. Im Jahr 2005 hat der Bund der Versicherten vor dem Bundesverfassungsgericht in dieser Frage einen historischen Sieg errungen. Sie bräuchten die stillen Reserven als Sicherheitspuffer, argumentierten die Versicherer. »Sicherheit« ist ein Argument, das die Branche gerne anführt, um zu begründen, warum die Kunden mehr zahlen und weniger bekommen sollen. Noch immer beteiligen die Versicherer die Kunden nicht angemessen, sagt Verbraucherschützerin Edda Castelló: »Die Versicherer kürzen woanders, und für den Verbraucher bleibt genauso wenig übrig wie vorher.«

Sterbetafeln nach Bedarf

Die meisten Verträge in den Beständen der Lebensversicherer sind vermögensbildende Policen. Sie sind für die Assekuranz und ihre Vertriebe lukrativer als Risikolebensversicherungen. Bei einer Risikolebensversicherung zahlt der Kunde eine Prämie, stirbt er, bekommen die Erben die vereinbarte Summe. Das ist eine sinnvolle Sache, um Kinder oder nicht verdienende Partner abzusichern. Erlebt der Versicherte das Ende des Vertrags, bekommt er nichts. Dafür sind die Verträge vergleichsweise günstig. Das macht sie attraktiv für Verbraucher, aber unattraktiv für Versicherer und Vermittler. Die Provision, die Verkäufer bekommen, hängt von der Höhe der Prämie ab. Kapitallebensversicherungen, bei denen Risikoschutz und Vermögensbildung kombiniert werden, bringen ihnen mehr. Für den Kunden sind diese Policen oft schlecht, denn der Risikoschutz entspricht oft nicht der nötigen Höhe, und das Kapital wächst wegen der vielen Abzüge sehr langsam.

Die Unternehmen haben drei Möglichkeiten, Gewinn mit einer Lebensversicherung zu produzieren. Sie legen das Geld erstens gut an und erwirtschaften hohe Kapitalerträge. Von den Gewinnen aus Kapitalerträgen muss der Versicherer dem Kunden mindestens 90 Prozent gutschreiben, 10 Prozent darf das Unternehmen behalten. Das schreibt die Finanzaufsicht den Versicherern in einer Verordnung vor. Zweitens gibt es die Risikogewinne und drittens die Kostengewinne. Risikogewinne entstehen so: Sterben weniger Kunden mit einer Kapitallebensversicherung mit Todesfallschutz, als der Versicherer kalkuliert hat, bleibt Geld übrig. Bei der Rentenversicherung ist es umgekehrt. Je länger der Kunde lebt, desto geringer ist der Gewinn für den Versicherer. Sterben in der Lebensversicherung weniger Kunden als gedacht und bei der privaten Rentenversicherung viele früher als kalkuliert, bleibt Geld übrig. Diese Erträge müssen im Verhältnis 25 Prozent für das Unternehmen und 75 Prozent für die Versichertengemeinschaft geteilt werden, auch das schreibt die Finanzaufsicht den Unternehmen vor. An jedem Euro, um den sich der Versicherer verkalkuliert, verdient er also 25 Cent. Im Jahr 2009 haben die Lebensversicherer Risikogewinne in Höhe von 6,5 Milliarden Euro verbucht.

Sehr vorsichtig zu sein bestimmt die Geschäftspolitik der Versicherer. Lebensversicherer müssen auf Sicherheit bedacht sein, das ist auch völlig richtig so. Für den Kunden wäre es äußerst ungünstig, wenn die Gesellschaft pleitegeht. Allerdings ist in der Bundesrepublik noch kein Lebensversicherer in die Insolvenz gegangen. Die deutsche Finanzaufsicht ist streng. Viele Lebensversicherer sind denn auch übertrieben vorsichtig – weil ihnen das Profit bringt. Auf Kosten der Versicherten.

Bei privaten Rentenversicherungen verspricht der Anbieter die Zahlung einer Rente bis zum Lebensende. Dass die angenommene Lebenserwartung für die Kalkulation sehr wichtig ist, liegt auf der Hand: Das bis zum Rentenbeginn angesammelte

Kapital muss bis zum letzten Lebenstag reichen. Die Versicherer rechnen die Lebenserwartung nicht für jeden Kunden einzeln aus, sondern für Gruppen. Dazu arbeiten sie mit sogenannten Sterbetafeln. In diesen Tafeln wird aufgeführt, wie viele von 1000 Personen eines Jahrgangs zum Beispiel in 20 oder 30 Jahren noch leben. Damit soll in der Rentenversicherung das »Langlebigkeitsrisiko« für den Anbieter begrenzt werden. Das »Langlebigkeitsrisiko« besteht darin, dass Versicherte länger leben, als die Aktuare kalkuliert haben. Damit das nicht geschieht, arbeiten sie mit großen Sicherheitspuffern. Je größer der Sicherheitspuffer für das Unternehmen, desto geringer ist die Rente für den Kunden – oder desto mehr Beitrag muss er für die gewünschte Rente zahlen.

Die Sterbetafeln für die Branche erstellt die Deutsche Aktuarvereinigung (DAV). Die Versicherungsmathematiker sind dabei äußerst »umsichtig«. Es gibt große Spielräume bei der Ermittlung der Lebenserwartung. Bei der Sterbetafel mit der Bezeichnung DAV 2004R wird eine im Jahr 1941 geborene Frau 93,8 Jahre alt, ein Mann 90 Jahre. Die Aktuare selbst gehen bei den Berechnungen für eine andere Sparte, und zwar für die private Krankenversicherung, von anderen, niedrigeren Lebenserwartungen aus. Die Sterbetafel PKV-2007, mit der die privaten Krankenversicherer arbeiten, sieht eine Lebenserwartung von 1941 geborenen Frauen von 89,8 Jahren vor, bei Männern sind es 86,6 Jahre. Die Sterbetafel Heubeck-Richttafeln 2005G, die Unternehmen und Finanzdienstleister für die Kalkulation von Betriebsrenten nutzen, kommt auf 87,8 Jahre für Frauen und 83,7 Jahre für Männer. Das Statistische Bundesamt kommt zu noch niedrigeren Ergebnissen. »Sterbetafeln und Trends in privaten Versicherungssystemen (Lebensversicherung, bAV, Krankenversicherung und Pflegeversicherung) sind deshalb unterschiedlich, weil ein System mit Beitrags- und Rentengarantie wie zum Beispiel die Lebensversicherung eine höhere Sicherheit in der Vorhersage der Sterblichkeitsentwicklung erfordert als ein System mit der Möglichkeit der Beitragsanpassung wie die Krankenversicherung«, begründen die Aktuare die Unterschiede.[10] Übersetzt heißt das: In der privaten Krankenversicherung macht es nichts, wenn die Mathematiker sich verrechnen. Das muss allein der Kunde ausbaden. Die Gesellschaften können die Beiträge nach Bedarf anheben.

Für die Assekuranz sind unterschiedliche Sterbetafeln für unterschiedliche Risiken selbstverständlich. »Je nach Risikoschutz gehen die Sicherheiten, mit denen wir den gesetzlichen Anforderungen nach ausreichend vorsichtiger Kalkulation nachkommen, in die eine oder die andere Richtung«, sagt Allianz-Mann Volker Priebe. Die Kunden der privaten Rentenversicherer würden in der Regel länger leben als der Bevölkerungsdurchschnitt, sagt er. Für eine fünfundsechzigjährige Frau ergebe sich allein schon aus diesem Unterschied eine um vier Jahre erhöhte Lebenserwartung. Durch die Berücksichtigung des medizinischen Fortschritts sowie die einzubauenden Sicherheiten komme nochmals eine jeweils um zwei Jahre höhere Lebenserwartung dazu, so Priebe. In der Risikolebensversicherung dagegen bedeute vorsichtiges Kalkulieren, von einer höher als im Durchschnitt zu beobachtenden Sterbewahrscheinlichkeit auszugehen. Sollte sich der Versicherer verkalkulieren und deshalb mehr Geld übrig behalten, muss er davon den Versicherten mindestens 75 Prozent gutschreiben, argumentiert der Allianz-Mann. Der Wettbewerb unter den Versicherungsunternehmen leiste ein Übriges, um die Versicherungsnehmer angemessen an den Überschüssen zu beteiligen, glaubt Priebe

Aber: Einen wirklichen Wettbewerb gibt es in der Assekuranz nicht, dieses Korrektiv entfällt. Versicherungsmathematiker und Verbraucherlobbyist Kleinlein ist davon überzeugt, dass die Aktuare übervorsichtig sind. Sie berufen sich darauf, dass die allgemeine Bevölkerungssterbetafel für die Versicherer nicht geeignet ist, weil deren Kunden nicht den Durchschnitt repräsentieren. Früher schlossen in erster Linie Gutbetuchte eine private Rentenversicherung ab. Besserverdienende leben nachweislich länger als Geringverdiener. Heute schließen allerdings auch viele Menschen mit mittleren und geringen Einkommen eine private Rentenversicherung ab. Bei ihren Berechnungen stützen sich die Aktuare jedoch weiterhin auf die Erfahrungen der Versicherer aus den vergangenen Jahrzehnten. »Statt die Tafeln zu korrigieren, haben die Aktuare die höhere Lebenserwartung der Vermögenderen noch stärker gewichtet«, kritisiert Kleinlein. Das lohnt sich. Die Risikogewinne dürfen sie ja zu einem Viertel behalten.

Zu eigenen Gunsten verrechnen

Noch rentabler ist das Verkalkulieren für die Assekuranz bei den Kosten für die Verträge. Hier dürfen sie die Hälfte von dem behalten, was unterm Strich übrig bleibt. Diese sogenannten Kostengewinne entstehen, wenn die Ausgaben für Verwaltung und Abschluss niedriger ausfallen, als der Versicherer sie berechnet hat. Diese Aufteilung gilt seit 2008. Vorher war die Rede von einer »angemessenen« Beteiligung des Kunden. »Beides ist pikanterweise nicht identisch«, kritisiert die Verbraucherzentrale Bremen. Die Bundesanstalt für Finanzdienstleistungsaufsicht hatte den Verbraucherschützern der Hansestadt im Dezember 2005 mitgeteilt, dass sie »angemessen« grundsätzlich als Beteiligung in der Größenordnung von 90 Prozent für den Kunden interpretiere. »Galt früher also eine 10-prozentige Beteiligung der Unternehmen als ›angemessen‹, so liegt die amtlich erlaubte Quote jetzt bei dem Zweieinhalbfachen (!) des früheren Satzes«, kritisieren die Verbraucherschützer.[11]

Umgesetzt wurde diese Änderung unter Bundesfinanzminister Peer Steinbrück (SPD) im Jahr 2008 durch Änderung der »Rückführungsverordnung«. 2008 kam die Branche auf Kostengewinne von 700,6 Millionen, im Jahr 2009 waren es 1,15 Milliarden Euro. Dabei müssen die Gesellschaften nicht einmal alle Kunden gleichbehandeln. Marktführer Allianz gewährt bei Rentenversicherungen mit laufender Beitragszahlung ab einem

Garantiekapital von 40 000 Euro eine Kostenüberschussbeteiligung. Nach den gesetzlichen Bestimmungen hat der Versicherer die Kostenüberschussbeteiligung nach einem »verursachungsorientierten Verfahren« durchzuführen, sagt die Allianz. »Da wir die einkalkulierten Kosten überwiegend beitrags- beziehungsweise volumenbezogen erheben, entstehen Kostenüberschüsse durch diejenigen Verträge, die über dem Durchschnittsbeitrag liegen. Damit ist es nur fair, die Kostenüberschüsse vorrangig denjenigen Kunden zukommen zu lassen, die einen überdurchschnittlich hohen Beitrag abgeschlossen haben. Sie bezahlen dann aber immer noch mehr Kosten als ein deutlich kleinerer Vertrag«, sagt Abteilungsdirektor Volker Priebe.

Das bedeutet: Wer kleinere Beiträge an den Versicherer zahlt, bekommt nichts von den Kosten zurück, die von seinen Prämien abgezogen werden. Er hat relativ gesehen also eine höhere Kostenbelastung. Die Bedeutung dieses Verschiebebahnhofs für die Versicherer liegt nicht nur im Finanziellen. Sie eröffnen sich durch die Kostengewinne Gestaltungsspielräume. Denn auf welchem Weg Versicherer Kunden an den Kostengewinnen beteiligen, ist unterschiedlich. Manche schütten sie mit der Überschussbeteiligung aus, andere nicht. Versicherer mit einer hohen Überschussbeteiligung kommen möglicherweise auf diesen Wert, weil sie die Kostengewinne mit einrechnen, zahlen dem Kunden aber unterm Strich nicht mehr als andere mit einer geringeren Überschussbeteiligung.

Vorsorge statt Vergnügen

Um den Bürgern die Kürzung der gesetzlichen Renten schmackhaft zu machen, hat die rot-grüne Regierung 2002 die staatliche Förderung der privaten Altersvorsorge eingeführt. Mit Zulagen und Steuervorteilen werden Verbraucher in fragwürdige Verträge gelockt. Ein gigantisches Geschenk für die Versicherungswirtschaft. Peer Steinbrück, der Finanzminister der auf rotgrün folgenden Großen Koalition, würde seinem Parteifreund Walter Riester aber nicht aus diesem Grund gern ein Denkmal bauen. In seinem Bestseller *Unterm Strich* schreibt er, generell müsse der vorsorgende Sozialstaat umsteuern, weg von Geldleistungen für Personen hin zu Infrastruktur- oder Sachleistungen. »Nicht zuletzt werden die Bürger – so unpopulär das auch ist – darauf vorbereitet sein müssen, dass sie selbst für Alter, Pflege und Gesundheit mehr Vorsorge betreiben müssen«, kündigt er an.[12] Ob der Staat dies wie bei der Riester-Rente – »eine Erfolgsgeschichte«, wie Steinbrück meint, für die Walter Riester und seinem Staatssekretär Klaus Achenbach »wenigstens ein Denkmal errichtet werden sollte« – mit einer Förderung unterstützen sollte, sei zweitrangig. Wichtig sei »die Einstimmung der Bürger darauf, dass sie einen Teil ihres Gegenwartskonsums zugunsten von Zukunftsvorsorge reduzieren sollten, wo immer sie dafür Spielräume haben«[13]. Und dann folgt ein Satz, der auch aus dem Werbeprospekt eines Finanzvertriebs stammen könnte: »Das kann die Ergänzung der gesetzlichen Altersversorgung durch ein kapitalgedecktes Verfahren wie die Riester-Rente sein, eine Zusatzversicherung in der Gesundheitsvorsorge, der Erwerb einer kleinen Eigentumswohnung für mietfreies Wohnen im Alter oder eine risikogeschützte Anlage, für die man über Jahre – soweit möglich – etwas abgezwackt hat.«[14] Versicherern macht Peer Steinbrück offenbar gerne seine Aufwartung. Zum Beispiel beim »Swiss Life Pensions Day 2010« in München. Swiss Life ist der Versicherer, der den Finanzvertrieb AWD gekauft hat.

Fast 15 Millionen Menschen haben mittlerweile eine Riester-Rente abgeschlossen. Längst hat sich herausgestellt, dass von diesen Verträgen vor allem die Anbieter etwas haben. Mit Dutzenden von Modellrechnungen haben Verbraucherschützer nachgewiesen, dass Kunden von den Zulagen kaum profitieren, weil die Versicherer davon viel für alle möglichen Kosten abziehen. »Mit Einführung der Riester-Rente haben die Versicherer eine unglaubliche Fantasie entwickelt, um neue Kostenarten zu erfinden«, und Verbraucherschützer Axel Kleinlein. Die Riester-

Rente ist teuer, und sie ist schlecht gemacht. Immer wieder muss die Bundesregierung nachbessern. In den Worten des Bundesministeriums für Arbeit und Soziales klingt es freundlicher: »Die Riester-Rente wird laufend auf ihre Verbraucherfreundlichkeit hin überprüft. Wenn sich zeigt, dass Teile des Verfahrens verbesserungsbedürftig sind, werden Änderungen vorgenommen.«[15] Offenbar verschlimmbessert die Regierung die Riester-Rente. Mathematiker Kleinlein hat in einer Studie für die Friedrich-Ebert-Stiftung und das Deutsche Institut für Wirtschaftsforschung nachgewiesen, dass die Verträge seit der Einführung 2002 für die Verbraucher sehr viel unrentabler geworden sind. Bei einigen Versicherern ist die Garantieleistung für den Kunden bei nicht staatlich geförderten Verträgen höher als bei den Riester-Rentenversicherungen.

Damit die Kunden wenigstens ein bisschen durchblicken und Angebote vergleichen können, soll es künftig eine für alle Anbieter einheitliche Information geben. Die staatlich geförderte Altersvorsorge ist eine sehr komplizierte Angelegenheit. Neunmal muss ein Kunde unterschreiben, bevor die Sache überhaupt in Gang kommt. Und damit ist es nicht getan. Verändert sich im Leben des Riester-Sparers etwas, bekommt er eine Gehaltserhöhung oder ein Kind, muss er die Police anpassen, will er kein Geld vom Staat verlieren. Von wenigen Ausnahmen wie Selbstständigen abgesehen, hat fast jeder einen Anspruch auf die Förderung. Das sind pro Person, die einen Vertrag abschließt, 154 Euro pro Jahr; je Kind bekommt der Sparer weitere 185 Euro, für nach 2008 geborenen Nachwuchs 300 Euro. Das Geld bekommt der Kunde nicht zu Gesicht, das überweist der Staat direkt an den Versicherer, die Bank oder wo auch immer der Kunde den Vertrag abgeschlossen hat. Ist die Steuerersparnis höher als die Zulage, können noch Steuerermäßigungen hinzukommen. Das prüft das Finanzamt. Der Staat besteht darauf, dass die angesparte Summe überwiegend als Rente ausbezahlt wird.

Wer seinen Vertrag auflöst und an das angesparte Geld will, muss alle Zulagen und Steuervorteile zurückzahlen. Die Zentrale Zulagenstelle für Altersvermögen und die Finanzämter sind gut vernetzt, da gibt es kein Entkommen. Noch etwas verliert ein Riester-Stornierer: das viele Geld, das der Anbieter der Riester-Rente von Beiträgen und Zulagen abgezwackt hat, um den Vertreter zu bezahlen oder die Verwaltung zu erhalten. Von den Zulagen profitieren vor allem die Versicherer und Vertriebe, nicht die Kunden. Zahlt ein Single 1000 Euro im Jahr für eine Riester-Rente, bekommt er die Zulage von 154 Euro. Hat der Vertrag eine Kostenquote von 16 Prozent, zieht der Versicherer 160 Euro ab. Diese Kostenquote ist nicht unüblich. Wie hoch sie ist, entscheidet der Versicherer.

Wer viel Geld für einen Vertrag bekommt, wird seine Kunden ja wohl optimal betreuen, sollte man denken. Fehlanzeige. Im Frühjahr 2011 stellte sich heraus, dass mehr als eine Million Kunden nicht die volle oder sogar gar keine Förderung erhalten haben, weil die Voraussetzungen nicht stimmten. Dabei ging es immerhin um rund 500 Millionen Euro an Zulagen aus den Jahren 2005 bis 2007. Betroffen waren unter anderem Ehefrauen. Sie konnten früher einen eigenen Vertrag schließen, wenn ihr Mann eine Police hat, und Zulagen erhalten, ohne selbst einen Cent anlegen zu müssen. Bekamen sie aber ein Kind, mussten sie einen Mindestbeitrag von 60 Euro im Jahr zahlen, weil sie formal Mitglied der gesetzlichen Rentenversicherung werden. Denn die schreibt Erziehenden pro Kind nach der Geburt drei Rentenpunkte gut. Dieser Sonderfall war vielen aber nicht klar. Die gut bezahlten angeblichen Profis für solche Fragen, die Vermittler, wiesen sie auch nicht darauf hin. Obwohl die Riester-Rente so extrem kompliziert ist, hat der Gesetzgeber die Finanzdienstleister nicht verpflichtet, für die Richtigkeit und Aktualität der Angaben zu sorgen.

Die Kunden müssen dem Anbieter Änderungen der persönlichen Lebenslage melden. Der gibt die Informationen an die Zentrale Zulagenstelle für Altersvermögen weiter. Damit alle Beteiligten möglichst wenig bürokratischen Aufwand haben, hat die Bundesregierung im Jahr 2005 den sogenannten Dauerzulagenantrag eingeführt. Kunden brauchen damit nicht jährlich die Zulagen neu zu beantragen und müssen nicht jedes Jahr aufs Neue ihr Einkommen angeben. Änderungen fallen im Alltag schnell unter den Tisch. Die Zentrale Zulagenstelle erfährt trotzdem von Gehaltserhöhungen. Sie gleicht die ihr vorliegenden Daten mit den Rentenversicherungsträgern und den Besoldungsstellen für Beamte ab. Sie kontrolliert aber erst zwei Jahre im Nachhinein für das Jahr, für das Zulagen fließen sollen. Bürger können die Zulagen bis zu zwei Jahre rückwirkend beantragen. Fallen nach zwei Jahren Fehler auf, ist es für eine Nachzahlung zu spät. Immerhin hatte die Bundesregierung ein Einsehen und hat aufgefallenen Riester-Kunden eine Nachzahlung ermöglicht. Das Problem der nicht zahlenden Ehepartner löst die Politik, indem sie einen Mindestbeitrag für alle Riester-Sparer von 60 Euro im Jahr einführt. Das Problem ausbaden müssen also die Verbraucher, nicht die Verkäufer, deren Aufgabe es sein sollte, Kunden auf mögliche Untiefen hinzuweisen.

Mogelpackungen

Bei der Riester-Rente dachten viele, sie könnten den teuren Versicherungslösungen entgehen. Ein Irrtum. Mehr als 3,5 Millionen Verbraucher haben sich für Riester-, Fonds- oder Banksparpläne entschieden. Vor allem Banksparpläne gelten wegen der geringen Kosten als günstig. Die Finanzdienstleister legen das Geld der Kunden an, für die Rentenphase stellen sie einen Auszahlungsplan auf. Der läuft aber nur über 20 Jahre. Danach übernimmt eine Versicherung die Sache. Der Gesetzgeber besteht darauf, dass die Riester-Rente lebenslang gezahlt werden muss. Die Prämie für die Versicherung ziehen Banken und Investmenthäuser von dem Geld im Auszahlungsplan ab. Das sind bis zu 25 Prozent der eigentlichen Monatsrente. Viel Geld. »So war das nicht gedacht«, sagte Namenspatron Walter Riester dem Magazin *Capital*.[16] Nach seinen Angaben hatte die Bundesregierung mit einem Abzug von 10 Prozent für die Methusalem-Rente gerechnet. Wer in 20 oder 30 Jahren in Rente geht, muss aller Voraussicht nach noch mehr als ein Viertel seiner Riester-Rente für die Anschlusszahlung aufbringen. Das wird die tatsächlich ausgezahlte Rente erheblich schmälern, denn die Prämie für die Hochbetagten-Rente wird davon abgezogen. Viele Riester-Rentner werden Mini-Zahlungen erhalten.Profitieren werden die Versicherer, die mit den Banken und Investmenthäusern in einem Boot sitzen. Riester-Marktführer Union Investment ist Teil des Finanzverbunds der Volks- und Raiffeisenbanken, zu dem auch der Versicherer R+V gehört. R+V wird die Versicherung für die Union-Investment-Riester-Kunden übernehmen, die öffentlich-rechtlichen Versicherer bekommen das Riester-Geschäft der Sparkassen, die Deutsche-Bank-Tochter DWS gibt es an die Zurich. Für die Versicherer ist das mal wieder ein gutes Geschäft. Bei der Kalkulation gehen sie auf Nummer sicher. Nach den Hochrechnungen des Statistischen Bundesamts werden von 1000 Männern, die heute 65 Jahre alt sind, nur 452 ein Alter von 85 überhaupt erreichen, bei den Frauen schaffen das 641. Die Versicherer haben einen großen Sicherheitspuffer eingebaut. Realitätsfern gehen sie davon aus, dass 709 Männer und 819 Frauen mindestens 85 Jahre alt werden. Für Verbraucher ist das ein schlechtes Geschäft. Sterben sie vor dem Erreichen des 85. Geburtstags, bekommen zwar bei manchen Verträgen die Erben das übrig gebliebene Kapital. Bei einigen Anbietern ist das automatisch vorgesehen, bei anderen müssen sich die Kunden jedoch für die »Beitragsrückgewähr« entscheiden und das zusätzlich bezahlen. Das schmälert die Rente noch einmal.

3. Gute Freunde: Politiker und Versicherer

Dass die Bürger immer mehr selbst vorsorgen sollen, ist kein Projekt einer einzigen Partei. Die oberen Ränge der Gesellschaft, Abgeordnete, Minister und Manager sind von drohender Altersarmut nicht betroffen. Sie sorgen mit großzügigen Regelungen für sich und ihresgleichen dafür, dass ihnen im Alter bestimmt keine Armut droht. »Rentenlücke« – dieses hässliche Wort brauchen sie nicht zu fürchten. Aber sie wollen, dass die Bürger innehalten und erschrecken, wenn sie den alarmierenden Begriff hören. Finanzindustrie und Politik sind eng verwoben. Die Versicherer haben in Berlin eine starke Lobby. Das Hauptquartier der Assekuranz, die Geschäftsstelle des Gesamtverbands der Deutschen Versicherungswirtschaft, liegt zu Fuß nur zwei Minuten vom Bundesfinanzministerium in Berlin entfernt. Doch es ist nicht die enge räumliche Verbindung der hauptberuflichen Strippenzieher, die die große Nähe der Branche zur Politik ausmacht. Es sind die persönlichen Kontakte, ja Freundschaften, die einflussreiche Politiker zu den Branchengrößen unterhalten, die den großen Einfluss der Assekuranz sichern.

Schon auf der Startseite der MaschmeyerRürup AG im Internet sonnen sich die beiden Geschäftsführer im Glanz eines bedeutenden Menschen. »Ich bin mit den beiden Gründern persönlich befreundet«, wird Altkanzler Gerhard Schröder (SPD) in großen Lettern zitiert.[17] Die beiden Gründer sind Carsten Maschmeyer und Bert Rürup. Carsten Maschmeyer hat mit dem Verkauf von Versicherungen und anderen Finanzverträgen ein riesiges Vermögen gemacht. Bert Rürup hat die Bundesregierung lange in Fragen wie der Rentenpolitik beraten. Unter falscher Bescheidenheit leiden beide nicht. »Zwei ›Päpste‹ tun sich zusammen« und »Rürup und Maschmeyer für die Welt« zitieren sie auf ihrer Homepage Veröffentlichungen. Kontakte für ihr gemeinsames Geschäftsfeld »Regierungsberatung« haben sie sehr gute. »Ein Exbundeskanzler, ein Exaußenminister, ein Exarbeitsminister, ein Exwirtschaftsweiser und ein Exvorstandsvorsitzender – das hört sich nach Nostalgie-Treffen an. Doch als sich gestern Gerhard Schröder, Hans-Dietrich Genscher, Walter Riester, Bert Rürup und Carsten Maschmeyer in der Finanzmetropole Frankfurt trafen, ging es um die Zukunft«, schrieb Hugo Müller-Vogg zur Eröffnung des Frankfurter Büros in *Bild*.[18] Genscher hielt die Festrede, Riester ist als Berater für das neue Unternehmen tätig. Maschmeyer hat auch zu anderen Politikern ausgezeichnete Kontakte. Bundespräsident Christian Wulff (CDU) machte im Sommer 2010 Urlaub in dessen Anwesen auf Mallorca. Auf der Gästeliste zu Maschmeyers 51. Geburtstag standen unter anderem die jetzige Arbeitsministerin Ursula von der Leyen (CDU) sowie der jetzige Wirtschaftsminister und Vizekanzler Philipp Rösler (FDP).

Carsten Maschmeyer ist einer der umstrittensten Männer der deutschen Finanzbranche. Seit seiner Liaison mit der Schauspielerin Veronica Ferres ist er auch ein Mann der bunten Gesellschaft. Maschmeyer wurde mit dem Aufbau des Hannoveraner Finanzvertriebs AWD schwerreich. Der von ihm 1988 ins Leben gerufene »Allgemeine Wirtschaftsdienst Hannover« ist schnell stark gewachsen, dank gnadenloser Verkaufstricks. Wegen übler Drückermethoden und dem schlechten Umgang mit den eigenen Verkäufern ist AWD immer wieder in die Kritik geraten, immer wieder kommt der Vertrieb wegen Provisionen oder Fehlberatung von Kunden in die Schlagzeilen. Die selbst ernannten »Finanzoptimierer« verschwiegen hohe Risiken bei der Kapitalanlage und versprachen irreale Renditen. AWD hat noch immer einen schlechten Ruf, auch wenn Maschmeyer einiges zur Imagepflege getan hat. Das Fußballstadion in Hannover trägt den Namen AWD, in Bremen gab es bis 2009 einen »AWD«-Dom. Danach hat das Unternehmen seine Werbestrategie geändert. Es wirbt nicht mehr regional, sondern nur noch lokal oder mit nationaler Strahlkraft. Um bundesweit in einem guten Licht zu erscheinen, engagierte Maschmeyer auch internationale Größen. Für eine riesige AWD-Geburtstagsfeier buchte er den ehemaligen US-Präsidenten Bill Clinton. Den früheren UN-Generalsekretär Kofi Annan lud er zu sich in sein Privathaus nach Hannover ein. Alles gut dokumentiert in Blättern wie *Bunte* oder *Welt*. Ohne angemessene mediale Aufbereitung lohnen sich solche Veranstaltungen nicht.

Der Drückerkönig wird gesellschaftsfähig

Nach dem Börsengang von AWD im Jahr 2000 hat sich Maschmeyer nach und nach den Respekt der Branche erarbeitet. Früher spotteten die feinen Herren aus den Vorstandsetagen gerne über den Aufsteiger, der sein Medizinstudium aufgegeben hat, um Versicherungen zu verkaufen, und der schon mal mit Gamaschen bei den Pressekonferenzen seines Unternehmens erschien. Sie unterschätzten den Mann gewaltig, der einst als »Hase« sein Geld verdiente. »Hasen« laufen in der Leichtathletik vor Leistungssportlern, um Tempo zu machen. Die Dünkelhaften verkannten die Strategie, die Maschmeyer mit seinem demonstrativen Aufsteigerhabitus verfolgte. Mit Goldkettchen und teuren Anzügen bot er die perfekte Projektionsfläche für seine Verkaufsmannschaften. Die verehrten und verehren ihn wie einen Guru. Wer bei AWD als Verkäufer anheuert, der will so werden wie Maschmeyer.

Zu spaßen ist mit dem Multimillionär nicht. Er arbeitet nicht nur mit dem Versprechen von Wohlstand. Drohungen und Einschüchterungen gehören genauso zu seinem Repertoire. Das mussten nicht nur abtrünnige Verkäufer feststellen. Als Verbraucherschützer den AWD vor vielen Jahren als »Drückerkolonne« bezeichneten, ließ Maschmeyer das gerichtlich untersagen. Selbst mehr als zehn Jahre danach will die betroffene Organisation nicht öffentlich in diesem Zusammenhang genannt werden. Im Frühjahr 2011 lieferte sich Maschmeyer eine bizarre

Schlacht mit dem NDR um die Ausstrahlung eines kritischen Fernsehbeitrags über den »Drückerkönig und die Politik«. Die NDR-Reportage berichtete über Kunden, die auf den Rat von AWD-Vertretern unwissentlich in riskante Anlagen investiert und viel Geld verloren hatten. Maschmeyer wollte die Ausstrahlung verhindern und schreckte nicht davor zurück, die Autoren persönlich juristisch zu verfolgen. »Ein Großangriff auf die Pressefreiheit«, schrieb die *Frankfurter Allgemeine Zeitung*.[19] Wenige Monate später gab Maschmeyer nach und einigte sich mit dem NDR.

Der Drückerkönig hatte für Gerhard Schröder im niedersächsischen Landtagswahlkampf 1998 anonym Anzeigen geschaltet. »Der nächste Kanzler muss ein Niedersachse sein«, stand darauf. Die Landtagswahl in Niedersachsen war damals eine wichtige Richtungsentscheidung in der SPD. Hätte Schröder die Wahl nicht deutlich gewonnen, wäre möglicherweise sein Rivale Oskar Lafontaine 1998 Kanzlerkandidat und Bundeskanzler geworden. Der damalige SPD-Vorsitzende Lafontaine, der heute Mitglied der Partei Die Linke ist, galt als Gegner der Privatisierung von Teilen des Sozialsystems. Schröder, der »Genosse der Bosse«, stand für den Abbau von Sozialleistungen. Durch Kürzungen oder Streichungen entstehen Lücken, die die Finanzindustrie gerne füllt. Als Bundeskanzler hatte Schröder auf einer Veranstaltung vor AWD-Vertretern gesprochen. »Sie als AWD-Mitarbeiter erfüllen eine staatsersetzende Funktion. Sichern Sie die Rente Ihrer Mandanten, denn der Staat kann es nicht«, hatte Schröder die Drücker geadelt. Der Leistungsabbau der Sozialsysteme macht aus den Verkäufern Botschafter des Guten und Richtigen. Sie sind keine schnöden Drücker mehr, sondern haben eine ehrenwerte Aufgabe. Einen besseren Motivator für Vertreter als einen amtierenden Bundeskanzler kann man sich kaum vorstellen.

Nachdem Maschmeyer die Verkaufsorganisation AWD an den Versicherer Swiss Life 2008 verkauft hat, will er mit Bert Rürup Regierungen auf der ganzen Welt beraten. Der deutschen Regierung stehen die beiden Herren auch zur Verfügung. Familienministerin Kristina Schröder (CDU) beauftragte das Beratungshaus mit einer Ausarbeitung zur privaten Absicherung der von ihr angedachten Auszeit für Menschen, die Angehörige pflegen. Für die Branche ist die Pflegeversicherung in allen denkbaren Varianten ein vielversprechendes Geschäftsfeld. Schön für sie, wenn sie an den gesetzlichen Rahmenbedingungen mitwirken darf. An der Ausarbeitung des Konzepts für das Schröder-Ministerium beteiligt war ebenso die Nürnberger Versicherung. Auch die hat gute Verbindungen zur Politik. Im Februar 2008 ist der ehemalige bayerische Ministerpräsident Edmund Stoiber in den Aufsichtsrat der Nürnberger Versicherungsgruppe eingezogen.

Genosse Generaldirektor

Traditionell haben Versicherer einen guten Draht ins Machtzentrum des Staats. Der Branche nahe stehen keineswegs nur die als wirtschaftsfreundlich geltenden Unionsparteien und die FDP, das zeigt nicht nur das Beispiel Gerhard Schröder. Alex Möller, der erste sozialdemokratische Finanzminister der Bundesrepublik, war ein Mann der Versicherungen. Lange vor dem »Genosse der Bosse«-Schröder war er der »Genosse Generaldirektor«[20]. Der Journalist, Gewerkschafter und sozialdemokratische Landtagsabgeordnete musste sich in den Dreißigerjahren als Gegner der Nazis eine neue Existenzgrundlage suchen – und kam 1936 zur Karlsruher Lebensversicherung. Als Versicherungsvertreter. Er arbeitete sich hoch und wurde in der Nachkriegszeit Generaldirektor.

Sein Vorgänger auf diesem Posten war Adolf Samwer. Der war von den Alliierten nach Kriegsende wegen seiner Verstrickung ins NS-Regime suspendiert worden. Samwer ging in die Politik, zunächst als Stadtrat. 1953 wurde er Bundestagsabgeordneter für die rechtsgerichtete Partei Gesamtdeutscher Block/Block der Heimatvertriebenen und Entrechteten, 1955 wechselte er in die CDU. »Wie kaum anders zu erwarten, kümmerte er sich als Mandatsträger um die Interessen der Versicherungswirtschaft«, stellt der Historiker Gerald D. Feldman fest.[21] 1957 wurde Samwer Generaldirektor der Deutschen Krankenversicherung in Köln. Er starb im September 1958 bei einem Autounfall.

Dass ein Versicherungsmanager in die Politik geht, ist so ungewöhnlich nicht. Der FDP-Spitzenpolitiker Patrick Döring war im Vorstand beim Hannoveraner Versicherer Wertgarantie. Nach seiner Nominierung als FDP-Generalsekretär gab er die Funktion auf. Das Unternehmen bietet neben Tier-Krankenversicherungen sehr umstrittene Handy-Versicherungen und Garantie-Versicherungen für Elektrogeräte an, die über den Fachhandel verkauft werden. Verbraucherschützer halten quasi alles, was dieser Versicherer im Programm hat, für Unsinn. Nicht zufällig gilt gerade die FDP als besonders versicherungsfreundlich. Otto Graf Lambsdorff war von 1971 bis 1977 Vorstandsmitglied der Victoria Rückversicherung. Dann wurde er Wirtschaftsminister der sozialliberalen Koalition. »Seine Bedingung für die Annahme des Ministerpostens war die Zusage, jederzeit wieder bei der Victoria Rückversicherung AG weitermachen zu können«, schreibt der Historiker Michael Philipp.[22] Lambsdorff habe es schon schlimm genug gefunden, auf die Hälfte seines Einkommens verzichten zu müssen.

Seitenwechsler sind für die Branche der Idealfall – in beide Richtungen. Christian Weber, stellvertretender Direktor des Verbands der privaten Krankenversicherung, wurde vom damaligen Gesundheitsminister Philipp Rösler (FDP) zum Leiter der Abteilung für Grundsatzfragen im Bundesgesundheitsministerium berufen. Andersherum geht es auch: Die ehemalige hessische Sozial- und spätere Umweltministerin Silke Lautenschläger (CDU) ist zum privaten Krankenversicherer DKV gewechselt. Joachim Wuermeling war für die CSU im Europaparlament, von Dezember 2005 bis Januar 2008 Staatssekretär im Bundesministerium für Wirtschaft und Technologie und wechselte dann zum Gesamtverband der Deutschen Versicherungswirtschaft, wo er Mitglied der Hauptgeschäftsführung wurde. Die Munich Re denkt europäisch. Nur wenige Wochen, nachdem Benita Ferrero-Waldner (ÖVP) ihren Job als EU-Kommissarin beendet hatte, holte sie die Österreicherin in den Aufsichtsrat. Friedrich Merz, einst Vorsitzender der CDU/CSU-Bundestagsfraktion und heute Rechtsanwalt in einer renommierten Kanzlei, ist im Aufsichtsrat der deutschen AXA.

Der einzige deutsche Versicherer, der als Unternehmen selbst und nicht nur über den Branchenverband offiziell Lobbyarbeit in Berlin betreibt, ist die Allianz. An der besten Adresse der Hauptstadt, am noblen Pariser Platz direkt am Brandenburger Tor, unterhält der Versicherer eine Repräsentanz. In den gigantomanischen Plänen für die Reichshauptstadt »Germania« des Hitler-Architekten Albert Speer war ein repräsentatives Gebäude der Allianz sehr hervorgehoben am »Großen Platz« vorgesehen. Die Allianz ist in den Zwanzigerjahren zu Deutschlands größtem Versicherer aufgestiegen. Dazu gemacht hatte sie Kurt Schmitt. Als der deutschnationale Wirtschaftsminister Alfred Hugenberg am 27. Juni 1933 zum Rücktritt gezwungen wurde, folgte zwei Tage später Kurt Schmitt, der Generaldirektor der Allianz. Den konservativen Kanzlern Heinrich Brüning und Franz von Papen hatte der Allianz-Mann in der Endphase der Weimarer Republik nicht als Wirtschaftsminister zu Verfügung stehen wollen, Hitler aber schon. Nach einem Zusammenbruch kurz nach dem Röhm-Putsch 1934 übte Schmitt das Amt wegen Krankheit nicht mehr aus, Anfang 1935 trat er zurück. Er zeigte sich in der Öffentlichkeit oft in SS-Uniform. 1937 wurde er Chef der Münchener Rück. Nach Ende des Krieges bekam er Berufsverbot, gegen das er sich zur Wehr setzte. Kurz vor seinem Tod 1950 hatte er damit Erfolg.

»Schmitts Nachfolger Hans Heß wahrte ein sehr distanziertes Verhältnis zum Nationalsozialismus. Er trat, anders als viele andere deutsche Unternehmensleiter, nicht in die NSDAP ein«, schreibt die Allianz über die eigene Firmengeschichte.[23] Der Mann, der bis 1948 die Geschicke des Unternehmens lenkte, hat bis heute im Konzern einen untadeligen Ruf, als hätte die Allianz unter seiner Führung nie arisierte Häuser gekauft, sich nicht an der Ausplünderung der Juden beteiligt, kein geraubtes Gold und keine Konzentrationslager versichert. Topverkäufer der Allianz werben heute noch mit ihrer Mitgliedschaft im »Dr.-Hans-Heß-Club« als höchster Auszeichnung des Versicherers. Auch eine Hans-Heß-Gedenkmünze gibt es. Nicht alle Versicherer können einen Generaldirektor zwischen 1933 und 1945 vorweisen, der wegen fehlender NSDAP-Mitgliedschaft heute noch als vorzeigbar gilt. Die Provinzial Rheinland wird von ihrem damaligen Obersten sicher weder Gedenkmünzen prägen lassen noch Clubs nach ihm benennen: Hans Goebbels, der Bruder von Propaganda-Minister Josef Goebbels und glühender Nationalsozialist, lässt sich beim besten Willen nicht politisch weißwaschen.

In der jetzigen großzügigen Unterkunft der Allianz am Brandenburger Tor residiert seit 2009 Katrin Burkhardt, die davor bei der Dresdner Bank, dem Bankenverband und der Bundesaufsicht für das Kreditwesen war. Ihr Vorgänger Benno Freiherr von Canstein ging nach nur kurzem Intermezzo in Berlin für die Allianz nach China, wo er auch zuvor tätig war. Interessanter ist allerdings sein Vorgänger. Bis Ende 2008 war das Sighart Nehring (CDU), Abteilungsleiter für Wirtschaft und Finanzen im Bundeskanzleramt unter Helmut Kohl und von 1992 bis 1995 Staatssekretär im Finanzministerium Thüringens.

Seit 2008 hat die Allianz einen neuen Mann mit heißem Draht zu politischen Entscheidungsträgern: Für internationale Kontakte ist bei der Allianz Wolfgang Ischinger zuständig. Er ist Generalbevollmächtigter für Regierungsbeziehungen. Der ehemalige Botschafter stand mehr als dreißig Jahre in den Diensten des Auswärtigen Amtes. Seine Berufung in die Führungsriege der Allianz führte zu Verstimmungen in der Großen Koalition. Denn er blieb formal Spitzenbeamter im Außenministerium, da er auch Leiter der Münchener Konferenz für Sicherheitspolitik ist.

Versicherungsvertreter als Volksvertreter

Dass die Konkurrenz in Berlin keine eigenen Repräsentanten hat, heißt keineswegs, dass sie von politischen Entscheidungsträgern abgeschnitten wäre. Versicherer binden Politiker gerne über Sitze in Aufsichts- oder Beiräten an sich. So können sie persönliche Verbindungen aufbauen und sich regelmäßig sehen. Die Unternehmen haben die Chance, eine Sachlage aus ihrer Perspektive darzustellen und sehr früh auf die Meinungsbildung einer Partei oder eines Parlamentsausschusses Einfluss zu nehmen. Das heißt nicht unbedingt, dass diese Politiker korrupt sind und sich von den Versicherern kaufen lassen. Doch kaum weniger schlimm ist, dass sie sich von der Branche steuern lassen, ohne es zu merken.

Echte Euro spielen aber durchaus eine Rolle, kleine Geschenke erhalten die Freundschaft. Die Liste der Bundestagsabgeordneten, die von Versicherern für dieses oder jenes Geld bekommen, ist lang. Darauf steht zum Beispiel der Gewerkschaftssekretär von Transnet und SPD-Bundestagsabgeordnete Martin Burkert. Bei »Funktionen in Unternehmen« gibt er an: ADLER Versicherung AG, Dortmund, Mitglied des Aufsichtsrats; SIGNAL IDUNA Gruppe – Versicherungen und Finanzen, Dortmund, Mitglied des Beirats. Unter Funktionen in Vereinen, Verbänden und Stiftungen führt er auf: DEVK Deutsche Eisenbahn Versicherung Lebensversicherungsverein a. G., Köln, Mitglied des Beirats.[24] Auch der medial sehr präsente und meinungsstarke Bundestagsabgeordnete Wolfgang Bosbach (CDU) ist gleich bei mehreren Versicherern aktiv. Unter seinen veröffentlichungspflichtigen Angaben finden sich Funktionen bei der AXA-Tochter Deutsche Beamtenversicherung, Pro Activ Holding AG, Hilden, SIGNAL IDUNA AG, Hamburg, Mitglied des Beraterkreises, Walter Services Holding GmbH, Ettlingen.[25] Walter Services ist ein Dienstleistungsunternehmen, das unter anderem für die Versicherer ARAG und DBV arbeitet.[26]

Der bekennende Katholik Matthias Heider von der CDU ist

bei der wegen Sexreisen für Topverkäufer in die Schlagzeilen geratenen ERGO Versicherungsgruppe Mitglied des Beirats. Sein Parteifreund Norbert Schindler, Vizepräsident des Deutschen Bauernverbandes, ist bei der R+V-Lebensversicherung Mitglied des Ausschusses für Vorsorge und Versicherungsfragen der deutschen Bauern, Gärtner und Winzer. Auch bei der Süddeutschen Krankenversicherung und der Süddeutschen Lebensversicherung hat Schindler Funktionen. Er ist Mitglied des Aufsichtsrats. Bei anderen passen verschiedene Interessenslagen ebenfalls gut zueinander. Der Vorsitzende der Ärztegewerkschaft Marburger Bund und CDU-Bundestagsabgeordnete Rudolf Henke gibt der Allianz Private Krankenversicherung die Ehre, bei der er Mitglied des Ärztebeirats ist, sowie der Deutschen Ärzteversicherung, die zur AXA gehört.

Der FDP-Bundestagsabgeordnete Frank Schäffler ist bekannt geworden als harscher Kritiker des Rettungsschirms für verschuldete EU-Staaten. Als Parlamentarier ist Schäffler stellvertretendes Mitglied des Verwaltungsrats der Finanzaufsicht, der Bundesanstalt für Finanzdienstleistungsaufsicht. Außerdem ist er Mitglied des Finanzausschusses des Bundestags. Früher war er »Berater«, also Verkäufer, für den Finanzvertrieb MLP. Seit 2005 ist Schäffler im Bundestag, auch fünf Jahre später bezieht er noch Geld von MLP. Der Pressesprecher des Konkurrenten DVAG Peter Tauber sitzt für die CDU im Bundestag und ist Mitglied im Ausschuss Arbeit und Soziales. Ebenfalls ein Mann vom Fach ist der CSU-Abgeordnete Max Straubinger. Der Versicherungsfachmann ist Allianz-Vertreter und Landwirt. Er bekommt neben seinen Abgeordneteneinkünften Geld von der Allianz und der Münchener und Magdeburger Agrarversicherung.

Barbara Hendricks, Schatzmeisterin der SPD und ehemalige Parlamentarische Staatssekretärin im Bundesfinanzministerium, führt als veröffentlichungspflichtige Angaben die Volksfürsorge Deutsche Lebensversicherung in Hamburg auf. Der Gewerkschaftsfunktionär und Abgeordnete für die Partei Die Linke Michael Schlecht ist im Aufsichtsrat der Volksfürsorge.

Die Muttergesellschaft Generali hat die Volksfürsorge, einst ein Unternehmen der Gewerkschaften, mittlerweile zu einer reinen Vertriebsorganisation umgebaut.

Der ehemalige Landwirtschaftsminister Jochen Borchert (CDU) saß in der vergangenen Legislaturperiode parallel zu seinem Bundestagsmandat in fünf Aufsichtsräten von Tochterunternehmen des Versicherers LVM. Für drei Aufsichtsratsjobs bekam er jeweils mehr als 7000 Euro. Gleichzeitig war er stellvertretendes Mitglied im Bundestagsausschuss für Ernährung, Landwirtschaft und Verbraucherschutz. Das ist MLP-Mann Schäffler übrigens auch. Christdemokrat Franz-Josef Holzenkamp ist ordentliches Mitglied in diesem Ausschuss. Er ist beim LVM Landwirtschaftlicher Versicherungsverein Münster Vorstandsbeirat sowie bei der LVM-Krankenversicherung, bei der LVM-Lebensversicherung und der LVM-Rechtsschutzversicherung Mitglied des Aufsichtsrats. Auch seine Fraktionskollegin Marlene Mortler von der CSU ist in diesem Ausschuss und im landwirtschaftlichen Beirat eines Versicherers, und zwar der Bayerischen Versicherungskammer. Ein weiteres Ausschussmitglied der CDU, Dieter Stier, ist seit 1997 Inhaber einer R+V-Versicherungsagentur.

Als Branche gerade in diesem Ausschuss viele quasi geborene Fürsprecher zu haben ist praktisch. Beim Thema Verbraucherschutz geht es für die Versicherungswirtschaft um viel. Denn in diesem Politikfeld drohen Regelungen, die der Assekuranz das Leben schwer machen könnten. Vernünftige Aufklärungsvorschriften und Transparenzregeln würden den Absatz fragwürdiger Policen empfindlich stören. Bei der Diskussion um die 2008 eingeführten Informationspflichten stand das Vorhaben im Raum, den Versicherern den maximalen Umfang der Produktinformationsblätter vorzuschreiben. Dagegen haben sie sich erfolgreich gewehrt. Die Folge ist der Daten-Fakten-Tabellen-Overkill. Die Verflechtung mit der Politik hat für die Branche den Vorteil, frühzeitig intervenieren zu können – im Idealfall, bevor ein Plan überhaupt öffentlich geworden ist. Kein Wunder, dass die

Politik fast immer zugunsten der Versicherungswirtschaft entscheidet.

Auch Politiker von den Grünen engagieren sich bei Versicherern. Die langjährige Bundestagsabgeordnete Christine Scheel ist im Beirat der Barmenia Versicherungen. Die Aufzählung der Bundestagsabgeordneten mit engen Kontakten zur Versicherungswirtschaft ist nicht vollständig, etliche Parlamentarier könnten noch ergänzt werden.[27] Außerdem: Kabinettsmitglieder dürfen keine Nebentätigkeiten ausüben. Aber das bedeutet nicht, dass sie vor Übernahme und nach Abgabe ihres Amtes keine engen Kontakte zur Branche pflegten oder pflegen werden.

Private Krankenversicherer auf dünnem Eis

Die Versicherungswirtschaft ist in Berlin gut verdrahtet. Politiker und Manager haben eine hervorragende Arbeitsteilung, wenn es um die Privatisierung von Leistungen der Sozialsysteme geht. Politiker erklären, dass die Allgemeinheit diese Leistungen nicht mehr finanzieren kann, und die Manager sorgen dafür, dass die Versicherungswirtschaft Angebote entwickelt, mit denen die Verbraucher die entstehenden Lücken füllen können. Bei Rente und Berufsunfähigkeit klappt das wunderbar. Nur in einer Sparte versagen immer mehr Politiker der Branche die Gefolgschaft: der privaten Krankenversicherung. Ausgerechnet ein Arzt ist der profilierteste Gegner der privaten Krankenversicherer. Es ist der Sozialdemokrat Karl Lauterbach, der Bundestagsabgeordnete mit der Fliege. Er hat das Konzept der »Bürgerversicherung« erfunden, das Gegenmodell zum alten Zwei-Klassen-System in der Gesundheitsversorgung. Als er 2005 zum ersten Mal für die SPD als Bundestagskandidat antrat, ließ er in seinem Wahlkreis Köln-Mülheim Plakate mit dem Satz kleben: »Erststimme für die Bürgerversicherung«. Würde das Konzept der Bürgerversicherung eines Tages umgesetzt, wären alle in Deutschland lebenden Personen in der gesetzlichen Krankenversicherung. Die private

Krankenversicherung als Alternative zur Krankenkasse wäre abgeschafft, Zusatzversicherungen etwa für die Chefarztbehandlung könnte es aber weiterhin geben. Mit Unterschieden in den Details haben sich SPD, Grüne und Linkspartei Lauterbachs Idee zu eigen gemacht.

Das Eis für die privaten Krankenversicherer in Berlin wird immer dünner. Denn ihr Geschäftsmodell ist am Ende. Früher oder später werden die 48 Unternehmen im Bermuda-Dreieck zwischen Kostenexplosion, sozialpolitischen Erfordernissen und Vergreisung der Kunden untergehen. Manager an der Spitze der Gesellschaften wissen das. Der Krankenversicherer Central baut seinen eigenen Außendienst ab und bereitet sich darauf vor, dass es bald nur noch das Geschäft mit den Zusatzpolicen gibt. In den Führungsetagen vieler Unternehmen tobt ein Generationenkonflikt der eigenen Art: Die alten Haudegen wollen keinen Schritt weichen und halten starr an ihrer Vorstellung der traditionellen privaten Krankenversicherung fest. Die Jungen wissen, dass diese nicht mehr zu retten ist. Öffentlich sagen würden sie das nie. Sie wollen aus dem Modell aussteigen und hoffen, das Ende der privaten Krankenversicherer der Politik in die Schuhe schieben zu können. Ihnen kann nichts Besseres passieren, als dass eines Tages eine rot-grün geführte Bundesregierung die sogenannte Bürgerversicherung einführt. Eigentlich müssten sie den Sozialdemokraten mit der Fliege sehr mögen, und klammheimlich tun sie es wahrscheinlich auch.

Die steigenden Kosten im Gesundheitswesen werden in der Öffentlichkeit vor allem anhand der gesetzlichen Krankenkassen diskutiert. Die privaten Krankenversicherer leiden aber unter weitaus höheren Kostensteigerungen. Gleichzeitig haben sie aber weniger Möglichkeiten als die Kassen, ihre Ausgaben in den Griff zu bekommen. Was sie niedergelassenen Ärzten zahlen müssen, diktiert die Politik, die die »Gebührenordnung für Ärzte« festlegt. Hier sind kaum Einsparungen möglich. Deshalb suchen die privaten Krankenversicherer nach anderen Feldern. Zum Beispiel auf dem Gebiet der Arzneimittelversorgung.

Kassenpatienten haben häufig keinen Anspruch auf teure Originalpräparate, sie müssen in vielen Fällen Nachahmerprodukte nehmen. Die Krankenkassen schließen außerdem mit einigen Herstellern Verträge ab, um Rabatte zu erhalten.

Der Pharmaindustrie gefällt so etwas gar nicht. Früher konnte sie die Preise für ihre Produkte diktieren, doch Nachahmerpräparate und Rabattverträge tun immer mehr weh. Die privaten Krankenversicherer waren lange die natürlichen Verbündeten der Pharmaindustrie. Sie zahlten die höchsten Preise für völlig überteuerte Originalarzneimittel. Aber angesichts der steigenden Ausgaben sind sie immer weniger dazu bereit. Die AXA zum Beispiel hat 2009 mit dem Generikahersteller ratiopharm eine Kooperation begonnen, im März 2011 folgten Rabattverträge mit zehn weiteren Arzneimittelherstellern.[28] Immer mehr private Krankenversicherer gehen solche Wege. Das hat Folgen. Die Unternehmen verlieren einen wichtigen politischen Verbündeten. Die Pharmaindustrie hat sich von der Assekuranz abgewendet. Ein Signal dafür ist die Berufung der damaligen Vorstandsvorsitzenden der Krankenkasse Barmer/GEK und früheren nordrhein-westfälischen Gesundheitsministerin Birgit Fischer zur Geschäftsführerin des Verbands der forschenden Arzneimittelhersteller. Die Sozialdemokratin ist eine leidenschaftliche Verfechterin des Modells der Bürgerversicherung.

Ihr Kostenproblem tragen die privaten Krankenversicherer auf dem Rücken der Kunden aus. Der Privatpatient gerät immer öfter zwischen die Fronten. Auf der einen Seite steht der Arzt, dessen Rechnung er bezahlt. Auf der anderen will der Versicherer das Geld für die Behandlung nicht erstatten. »Ich fühle mich von meinem Krankenversicherer gemobbt«, sagt ein ehemaliger Mathematiklehrer aus Bonn. Er leidet an Schlafapnoe und muss nachts mit einem Atemgerät schlafen. Auf dem Rücken. Seine Schulter ist beschädigt, und er hat massive Rückenprobleme. Oft hat er einen Hexenschuss. Die Kosten für die Behandlung will der Krankenversicherer nicht übernehmen. Stattdessen will er einen Behandlungsplan vom Arzt des Patienten. Der ehemalige

Lehrer war der Meinung, dass der Versicherer den Plan selbst verlangen sollte und gab ihm eine Schweigepflichtentbindung. Der Versicherer schrieb den Mediziner an, aber der reagierte nicht. »Die wollten, dass ich gegen den Arzt vorgehe. Aber ich habe gesagt: Das ist nicht meine Aufgabe«, berichtet der Pensionär. Der Mann wartet immer noch auf einen Teil seines Geldes.

Das Nebeneinander von privater und gesetzlicher Krankenversicherung ist eine deutsche Besonderheit. In keinem anderen Land gibt es solche Parallelstrukturen. Privatpatienten gelten als privilegiert. Früher galt: Wer gesetzlich versichert ist, sitzt im Gesundheitssystem auf der Holzbank. Er oder sie muss beim Arzt länger warten, landet im Krankenhaus womöglich im lauten Fünfbettzimmer und muss für eine gute Zahnsanierung tief, tief in die Tasche greifen. Der privat Versicherte dagegen bekommt umgehend einen Termin, liegt in der Klinik im Ein- oder Zweibettzimmer auf der Privatstation mit feinem Essen und besonders freundlichen Krankenschwestern und erhält beim Zahnarzt das Beste vom Besten. Beamte, Gutverdiener und Selbstständige durften in die exklusive private Krankenversicherung, und viele bilden sich noch heute viel darauf ein. Privatpatient zu sein bedeutet, privilegiert zu sein – glauben sie. Doch so schwarzweiß ist die Lage nicht mehr. Die Krankenkassen haben heutzutage mehr Möglichkeiten, für ihre Versicherten beim Arzt oder in der Klinik gute Angebote auszuhandeln, und sie machen davon reichlich Gebrauch. Einige Krankenkassen wie die AOK Rheinland/Hamburg gehen sogar noch einen Schritt weiter und bieten ihren Versicherten eigene Zusatzpolicen an, zum Beispiel eine Brillenversicherung. Das bringt die privaten Krankenversicherer in Rage, schließlich wollen sie dieses Geschäftsfeld für sich allein haben. Die Zeit der Einheitstarife für gesetzlich Krankenversicherte ist vorbei. Wer will, kann auch unter dem Dach der Krankenkasse den Status eines Privatpatienten bekommen. Das ist aber teuer, und deshalb entscheiden sich wenige dafür.

Umgekehrt können auch privat Versicherte den Status des gesetzlich Versicherten wählen. Ulla Schmidt (SPD) hat in ihrer Amtszeit als Gesundheitsministerin die privaten Krankenversicherer dazu gezwungen, eine Art Sozialtarif anzubieten, den Basistarif. Die Beiträge in der privaten Krankenversicherung steigen seit Jahren stetig und stark an. Kunden, die damit überfordert sind, können in den sogenannten Basistarif wechseln. Dafür dürfen die privaten Krankenversicherer höchstens einen Beitrag nehmen, der auf der Höhe der Beitragsbemessungsgrenze in der gesetzlichen Krankenversicherung liegt, das sind knapp 600 Euro im Monat. Den Kunden stehen nur die Leistungen zu, die gesetzlich Versicherte erhalten. Viele haben sich nicht dafür entschieden, bis Ende 2010 waren es 21 000. Die privaten Krankenversicherer sind Sturm gelaufen gegen die Einführung des Basistarifs. Sie lehnen ihn ab, weil er nicht kostendeckend ist, sagen sie. Die Linksfraktion im Bundestag sorgt sich um die Gruppe von Basistarif-Privatpatienten. Nach ihrer Befürchtung könnten sie schlechter behandelt werden als die Kassenpatienten.

Wer einmal im System der privaten Krankenversicherung gelandet ist, bleibt höchstwahrscheinlich für immer darin gefangen. Nur ausnahmsweise, etwa wenn man selbstständig war und dann eine sozialversicherungspflichtige Arbeit aufnimmt, kann man zurück in die gesetzliche Krankenkasse. Das hat der damalige Bundesarbeitsminister Norbert Blüm (CDU) eingeführt. Früher konnten gut verdienende Bürger sich der solidarischen Krankenversicherung entziehen, sich viel preiswerter privat versichern und im Rentenalter zurück in die Kasse – nicht nur für den Solidaritätsflüchtling eine prima Sache, auch die privaten Krankenversicherer profitierten davon. Sie mussten die Kosten für die medizinische Behandlung der ins Solidarsystem zurückgekehrten, kränker werdenden ehemaligen Kunden nicht tragen. Das ist vorbei. Wer über 55 Jahre alt ist, kann überhaupt nicht mehr in eine Krankenkasse zurück. Er muss für den Rest seines Lebens in der privaten Krankenversicherung bleiben. Das ist bitter und vor allem teuer. Kunden haben zwar das Recht, innerhalb eines Unternehmens den Tarif zu wechseln, zum Beispiel um weniger Beiträge zu zahlen. Aber die Unternehmen versuchen trickreich, das zu verhindern. Sie antworten einfach nicht auf Anfragen der Kunden oder malen Schreckensszenarien, wie schlecht sie bei einem Tarifwechsel versichert wären.

Provisionsexzesse

Bleiben neue Kunden aus, wird es für die verbleibenden immer teurer. Deshalb versuchen die Gesellschaften aggressiv, ihre Bestände zu vergrößern. Ein Instrument sind die Provisionen für Vermittler. 2,7 Milliarden Euro haben die Unternehmen 2010 allein für »Abschlussaufwendungen« ausgegeben. Sie fließen zum größten Teil in den Vertrieb. Nach einer Umfrage des Branchendienstes *Versicherungsjournal* unter Vermittlern zahlte der private Krankenversicherer Hallesche Maklern für neue Verträge eine Abschlussprovision von bis zu 18 Monatsbeiträgen, Konkurrent Barmenia bis zu 16 und die Allianz Private Krankenversicherung bis zu 14 Monatsbeiträgen. Hallesche und Barmenia bestreiten Provisionszahlungen in dieser Höhe, wie viel sie den Vermittlern geben, wollen sie aber nicht sagen. Zu den Anbietern, die bis zu zwölf Monatsbeiträge zahlen, gehören der Umfrage zufolge die ARAG, die AXA, die Central, die Continentale, der Deutsche Ring, die Hanse Merkur und die Inter. Die Umfrage ist nicht repräsentativ, aber Provisionen in dieser Größenordnung und darüber sind nicht ungewöhnlich.

Die privaten Krankenversicherer, die nicht so hohe Vermittlungsgebühren zahlen, wollten nicht tatenlos zusehen, wie ihre Kunden weggeholt werden. Sie haben die Politik um Hilfe gebeten. Die Berliner Parlamentarier haben den exorbitanten Zahlungen einen Riegel vorgeschoben. Ein Teil der Branche hat es für den Geschmack der Politiker zu bunt getrieben. Ab April 2012 dürfen die Versicherer nur noch maximal neun Monatsbeiträge an Provisionen zahlen. Doch viele in der Branche gehen davon aus, dass sich Vertriebe und Versicherer etwas einfallen lassen werden, um das zu umgehen. Hohe Vergütungen sind für die Vermittler eine Aufforderung, Kunden zum Wechsel des Krankenversicherers zu bewegen. In der privaten Krankenversicherung haben sich manche Versicherer geradezu darauf spezialisiert, der Konkurrenz die Kunden abzujagen. Für die Kunden, die Opfer dieser Strategie, ist das ziemlich schlecht. Sie zahlen nicht nur die Vergütung für den Vermittler mehrfach. Auch die Konditionen der Neuverträge werden schlechter. Der Preis für die Police hängt beim Abschluss vom Alter und Gesundheitszustand des Kunden ab. Je älter er ist, desto teurer wird es. Hat er gesundheitliche Probleme bekommen, muss er mit einem Beitragsaufschlag rechnen. Oder Ausschlüssen, die bei Billigtarifen ohnehin massenhaft vorkommen.

Die Großzügigkeit der Unternehmen gegenüber den Vermittlern auf Kosten der Kunden hat einen einfachen Grund. Das Potenzial an Nachschub ist begrenzt. In die private Krankenversicherung wechseln können neben Beamten und Selbstständigen nur Gutverdiener, deren Einkommen über der Versicherungspflichtgrenze von 49 500 Euro Jahreseinkommen im Jahr 2011 liegt. Diese Grenze erinnert an die Ursprünge der Sparte. Die private Krankenversicherung ist ein Erbe der Weimarer Republik. Nach dem Ersten Weltkrieg war sie neben der gesetzlichen Krankenversicherung unbedeutend. Groß geworden sind die privaten Krankenversicherer nach der Hyperinflation in Deutschland in den Zwanzigerjahren des letzten Jahrhunderts. Bis dahin hatten viele Menschen aus dem Mittelstand ihre Arzt- und Klinikrechnungen selbst bezahlt. Nachdem sie ihr Vermögen durch die Geldentwertung verloren hatten, entstand massenhaft das Bedürfnis nach Absicherung über private Krankenpolicen. In kurzer Zeit wurde aus der Nischensparte der zweitgrößte Versicherungszweig nach der Lebensversicherung. Im selben Zeitraum explodierten die Prämieneinnahmen der privaten Krankenversicherer von 8 Millionen auf 168 Millionen Reichsmark.

Zu Beginn des Nationalsozialismus erwies sich die Branche als treuer Diener und Vollstrecker der faschistischen Ideologie. Die Unternehmen vertrieben im vorauseilenden Gehorsam jüdische Kunden und zahlten jüdischen Ärzten keine Rechnungen mehr. In der NS-Zeit boomte die Sparte.

Über Jahrzehnte war die private Krankenversicherung Wohlhabenden und Gutverdienern vorbehalten. Doch die gesellschaftlichen Verhältnisse haben sich geändert. Selbstständig sind heutzutage viele, die eigentlich prekär Beschäftigte oder scheinselbstständig sind. Sie verdienen wenig und haben ungesicherte Einkünfte. Diese Gruppe kann sich trotzdem privat krankenversichern. Um auch diese Wenigverdiener zu erreichen, haben viele Unternehmen Billigtarife auf den Markt gebracht, bei denen die Kunden noch weniger bekommen als Kassenpatienten.

Parteispenden

Einige Versicherer pflegen nicht nur ein dichtes persönliches Netzwerk, sondern auch die politische Landschaft mit Parteispenden. Unvergessen sind die Beträge in Millionenhöhe, mit denen die Allianz in den Dreißigerjahren die NSDAP unterstützte.[29] So generös wie damals ist die Allianz heute nicht mehr, auch wenn sie im Vergleich zu den Wettbewerbern am großzügigsten ist. Der Riese aus München spendet an alle im Bundestag vertretenen Parteien – außer an Die Linke. Die Grünen meldeten zum ersten Mal im Jahr 2001 Geldzuwendungen von der Allianz, dem Jahr der Einführung der Riester-Rente. Im Jahr 2009 bekamen CDU, CSU, FDP, SPD und Grüne jeweils rund 60 000 Euro. Damit war die Allianz der fünftgrößte Einzelspender der SPD, für die Grünen sogar der größte. In den Jahren zuvor bewegten sich die Spenden in ähnlichen Größenordnungen. Zu Beginn des Jahrtausends, als die Teilprivatisierung der Altersvorsorge im Raum stand, war die Allianz insgesamt noch freigiebiger. 2001 zahlte sie den beiden großen Parteien jeweils rund 127 800 Euro, FDP und CSU wurden mit rund 76 600 Euro bedient. Nur die Grünen schnitten mit rund 51 100 Euro etwas schlechter ab.

Weniger pluralistisch spendabel zeigte sich lange der Rückversicherer Munich Re, bis vor Kurzem noch als Münchener Rück aktiv. Für Rückversicherer sind Naturkatastrophen teuer, denn die Versicherer geben viele Schäden an sie weiter. Die Zunahme von Stürmen oder Überschwemmungen kostet das Unternehmen eine Menge Geld. In der Öffentlichkeit spielt sich Munich Re gerne als großer Klimaschützer auf. Das Unternehmen ist beteiligt an gigantischen Solarstromanlagen in der Wüste, seine Manager lassen keine Gelegenheit aus, vor den verheerenden Folgen der Klimaerwärmung zu warnen. Erstaunlicherweise spendete Munich Re aber gerade der Partei lange nichts, die sich dem Kampf gegen den Klimawandel ebenfalls verschrieben hat. Die Grünen erhielten von Munich Re erst im Jahr 2011 Geld, und zwar unterhalb der Ad-hoc-Veröffentlichungsgrenze von 50 000 Euro. Die FDP hingegen hat seit 2005 insgesamt 90 000 Euro erhalten, die CDU immerhin noch 60 000 Euro, CSU und SPD jeweils 15 000 Euro. Hinzu kommen Spenden von Unternehmen, die zur Munich Re gehören. Die DKV Deutsche Krankenversicherung gab in den vergangenen Jahren Christ- und Freidemokraten Geld, die KarstadtQuelle-Versicherung der CSU.

Kohls Kumpel

Der eifrigste Spender aus der Branche ist kein Versicherungsunternehmen, sondern Reinfried Pohls Deutsche Vermögensberatung (DVAG) – deren Pressesprecher Peter Tauber für die CDU im Bundestag sitzt. Die Deutsche Vermögensberatung Aktiengesellschaft DVAG war 2009 mit 234 900 Euro der fünftgrößte Spender der CDU. Die unter derselben Adresse firmierende Allfinanz Deutsche Vermögensberatung Aktiengesellschaft gab weitere 150 000 Euro und die Deutsche Vermögensberatung Holding GmbH 50 000 Euro sowie die Vermögensberater Verlags- und Servicegesellschaft 30 000 Euro. Persönlich unterstützte DVAG-Gründer Reinfried Pohl die Christdemokraten mit 20 000 Euro. Die FDP bekam von der DVAG 170 000 Euro, von der Allfinanz Deutsche Vermögensberatung 100 000 Euro, von der Deutsche Vermögensberatung Holding 50 000 Euro und von der Vermögensberater Verlags- und Servicegesellschaft 30 000 Euro. Die Sozialdemokraten erhielten von der DVAG nur 15 000 Euro, die CSU bekam 13 950 Euro. Von Spenden an Grüne und Linkspartei ist nichts bekannt.

Bevor DVAG-Patriarch Reinfried Pohl seinen eigenen Finanzvertrieb gründete, war er bei der Verkaufsorganisation Bonnfinanz tätig. Das ist eine ähnliche Drückerkolonne wie AWD, die heute dem Versicherer Zurich gehört. Gegründet wurde Bonnfinanz vom Versicherer Deutscher Herold. Mit von der Partie war der einstige FDP-Bundesvorsitzende, Vizekanzler und spätere Christdemokrat Erich Mende. 1971 mietete Pohl im Bonner Konrad-Adenauer-Haus, der damaligen CDU-Bundesgeschäftsstelle, für Bonnfinanz vier Etagen. In diesem Zusammenhang begegnete er dem späteren Bundeskanzler Helmut Kohl das erste Mal. Später entwickelte sich eine enge Beziehung, bei der zumindest Pohl seinem Kumpel Kohl gerne zu Diensten war. »Ich habe Helmut Kohl zum Beispiel dadurch einen großen Gefallen getan, dass ich dem ehemaligen Präsidenten des Europaparlaments, Egon Klepsch, ein Angebot bei der DVAG machte. Für mein Unternehmen wurden später viele CDU-Politiker tätig, die aus der aktiven Politik ausgeschieden waren«, bekennt Pohl freimütig.[30] Ihn und Helmut Kohl verbindet eine tiefe Freundschaft. Ein fast ergreifendes Foto zeigt den vom Alter gezeichneten Kohl im Rollstuhl vor einem gefüllten Bücherregal, ihm zugeneigt der ebenfalls angejahrte Pohl mit einer Krücke in der Hand. Zwei alte Männer, die das Leben hinter sich haben.

Aber für Rührung gibt es wenig Anlass. Seine Truppen haben Reinfried Pohl zu einem schwerreichen Mann gemacht, mit der

Schützenhilfe von Kohl und Kollegen. Laut *Manager Magazin* besitzt Pohl ein Vermögen von 2,3 Milliarden Euro und ist damit auf Platz 44 der reichsten Deutschen. Pohl hat das Gewerbe von der Pike auf gelernt. Er begann als Vertreter beim Kölner Gerling-Konzern. Später baute er mit Bonnfinanz den ersten deutschen Strukturvertrieb auf. 1976 schuf er die »Allgemeine Vermögensberatung«. Als Helmut Kohl den Sieg bei der Bundestagswahl 1983 zum Auftakt zur geistig-moralischen Wende ausrief, benannte Pohl das Unternehmen um in »Deutsche Vermögensberatung«.

Die Liste der Politiker, die in irgendeiner Weise mit der DVAG in Verbindung stehen oder standen, ist lang: Bundesaußenminister Guido Westerwelle (FDP) gehört ebenso dazu wie Exbundestagspräsidentin Anke Fuchs (SPD) oder der ehemalige hessische Ministerpräsident Walter Wallmann (CDU). Im Beirat des Unternehmens sind oder waren: Manfred Kanther (CDU, ehemaliger Bundesinnenminister), Theo Waigel (CSU, ehemaliger Bundesfinanzminister), Wolfgang Gerhard (FDP, Exfraktions- und Parteivorsitzender), Horst Teltschik (CDU, ehemals Kanzleramtschef), Bernhard Vogel (CDU, ehemaliger Ministerpräsident von Rheinland-Pfalz und Thüringen), Petra Roth (CDU, Oberbürgermeisterin von Frankfurt am Main), Udo Corts (CDU, ehemaliger hessischer Wissenschaftsminister) sowie der ehemalige österreichische Ministerpräsident Wolfgang Schüssel (ÖVP) und der mittlerweile verstorbene Gerhard Stoltenberg (CDU, einst Ministerpräsident in Schleswig-Holstein, dann Bundesfinanz- und Verteidigungsminister).

Der vormalige Kanzleramtschef Friedrich Bohl (CDU) wurde nach dem Regierungswechsel 1998 Generalbevollmächtigter der DVAG, sein Parteifreund und Exregierungssprecher Friedhelm Ost ebenso. Unter Friedhelm Osts Vorsitz lehnte der Wirtschaftsausschuss des Deutschen Bundestags im Frühjahr 1998 einen Gesetzentwurf ab, mit dem Finanzvertrieben das Leben erheblich schwerer gemacht worden wäre. Was Drückerkönig Carsten Maschmeyer nach dem Ende der Kanzlerschaft Gerhard Schröders an Personal übernommen hat, ist dagegen kaum der Rede wert: Der stets adrette Regierungssprecher und frühere *Bild*-Redakteur Béla Anda wechselte von der Spree an die Leine.

Pohl hat den größten Finanzvertrieb Deutschlands aufgebaut. 37 000 Verkäufer arbeiten für ihn, davon 40 Prozent hauptberuflich und 60 Prozent nebenberuflich. Oft läuft es wie bei Frau A. Im Wohnzimmerregal der Geisteswissenschaftlerin stehen zwei prall gefüllte Ordner mit dem Logo der Deutschen Vermögensberatung. »Vermögensbuch« steht auf dem Rücken, »Mit uns in die Zukunft« und »Früher an Später denken!« auf der Vorderseite. Eines Tages hatte Frau A.s Bruder angerufen. Ob sie nicht eine Versicherung bei seinem Freund Lutz abschließen wolle, hatte er gefragt. Er würde dafür Geld bekommen. Die Aussicht, den Bruder finanziell unterstützen zu können, lockte Frau A. Bruder und Freund Lutz reisten eigens aus dem Sauerland nach Köln. Zwei Stunden schaute »Vermögensberater« Lutz sich die Versicherungsunterlagen der Schwester seines Freundes an. Er begann mit einer vertrauensbildenden Maßnahme: Eine günstigere Autoversicherung als ihre bestehende würde Frau A. nicht finden, erklärte er. Den Wagen hat sie bei CosmosDirekt versichert, dem Direktversicherer des Generali-Konzerns. Die AachenMünchener, die über die DVAG ihre Policen verkauft, gehört auch zu diesem Konzern. Ihr nicht zur Kündigung zu raten, sondern ihren Abschluss auch noch zu loben, schaffte Vertrauen. Die Freiberuflerin hatte ein richtig gutes Gefühl.

Nach dem gemeinsamen Essen war man sich schnell einig: Der Vertreter hatte die Schwester seines Freundes zum Kauf einer Unfallversicherung und einer privaten Haftpflichtversicherung für zusammen rund 40 Euro im Monat gebracht und – ein Hauptgewinn für ihn – der Rentenversicherung »Rente pur« mit Berufsunfähigkeits-Zusatzversicherung und dynamischer Beitragserhöhung. Eine echte Meisterleistung. Denn erlauben konnte sich die Enddreißigerin die Verträge eigentlich nicht. Sie hatte ihre Lebensversicherung bei der R+V gerade erst gekündigt – aus Geldnot. Allein für die neue Rentenversicherung zahlte sie 2005 rund 1650 Euro, 2008 waren es schon 2071 Euro. »Mein Bruder hat für die Abschlüsse 500 Euro von seinem Freund bekommen«, sagt sie. Sie geriet in eine berufliche Krise, sicher geglaubte Projekte zerschlugen sich. Einige Jahre nach dem Abendessen mit Lutz musste sie einen Kredit aufnehmen. An das Geld aus der Rentenversicherung kam und kommt sie nicht. Weil es sich um einen Rürup-Vertrag handelt, ist die Police nicht kündbar. Frau A. kann aufhören, Beiträge zu zahlen. Aber was sie bisher eingezahlt hat, bekommt sie erst im Rentenalter ausgezahlt. Nimmt sie die Zahlungen nicht wieder auf, wird das nur ein Kleckerbetrag sein.

Mogul Pohl sieht sich und seine Truppen nicht als schnöde Verkäufer, schon gar nicht als Drücker. Er ist der Meinung, dass »die Deutsche Vermögensberatung eine zentrale gesellschaftspolitische Aufgabe hat, nämlich die Vermögensbildung und die private Vorsorge für das Alter voranzubringen«, wie er in einem Gespräch mit dem Journalisten Hugo Müller-Vogg erklärte.[31] Wer so viel Gutes tut, ist auch an anderer Stelle karitativ engagiert, zum Beispiel in der Gesundheitsfürsorge des Marburger Klinikums. »Früher war außerdem mein Engagement für die ZNS-Stiftung von Hannelore Kohl sehr stark. ZNS unterstützt ja Menschen mit Schädigungen des zentralen Nervensystems. Da sah ich eine gewisse Parallele zu meinem Beruf, nämlich Vorsorge gegen Unfall und Not«, stellt er seine Motive dar.[32] Die Masche funktioniert, viele nehmen ihm das ab. Als er in der Universitätsstadt Marburg vom Stadtrat zum Ehrenbürger gewählt wurde, stimmte erstaunlicherweise nicht einmal die Fraktion der Linkspartei dagegen.

Finanzvertriebe haben einen großen Verschleiß an Verkäufern. Sind Freunde und Bekannte erst einmal abgeklappert, erweist sich manche Verkaufshoffnung als untalentiert. Wer an Bord bleibt, muss immer wieder innerlich aufgerüstet werden, damit er hoch motiviert in die Verkaufsschlacht zieht. Die Finanzvertriebe unternehmen einiges, um ihre Vertreter zur Höchstform zu bringen. Hohe Provisionen und bei guten Verkaufserfolgen Geschenke wie Goldbarren oder Kleinwagen sind eine Form der Belohnung. Das allein erklärt aber den Erfolg der Vertriebe nicht. Mindestens genauso wichtig ist das Streicheln der Seele. Die strikt hierarchisierten Organisationen arbeiten perfide mit nicht materiellen Werten. Sie wissen das Bedürfnis nach Anerkennung und Wertschätzung der Vertreter zu nutzen.

Die DVAG ehrt besonders erfolgreiche Verkäufer auf großen Veranstaltungen. Dort werden sie wie Stars präsentiert, einschließlich eines Films über ihre Person. Incentives, Belohnungen, sind in der Branche weit verbreitet. Die DVAG lädt die Klassenbesten samt Anhang in eigene Feriendomizile. Der Vorteil: Der Partner identifiziert sich ebenfalls mit dem Vertrieb. Muss der Vertreter am Wochenende oder abends zu Kundenbesuchen, wird er nicht von seiner Partnerin unter Druck gesetzt. Früher konnten Spitzenkräfte mit einer ganz besonderen Ehrung rechnen: einem Abendessen mit Reinfried Pohl und seiner Frau. Sie ist mittlerweile verstorben. Bei anderen Finanzvertrieben setzten die Motivationsverantwortlichen auf andere Anreize. Berühmt geworden ist die Incentive-Reise nach Budapest für die besten Verkäufer des Finanzvertriebs Hamburg-Mannheimer International. Der Versicherer hatte die Topvertreter zu einer Sexparty eingeladen.

4. Die Verkäufer

Testosteron ist ein guter Treibstoff für die Verkäufer von Versicherungen. Auf der Bühne präsentiert sich Frank Thomsen, Vertriebschef der kleinen Itzehoher Versicherung. Neben ihm steht Michael Heinz, Chef des Bundesverbands Deutscher Versicherungskaufleute. Thomsen beginnt, einen Witz von einem Mann mit Ganzkörpersonnenbrand zu erzählen. Sein Unternehmen hat als Werbegeschenk Sonnencreme bei der Abendveranstaltung zur Jahrestagung der Versicherungskaufleute verteilen lassen. Die mehr als 250 Vermittler und ihre Frauen im Ballsaal des Dresdener Parkhotels »Weißer Hirsch« unterhalten sich weiter. »Der Mann kommt zum Arzt und muss sich ausziehen«, sagt Thomsen. Mit dem Wort »ausziehen« wird es stiller, gespannte Aufmerksamkeit richtet sich auf die Bühne. Der Mann im Witz will vom Arzt wissen, warum er Viagra verschrieben bekommt – weil so die Bettdecke von seinem verbrannten Körper weggehalten würde. Hahaha.

Ohne Schlüpfrigkeit geht es in der Branche nicht, selbst wenn die Ehefrau mit von der Partie ist. Dabei sitzt den Leuten im großen Saal des Hotels unweit der Dresdner Waldschlösschenbrücke »Budapest« mächtig in den Knochen. »Budapest«, so nennen sie den Skandal um sexuelle Dienstleistungen als Belohnung für verdiente Vertreter. Es ist Woche eins nach Bekanntwerden der Lustreise in die ungarische Hauptstadt für die Spitzenleute der Hamburg-Mannheimer International. Der Strukturvertrieb gehört zum Versicherer ERGO und ist eine der aggressivsten Drückerkolonnen der Branche. Die Details, die via *Handelsblatt* publik geworden sind, schockieren die Öffentlichkeit. Die Aufregung in den Medien, in Agenturen, Büros, an der Kasse im Supermarkt und in den Kneipen ist ungeheuer. Und sie ebbt nicht ab. Eine ganze Branche steht am Pranger. Dutzende von Topverkäufern haben sich auf Einladung der Hamburg-Mannheimer in den traditionsreichen Gellert-Thermen in Budapest mit 20 Prostituierten vergnügt. Bevor die Vertreter in die Therme gehen durften, mussten sie eine Sicherheitskontrolle wie am Flughafen über sich ergehen lassen. Fotos und Filme von der Veranstaltung sollten auf keinen Fall an die Öffentlichkeit kommen. Auf einer Bühne sollen ein Mann und zwei Frauen sexuelle Darbietungen gezeigt haben. »Live-Porno für Herrn Kaiser«, schreibt *Stern-Online* in Anspielung auf die biedere Werbefigur, die bekannt war wie keine andere und die mit der Marke Hamburg-Mannheimer verschwand.[33] Für diese Szene findet ERGO später bei einer internen Untersuchung keinen Beleg. Für andere schon. Links und rechts von den Quellen waren mit Tüchern verhängte Himmelbetten aufgebaut, vor denen sich Warteschlangen bildeten. 83 000 Euro kostete der Partyspaß. 83 000 Euro wird der Versicherer ERGO später an ein Frauenhaus spenden.

Die Jahreshauptversammlung des Bundesverbands Deutscher Versicherungskaufleute wird von dem Sexskandal überschattet. Die Mitglieder sind in den vergangenen Tagen von Freunden, Bekannten und Nachbarn auf die Party in der Therme angesprochen worden. Sie werden mit Dreck beworfen, so sehen sie es, und sie können nicht verstehen, wieso. Einmal im Jahr treffen sich die Versicherungskaufleute, für viele von ihnen ist es eine Art Familienausflug. Sie sind Vertreter für ein oder mehrere Unternehmen, oder sie sind Makler. Auf den ersten Blick gehen Versicherungsvertreter und Versicherungsmakler der gleichen Tätigkeit nach. Sie vermitteln Policen und bekommen Provisionen vom Versicherer dafür, in der Regel sind beide Gruppen selbstständig. Tatsächlich aber ist ihr Berufsbild unterschiedlich, theoretisch zumindest. Der Vertreter arbeitet im Auftrag und im Interesse eines oder mehrerer Unternehmen, er muss für seine Kunden nicht das beste Angebot suchen. Der Versicherungsmakler hat dagegen die Pflicht, für den Kunden den besten Vertrag zu finden.

Ob Vertreter oder Makler – auf jeden Fall halten sich die Verkäufer im Weißen Hirschen für etwas Besseres als die »Strukkis«, die Verkäufer von der Hamburg-Mannheimer International oder ähnlichen Strukturvertrieben, die heute alle keine mehr sein wollen – das haben AWD, Bonnfinanz, OVB und wie sie alle heißen gemeinsam. Bei Strukturvertrieben werden Verkäufer nicht nur angehalten, neue Kunden zu finden, sondern auch weitere Mitarbeiter zu gewinnen. Diese Finanzvertriebe sind aufgebaut wie eine Pyramide. Bei diesem System verdient jeder Vertreter an dem Verdienst des unter ihm Stehenden mit. Die Hamburg-Mannheimer International hat acht Hierarchiestufen, beginnend mit der Stufe A für Anwärter über die Stufen eins bis sechs mit einer weiteren Differenzierung auf der letzten Ebene. Von jedem Euro Verdienst geht ein bestimmter Teil an den nächsten, bis zur Spitze. Die Vertreter sind selbstständig, sie haben aber selbst keine Abschlussvollmacht und sind der Organisation damit völlig ausgeliefert. Angelockt werden sie mit der Aussicht, wie bei einem Franchise-Modell unabhängig arbeiten zu können.

Aggressive Verkaufstruppen

Seit Juli 2010 hat Jürgen Klopp, der Trainer von Borussia Dortmund, als »Botschafter« für die Hamburg-Mannheimer International geworben. Als der Skandal öffentlich wurde, hat sich der Meistertrainer schnell verabschiedet. Strukturvertriebe hatten in der Öffentlichkeit schon vor »Budapest« ein schlechtes Ansehen, das hatte Klopp wohl nicht gestört. Es ist offensichtlich, dass es bei ihnen nicht um Beratung, sondern nur um eines geht: Verkauf, Verkauf, Verkauf. Gerne segeln die Vertreter unter falscher Flagge als »Finanzoptimierer« oder »Vermögensberater« oder einfach nur »Berater«. Dabei ist der Begriff des Versicherungsberaters gesetzlich geschützt. Echte Versicherungsberater dürfen nur beraten und keine Verträge vermitteln.

Ob echter, ehemaliger oder kein Strukturvertrieb – die Verkaufsorganisationen funktionieren alle gleich: Erst einmal muss der neue Vertreter den gesamten Familien- und Bekanntenkreis mit allen möglichen Policen eindecken. Der Bedarf an Verkäufern ist groß. Je mehr Leute die Finanzvertriebe haben, desto mehr Familien und Bekannte können abgeklappert und mit fragwürdigen Verträgen bedacht werden und umso mehr Geld bleibt bei den Eignern des Vertriebs hängen. Die Vertriebe suchen gezielt nach kontaktfreudigen Menschen mit großem Bekanntenkreis. Um neue Verkaufstalente zu bekommen, versprechen die Unternehmen hohe Verdienstmöglichkeiten, locken mit Geschenken und geben oft eine Anschubfinanzierung – die sie selbstverständlich wiederhaben wollen. So verschulden sich viele Anfänger bei den Vertrieben. Wer die gewünschte Leistung nicht bringt, wird schnell aussortiert. Den Verkäufern bleibt gar nichts anderes übrig, als zu Beginn ihrer Tätigkeit ihre Bekannten abzuklappern. Sonst bleiben die Erfolge aus. Trennen sich die Vermittler im Streit von einer Vertriebsorganisation, müssen sie oft unterschreiben, dass sie sich zu internen Vorgängen nicht äußern. So verhindern die Vertriebe ungünstige Berichte über sich.

Verbraucherschützer liegen mit den Finanzvertrieben traditionell im Clinch. Das gilt auch für Edel-Finanzvertriebe wie MLP. Das Unternehmen aus Wiesloch ist auf Akademiker wie Ärzte und Ingenieure spezialisiert. Die Verkäufer treten als »Makler« auf. Sie sind legerer, lockerer und meistens auch gebildeter als ihre Kollegen von den anderen Truppen. Aber sie sind genauso aufdringlich und drängend. Sie verkaufen ihren Müttern, Vätern, Brüdern, Schwestern und deren Anhang bevorzugt Lebens- und Rentenversicherungen. Wegen der hohen Provision. Verwandte und Bekannte fühlen sich verpflichtet abzuschließen, auch wenn sie längst gut eingedeckt sind. Davon abgesehen gehen die MLP-Leute vor allem an den Hochschulen auf Kundenfang. Sie laden Studenten zu Bewerbungstrainings ein, bei denen es dann schnell um etwas anderes geht. Ist der Student erst mal Arzt oder Ingenieur, hat er viel Geld und braucht eine ganze Reihe von Policen für sich, seine Familie und später die Praxis oder den

Betrieb. Deshalb unterstützt der Finanzvertrieb die Jobsuche und gibt Karriere-Ratgeber heraus. Auch wenn der Kunde mehrmals umzieht, behält er den persönlichen Betreuer.

Verbraucherschützer glauben nicht, dass die Finanzvertriebe gut beraten. Sie glauben, dass deren Abgesandte nur so viel wie möglich so schnell wie möglich verkaufen wollen. Aber diese Kritik steht im krassen Gegensatz zum Erfolg der Vertriebe. Immer wieder gibt es Schlagzeilen über die schlechte Beratung, immer wieder berichten Verbraucherzeitschriften und Fernsehmagazine darüber. Doch darauf scheint es gar nicht anzukommen. Erst Angst machen, dann Angst nehmen, das ist der Trick. Kommt der Vertreter mit seinem Laptop und erstellt eine individuelle Bedarfsanalyse, für deren Lücken er auch gleich die Lösung parat hat, ist der Kunde schwer beeindruckt.

Der Gestank aus Budapest

Beim Bundesverband Deutscher Versicherungskaufleute fühlt man sich als etwas Besseres. Verbandschef Michael Heinz empfindet es als Herabsetzung, wenn er oder einer seiner Leute als Verkäufer bezeichnet werden. Er sieht sich als »Partner« der Versicherer. Dass die »Strukkis« so etwas wie »Budapest« machen – und wenn schon. Aber sie? Die Seriösen? Nein. Doch für den Hochmut, den Michael Heinz und seine Kollegen pflegen, gibt es keinen Grund. In freier Wildbahn geht es auch bei ihnen zu allererst ums Verkaufen. Auch sie pflegen Gruppengefühl und Gemeinschaft. Der Abend im Weißen Hirsch ist so etwas wie der biedere Gegenentwurf zu »Budapest«. Ein Kessel Buntes mit der braven Sabrina und ihrem Partner Blubb, Seifenblasenkünstler und Stimmenimitator. Später schwingen die fein gemachten Damen und Herren das Tanzbein zu »Wann wird's mal wieder richtig Sommer«. Hier ist so mancher, bei dem Incentive-Reise noch Wandertag heißt – und ist. Jetzt hängt der Gestank aus »Budapest« an allen. Sie reißen eine Zote nach der anderen und verstehen einfach nicht, was »Budapest« mit ihnen zu tun hat.

Weniger als zwölf Stunden nach dem Fest im Weißen Hirsch sitzt Verbandschef Michael Heinz im Hotel Hilton an der Dresdener Frauenkirche vor Journalisten und redet sich in Rage. Er ist erbost über die ignoranten Lokalpolitiker, die niemanden für ein Grußwort geschickt haben – obwohl der Berufsstand so eine große sozialpolitische Bedeutung habe. Doch bei Dresdener Lokalpolitikern stehen Versicherungsleute im Moment nicht hoch im Kurs. Wer wollte es ihnen verdenken, eine Woche nach »Budapest«? Ganz Deutschland wartet in diesen Tagen darauf, dass weitere Sexskandale von anderen Versicherern öffentlich werden. Kaum einer glaubt, dass »Budapest« einmalig war. Vielleicht in den Details, aber nicht im Prinzip. Die Verkaufstruppen, ihre Angehörigen, ja nahezu alle irgendwie in der Branche Beschäftigten sind in den Wochen nach Bekanntwerden von »Budapest« Hohn und Spott ausgesetzt. »Meine Frau wird in der Nachbarschaft angegangen, wo denn ihr Mann arbeitet«, berichtet der Vertriebschef eines großen Versicherers, der nicht genannt werden will. »Man kann sich gar nicht vorstellen, was die sich alles anhören muss.«

Von der Allianz über die Finanzvertriebe MLP und OVB bis zur SIGNAL IDUNA stellen die ERGO-Konkurrenten klar, dass es so etwas wie »Budapest« bei ihnen nicht gibt. Auf Nachfrage von Journalisten. In der Branche selbst herrscht Korpsgeist. Die Managerkollegen anderer Häuser greifen ERGO nicht an, sie lassen sich die Gelegenheit entgehen, es dem Wettbewerber richtig zu geben. Im Frühjahr haben viele Versicherer ihre Bilanzpressekonferenz, mit Begeisterung würden sich die Journalisten auf kritische Worte zu den Geschehnissen im Haus ERGO stürzen. Nur ein alter Haudegen der Branche poltert – oder tut zumindest so. Reinhard Schulte, Chef des Versicherers SIGNAL IDUNA, will ERGO zur Ordnung rufen lassen. Der Gesamtverband der Deutschen Versicherungswirtschaft soll sich von dem Unternehmen distanzieren, fordert er bei der Bilanzpressekonferenz seines Unternehmens. Schulte ist Vorsitzender des Verbands der privaten Krankenversicherung. Außerdem sitzt er im Präsidium des GDV – zusammen mit ERGO-Chef Torsten Oletzky und dem Munich-Re-Chef Nikolaus von Bomhard. Die Munich Re ist die Muttergesellschaft von ERGO. Schultes Worte machen Schlagzeilen. »GDV soll sich von ERGO distanzieren«, schreibt die *Financial Times Deutschland*, »SIGNAL-IDUNA-Chef kritisiert ERGO«, das *Handelsblatt*. Kaum sind diese Sätze erschienen, ruft Reinhold Schulte den Kollegen in Düsseldorf an, berichtet Oletzky. Er erklärt Oletzky, er selbst habe das Thema nicht angeschnitten, er habe nur auf Fragen geantwortet. Das stimmt. Oletzky empfindet das als Entschuldigung. »Er wollte sich mit mir aussprechen«, sagt Oletzky.

Für die eigenen riesigen Vertriebsorganisationen, deren Truppen aufgepumpt mit Testosteron in den Kampf um den schnellen Abschluss ziehen, kann kein Vorstandsvorsitzender die Hand ins Feuer legen. Welcher Vorstandschef weiß schon genau, mit welchen Methoden die Vertriebschefs ihre Verkäufer motivieren. Und was wissen die Vertriebsvorstände über die Motivationstechniken ihrer Leute? So genau werden sie es gar nicht wissen wollen. Sexuelle Reize sind jedenfalls fester Bestandteil der Vertriebskultur in der Branche, das ist auf Messen und Jubelveranstaltungen immer wieder zu besichtigen. Nicht nur die Schmuddelkinder lassen aufreizend gekleidete, gut gebaute junge Frauen für sich auftreten. Die Hannoveraner VHV hat für die Vermittlermesse DKM in Dortmund Teilnehmerinnen von »Germanys next Topmodell« engagiert. »Auch eine Versicherung muss auf sich aufmerksam machen. Und einer Top-Versicherung helfen da Top-Models!«, begründete VHV-Vorstand Per-Johan Horgby in der *Bild*-Zeitung die Strategie.[34] Im Vorfeld der Vermittlermesse DKM 2010 wurde der geneigte Leser auf der Homepage des Maklerpools Fonds Finanz gefragt, ob er bereits im Jahr zuvor bei dem Event mit dabei war: »Dann erinnern Sie sich sicherlich noch an unser letztjähriges November-Playmate aus dem *Playboy*-Magazin, mit dem Sie sich an unserem Stand ablichten lassen durften. Dieses Jahr erwartet Sie wieder eine besondere Überraschung. Aber verraten werden wir sie nicht. Nur so viel: Dieses Jahr gibt's noch mehr Fleisch.«[35] 2010 engagierte das Unternehmen Damen, auf deren nackten Rücken die Vermittler Werbung bewundern konnten. Maklerpools sind stets auf der Suche nach unabhängigen Vermittlern, die über sie ihr Geschäft abwickeln. Im Jahr 2011 hat Fonds Finanz auf den Einsatz weiblicher Reize auf der Messe verzichtet. Das Unternehmen bestreitet, dass das eine Reaktion auf den Skandal bei ERGO war.

Die Budapest-Episode ist nur der Auftakt für eine Reihe von Enthüllungen über den Strukturvertrieb der Hamburg-Mannheimer, die ein bezeichnendes Licht auf die Praktiken der Branche werfen. Es stellt sich heraus, dass Kunden Riester-Verträge mit höheren Kostenangaben erhalten haben, als die Vertreter ihnen vorher im schriftlichen Angebot überreicht hatten. ERGO zahlt an die Betroffenen einige Millionen nach. Die Vertreter haben außerdem zum Nachteil der Kunden Lebensversicherungen in Unfallpolicen umgewandelt. Hinter der schier nicht abreißen wollenden Kette von Skandalen steckt eine ganz eigene Geschichte, will das Unternehmen glauben machen. ERGO fühlt sich erpresst und hat Strafanzeige gegen drei Personen erstattet. Im August nimmt die Staatsanwaltschaft Düsseldorf nach wochenlangen Vorprüfungen Ermittlungen auf. Selbst wenn es so sein sollte, dass »Budapest« und die übrigen Unregelmäßigkeiten als Teil einer Erpressung öffentlich werden – erpressbar muss sich ein Versicherer erst einmal machen.

Roadshow

Im Kino des Filmforums des Museums Ludwig in Köln sitzen Dutzende von Versicherungsmaklern. Das sind unabhängige Vermittler, die keinem Unternehmen verbunden sind – oder sein sollten. Die eigenen Vertreter der Gesellschaften können nur die Verträge des jeweiligen Unternehmens verkaufen, Mehrfachagenten die Policen verschiedener Versicherer, an die sie vertraglich gebunden sind. Vertreter und Mehrfachagenten sind ihren Auftraggebern, den Versicherern, verpflichtet. Sie müssen nicht für den Kunden das beste Angebot aus dem Hut zaubern. Makler schon. Sie sind dem Kunden gegenüber verpflichtet. Vielen Verbrauchern ist das klar. Die Makler werden für die Versicherer ein immer wichtigerer Vertriebsweg. Deshalb umgarnen sie diese Berufsgruppe besonders. Die Versicherer müssen die Makler so umwerben wie die Vertreter die Kunden. Ist der unabhängige Vermittler erst einmal vom Produkt eines Versicherers überzeugt, wird er es seinen Kunden empfehlen. Ob diese Überzeugungskraft wirklich aus dem Vertrag selbst strahlt oder andere Faktoren dafür verantwortlich sind, wer will das schon beurteilen? Wie die Arzneimittelhersteller Pharmareferenten haben, die den niedergelassenen Ärzten die Medikamente ihrer Auftraggeber mit Geschenken und Versprechen ans Herz legen, haben die Versicherer Maklerbetreuer. Die kommen beim unabhängigen Vermittler vorbei, mal mit einer guten Flasche Wein, mal mit der Aussicht auf eine schöne Reise – wenn die Abschlusszahlen stimmen. Aber selbstverständlich geht es wie beim Pharmareferenten nur um die Informationen.

Die vielen Makler im Kinosaal sind vom Lebensversicherer Dialog, der zur Generali Gruppe gehört, eingeladen worden. Im Foyer gibt es Kaffee und Croissants. Auf die Leinwand im Kino ist die Tagesordnung für heute projiziert. »Biometrietage 2011« steht da. Wie viele Unternehmen aus der Versicherungswirtschaft veranstaltet Dialog eine »Roadshow«. Die Vertriebsleute aus dem Unternehmen ziehen von Stadt zu Stadt, um Vermittlern ihre Produkte vorzustellen. In Berlin und Hamburg waren die Dialog-Leute schon, nach München und Wien fahren sie noch. »Mit der Formel 11 erfolgreich in den Herbst«, steht auf der Leinwand. Die letzten Monate eines Jahres sind für die Vermittler die wichtigsten. In dieser Zeit entscheiden sich Kunden weitaus häufiger als im Frühjahr und Sommer für den Abschluss eines Vertrags. Das Unternehmen will die Vermittler beim Verkauf unterstützen. Verkaufsargumente geben, mögliche Einwandbehandlung zeigen, heißt das so schön. »Wie können wir Sie dabei unterstützen, dass Sie Ihre Vertriebsziele erreichen?«, fragt Produktmanager Lutz Gronemeyer. In der nächsten Dreiviertelstunde gibt er darauf nicht wirklich eine Antwort. Aber er sagt den Vermittlern, was die ihren Kunden sagen sollen. Denn, diese Parole darf bei einer Vertriebsveranstaltung nie fehlen, und auch Gronemeyer vergisst sie nicht: »Versicherungen werden nicht gekauft, sondern verkauft.« Und wie das geht, zeigt der Mann mit der orangen Krawatte am Beispiel des Paars Thorsten und Petra, das ein kleines Kind hat. Thorsten verdient gut. »Aber was machen Petra und das Baby, wenn ihm etwas passiert?«, gibt der Produktmanager als Fragemöglichkeit vor. Die Versicherungsbranche ist konservativ. Sie arbeitet gerne mit Rollenklischees. Was haben Petra und das Baby, was bleibt ihnen übrig, wenn Thorstens Verdienst wegfällt? Die Antwort gibt der »Bedarfsrechner« des Unternehmens, der frei zugänglich im Internet die Hinterbliebenenversorgung ausrechnet. Petra würde alles in allem 500 Euro bekommen, wenn Thorsten sterben würde. Jetzt hat er 2000 Euro netto. Ihr würden also 1500 Euro fehlen, rechnet der Mann auf der Bühne vor. Das entspricht einem Kapital von fast 400 000 Euro, das der Familienvater in seinem Leben erarbeiten würde. Thorsten ist Raucher. Die Absicherung würde 141 Euro im Monat kosten, viel Geld. Der Einwand der Kunden an dieser Stelle ist naheliegend, nicht nur Lutz Gronemeyer kennt ihn: »Zu teuer.« Die Lösung: Der Vermittler hat ein weiteres Angebot. Stirbt Thorsten erst in zwölf oder zwanzig Jahren, ist der Absicherungsbedarf niedriger, denn Thorsten würde ja weniger Kapital erarbeiten in der Restlebenszeit. Also sinkt die Versicherungssumme nach und nach, diese Police kostet 60 Euro. »Das sind 81 Euro Ersparnis«, ruft Gronemeyer begeistert. Aber möglicherweise ist das für die junge Familie immer noch zu viel. Also gibt es noch ein anderes Angebot. Thorsten zahlt 30 Euro am Anfang und später mehr. Nach 15 Jahren ist er zum Beispiel bei 60 Euro. »Sie haben die doppelte Ersparnis für ihn herausgeholt«, lobt der Mann die Vermittler. Denn der Vertrag für 30 Euro hat die Wertigkeit dessen, was der für 141 Euro hat, argumentiert er. Den Vertrag für 141 Euro würde Thorsten aber nicht abschließen, weil er zu teuer ist. Der Versicherer und damit der Vermittler könnte gar kein Geschäft machen. Bei dieser Strategie steigt der Makler hoch ein und kann auf den Einwand des Kunden mit einem Angebot reagieren. »Im Endeffekt wird Thorsten dankbar sein«, sagt der Mann auf der Bühne. Wenn er denn lange genug lebt. Und die 111 Euro, die Thorsten spart, kann er in die Altersvorsorge stecken. Das freut den Makler, für den automatisch ein neuer Verkaufsansatz entsteht. Er hat zwar – theoretisch – ein hohes Berufsethos. Praktisch muss aber auch er von etwas leben.

Anhauen, Umhauen, Abhauen

Unabhängige Vermittler haben immerhin ein Berufsethos. Bei abhängigen Vertretern und Mehrfachagenten sieht das nicht unbedingt so aus. »Anhauen, umhauen, abhauen«, beschreibt die unabhängige Finanzexpertin Mechthild Upgang die Vorgehensweise vieler Vermittler. Die Heerscharen von Versicherungsverkäufern, die nicht beraten, sondern nur verkaufen wollen, nehmen gerne auf dem Sofa potenzieller Kunden Platz und gehen erst wieder, wenn die unterschrieben haben. Diese Penetranz ist nur eine von vielen Strategien. Die Verkäufer haben eine ganze Menge Tricks auf Lager, um Policen an den Mann und an die Frau zu bringen. Manche sind skrupellos. Diese Erfahrung musste die neunundsiebzigjährige Elfriede Ulrich machen. Ihre Unfallversicherung der Victoria lief aus. Die hatte sie vor vielen Jahren auf Drängen ihres mittlerweile verstorbenen Mannes abgeschlossen, der Angst um seine mit dem Fahrrad fahrende Frau gehabt hatte. Das Auslaufen einer Police ist für Versicherungsvertreter ein prima Anlass, Kunden einen Besuch abzustatten. Gleich zwei Vertreter von ERGO standen im Frühjahr 2011 vor Elfriede Ulrichs Tür. »Die beiden haben heftig auf mich eingeredet«, berichtet die Seniorin. »Sie sagten, ich hätte viel bessere Chancen auf einen Platz im Altenheim, wenn ich eine Pflegezusatzversicherung haben würde.« Irgendwann fand die neunundsiebzigjährige dieses Argument überzeugend. Im Glauben, eine Pflegezusatzversicherung abzuschließen, unterschrieb sie. Das böse Erwachen kam mit dem ersten Beitragsschreiben des Versicherers. Der wollte 349,47 Euro. Im Monat. Die Vertreter hatten der älteren Dame eine Unfallversicherung mit Beitragsrückerstattung angedreht. Der Vertrag war auf eine Laufzeit von zwölf Jahren angelegt. Danach sollte die Seniorin Beiträge zurückerstattet bekommen – bis zu ihrem 95. Lebensjahr. Elfriede Ulrich war schockiert über die hohe Summe, die sie zahlen sollte. Sie wollte den Vertrag bei den Vertretern rückgängig machen. »Aber von denen hat sich keiner mehr blicken lassen«, sagt sie. Die Seniorin hatte schlaflose Nächte, immer wieder fragte sie sich, wie ihr das hatte passieren können. Schließlich vertraute sie sich einem Bekannten an, der sich an den Bund der Versicherten wandte. Die Verbraucherorganisation setzte durch, dass der Versicherer den Vertrag auflöste. Elfriede Ulrich bekam die Beiträge, die sie über ein Vierteljahr gezahlt hatte, zurück. Die wenigsten, die von Vermittlern übers Ohr gehauen werden, gehen so vor. Die Menschen schämen sich und zahlen lieber, als sich als Opfer zu outen. ERGO bestreitet den Ablauf. Die Dame habe gewusst, was sie abgeschlossen habe, und es sich später anders überlegt, heißt es.

Nicht alle potenziellen Kunden lassen sich einfach anhauen. Ein Werbespot der Verkaufsorganisation AWD zeigt auf frappierende Weise, wie auch Skeptiker eingefangen werden. An einem Esstisch in einem gutbürgerlichen modernen Haushalt nehmen zwei Männer und eine Frau Platz. Der eine Mann überreicht dem anderen ein paar Unterlagen und sagt: »Denn mal los.« Die Frau lächelt ihr Gegenüber an. Der Mann legt auch direkt los. »AWD findet durch persönliche Analysen eine günstigere Kfz-Versicherung. Bringt 220 Euro mehr netto.« Die Frau nimmt unter dem Tisch mit ihrem Fuß Kontakt zu ihm auf. »Die Optimierung der Geldanlagen bringt jährlich 3 Prozent Rendite. Plus Bankwechsel und private Altersvorsorge ergibt das einen Vorteil von 4900 Euro. Netto«, sagt er und unterstreicht auf einem Blatt Papier den Satz »AWD-Vorteil: 4900 Euro«. Die Frau erhebt sich und küsst ihn. Der andere Mann greift zu seiner Aktentasche und sagt: »Herr und Frau Meier, Sie haben alle unsere AWD-Vorteile verstanden.« Die Szene verschwimmt, und eine Stimme aus dem Off sagt: »Unsere AWD-Finanzberater finden für Sie mehr netto, denn sie durchleuchten ganzheitlich alle Ihre Verträge.« 5000 Euro mehr netto im Schnitt in fünf Jahren verspricht die Stimme.

Der Spot ist ein Lehrbeispiel für die Verkaufstechniken der Versicherungsverkäufer. Kluge Kunden, und das sind nicht wenige, lassen sich nicht aggressiv unter Druck setzen. Sie muss man subtil manipulieren. Eine der effektivsten Verkaufstechniken ist, im Kunden den Eindruck entstehen zu lassen, er selbst habe erkannt, welche »Versorgungslücke« er hat und welche Lösung es dafür gibt. Sich selbst glaubt der Kunde viel mehr, als er einem Vertreter je glauben könnte.

Verkaufstechniken

Es ist eine Branche für sich: Coaches, Trainer und selbst ernannte Vertriebsstars bieten Verkäufern von Versicherungen Coachings, Emotions- und Rhetorikseminare oder Intensive Insurance Trainings an. Die Teilnehmer werden geschult in Argumentations- und Überzeugungstechnik, in Rhetorik und professioneller Gesprächsführung. In den Seminarräumen guter Hotels oder zweitklassiger Tagungsorte geht es um den »Aufbau von Vertrauen«, die »Einwandbehandlung« und das »Wecken von Vertrauen«. Mit Edding gemalte Grafiken auf Flipcharts und Rollenspiele sollen den Verkäufern klarmachen, worauf es ankommt: Vertrauen zu gewinnen. Vertreter zahlen viel Geld für

Schulungen, in denen sie zweifelhafte Verkaufstechniken lernen. Menschen sind manipulierbar. Aber wer ernsthaft glaubt, er könne an einem Wochenende diese Fähigkeit erwerben, muss eben Lehrgeld zahlen. Bei vielen angebotenen Verkaufsseminaren ist der Teilnehmer ein Opfer. Ihm wird viel Geld abgeknöpft für Verkaufstechniken, die im wirklichen Leben nicht funktionieren. Denn so dumm, wie die selbst ernannten Verkaufsgurus glauben machen wollen, sind die Verbraucher denn doch nicht. »Mit dem richtigen Drehbuch können Ihre Mitarbeiter in 45 Minuten sechs Produkte verkaufen«, verspricht Laubach & Cie aus Bad Harzburg.[36] Wenn das so einfach wäre.

Manchmal funktionieren diese Tricks jedoch tatsächlich. Verkaufstechniken beruhen oft auf der richtigen Annahme: Keiner will etwas verkauft bekommen. Deshalb müssen Verkäufer geschickt vorgehen. Stellt ein Vertreter Fragen, will er oft etwas ganz anderes herausbekommen, als der Kunde denkt. »Meinungskontrollfragen« sind ein wichtiges Instrument. Der Verkäufer will kein Ja oder Nein hören. Er will, dass der andere etwas zu schildern beginnt, etwas beschreibt. Hat das Opfer zu plaudern begonnen, erhält der Vermittler unzählige Informationen, an denen er anknüpfen kann. Die Strategie für den gewieften Vermittler: Fragen stellen – am besten so, dass der Kunde wie in der AWD-Werbung von selbst daraufkommt, dass er etwas braucht. In Seminaren bekommen Interessierte verschiedene Techniken vermittelt, etwa das Vier-Phasen-Verkaufsgespräch. Erste Phase: Gesprächseröffnung, erster Eindruck; zweite Phase: Verkäufer stellt Fragen und hört gut zu; dritte Phase: Das Angebot wird auf die Bedürfnisse abgestimmt. Und in der vierten und letzten Phase wird der Verkauf festgezurrt. Populär bei Verkäufern ist auch die AIDA-Formel: Attention-Interest-Desire-Action: Aufmerksamkeit erregen, Interesse wecken, Bedürfnis erzeugen, Aktion bewirken.

Wir werden gekauft, wir verkaufen nicht

Der selbst ernannte Gegenentwurf zur Welt der ehrgeizigen Verkaufstruppen ist im äußersten Westen der Republik zu besichtigen. Der Zweckbau ist unauffällig, nur ein kleines Schild mit dem Unternehmenslogo über dem Eingang zeigt, wer hier zu finden ist. Sechs Minuten vom Saarbrücker Hauptbahnhof mit der Straßenbahn entfernt, unmittelbar an der Haltestelle Uhlandstraße, befindet sich die Firmenzentrale von Deutschlands größtem Direktversicherer. Wobei »Zentrale« die Sache nicht ganz trifft. Der Versicherer hat nur dieses eine Verwaltungsgebäude. Er hat keine Geschäftsstellen und keine Vertreter. Stattdessen verkauft CosmosDirekt ausschließlich über das Internet, per Telefon und per Post. »Wir werden gekauft, wir verkaufen nicht«, sagt Vorstandschef Peter Stockhorst. Ein Satz, den man öfter in diesem Haus hört. Er klingt wie eine bei einem Seminar zu Corporate Identity für Führungskräfte ausgegebene Parole. Hinter diesem Satz steckt ein anderes, nicht ein Verkaufskonzept. Immer mehr Menschen wollen keinen Vertreter bei sich zu Hause in der Wohnung sitzen haben, immer mehr durchschauen die Tricks der Vermittler und glauben, selbst genau zu wissen, was sie brauchen und was nicht. Auf diese stets wachsende Zielgruppe setzen Direktversicherer.

Verbraucher, die sich an diese Anbieter wenden, wissen tatsächlich oft, was sie brauchen und wollen. »Unsere Kunden sind gut informiert, sie vergleichen Preise und Bedingungen«, sagt CosmosDirekt-Chef Stockhorst. Aber damit Kunden wissen, dass und was sie bei der Gesellschaft kaufen können, muss diese eine ganze Menge werben. Abgesehen davon gibt es Konkurrenten. CosmosDirekt ist nicht der einzige Direktversicherer. Im Internet und im Fernsehen ist nicht nur dieses Unternehmen sehr präsent, auch Wettbewerber wie ERGO Direkt und Hannoversche Leben machen sehr viel Werbung. Die Manager konventioneller Versicherer behaupten gerne, dass die Direktversicherer für Marketing so viel ausgeben wie die Traditionalisten für Abschlussprovisionen. Das bestreitet Stockhorst, und seine Kollegen von der Konkurrenz dementieren das auch. Aber was sein Unternehmen für Werbung ausgibt, will er nicht sagen. Er begründet das mit dem Standardargument, mit dem Manager aus der Assekuranz dem Wunsch nach mehr Transparenz stets begegnen: »Das müssen unsere Wettbewerber nicht wissen.« Geschäftsgeheimnis, sagt er und verweist auf die Abschlusskosten, die im Geschäftsbericht ausgewiesen sind. »Für die Akquisition, den Abschluss und die Bearbeitung der 72 678 Neuverträge sind 66,4 Mio. Euro (Vj. 63,8 Mio. Euro) aufgewendet worden«, heißt es da.[37] Beobachter können nicht nachvollziehen, ob die Ausgaben für Werbung hoch oder niedrig sind. Zum Vergleich: ERGO, immerhin die Nummer zwei auf dem deutschen Markt, hat für seine Werbekampagne rund um die Einführung der Marke ERGO circa 50 Millionen Euro in einem Jahr ausgegeben, einschließlich der Kosten für neue Schilder, Dekoration und Stempel für die Neugestaltung der Agenturen. Die ebenfalls sehr präsente Imagekampagne »Gut, dass es Versicherungen gibt« des Gesamtverbands der Deutschen Versicherungswirtschaft kostete im Jahr etwa 18 Millionen Euro.

Selbst wenn die Kosten für Werbung ausufern, Direktversicherer bieten zumindest für Durchschnittskunden Verträge meistens günstiger an, weil sie insgesamt weniger Kosten haben. Verwaltungskosten- und Abschlusskostenquoten sind bei Direktversicherern deutlich niedriger als bei konventionellen Versicherern. Das ist einer der Gründe, warum die ohne Vertrieb und Filialen auskommenden Anbieter ausgewiesene Lieblinge der Verbraucherschützer sind. Die Unternehmen bieten viele Verträge sehr viel kostengünstiger an als die konventionellen Versicherer. Die haben lange über Direktversicherer geschimpft, jedenfalls bevor sie selbst welche gründeten. Sie hätten keinen Service für die Kunden und nähmen nur Kunden mit geringer Schadenerwartung, hieß es. Aber: Die Direktversicherer treten nicht gegen die konventionellen Versicherer an, sondern ergänzen deren Geschäftsmodell. Jeder große Versicherer in

Deutschland hat mittlerweile einen eigenen Direktanbieter. Die Allianz hat AllSecur, Talanx hat HDI24, die R+V die R+V24, die HUK-Coburg die HUK24, die Gothaer Asstel.

CosmosDirekt ist der größte Direktversicherer. Die Gesellschaft kommt auf Beitragseinnahmen von mehr als 2 Milliarden Euro und ist der vierzehntgrößte Lebensversicherer in der Bundesrepublik. Das Unternehmen gehört zum deutschen Generali-Konzern, der wiederum eine Tochter der italienischen Generali ist. Jener Generali, zu deren Vertriebswegen auch die DVAG von Helmut Kohls Freund Reinfried Pohl gehört. Vermittlerprovisionen gibt es bei CosmosDirekt nicht, na ja: eigentlich nicht. Auch die gut informierten Verbraucher greifen zum Hörer, wenn sie eine Frage haben oder Rat suchen. Sie können zudem schriftlich Kontakt zu dem Direktversicherer aufnehmen. In dem Saarbrücker Zweckbau von CosmosDirekt betreuen 1066 Beschäftigte 1,6 Millionen Kunden. Mehr als die Hälfte von ihnen hat direkten Kontakt zu den Kunden.

Das Unternehmen wehrt sich vehement gegen den Ausdruck »Callcenter« für diesen Bereich. Mit Recht. Hier arbeiten keine Callcenter-Agents, sondern ausgebildete Fachkräfte. Die durchschnittliche Betriebszugehörigkeit beträgt zwölf Jahre, etwas weniger als in der Branche üblich. Die Beschäftigten werden nach Tarif bezahlt, auf jedem Stockwerk gibt es einen Raucherraum. In den Abteilungen mit Kundenkontakt im dritten, vierten und fünften Stock sieht es auch nicht anders aus als in den Großraumbüros der AXA-Hauptverwaltung in Köln-Holweide. Es ist vielleicht sogar ein bisschen heller und freundlicher. Raumteiler sorgen dafür, dass die Sachbearbeiter voneinander abgeschirmt sind, viele haben an ihrem Arbeitsplatz Fotos, Postkarten oder von Kindern gemalte Bilder hängen. Die Atmosphäre wirkt entspannt. Die Mitarbeiter bekommen über einen Computer Anrufe zugeteilt, machen sie eine Pause, melden sie sich elektronisch ab. Nach einem Gespräch haben sie eine Nachbearbeitungszeit, damit sie in Ruhe das soeben mit dem Anrufer Besprochene dokumentieren können. Sie sind nicht nur Telefonisten, sondern Sachbearbeiter mit einer einschlägigen Ausbildung. Jeder hat von seinem Arbeitsplatz aus Zugriff auf die EDV mit den Kundendaten. Dabei geht es nicht darum, den Anrufer schnell abzufertigen. Das Geschäftsmodell sieht keine Fließbandbedienung vor. »Ein Gespräch kann durchaus auch mal zwei Stunden dauern, wenn es um eine Rentenversicherung geht«, sagt Stockhorst. Selbst rufen die Mitarbeiter die Kunden nicht an, um von neuen Produkten zu berichten oder Werbeaktionen zu kommunizieren. Sie werden angerufen.

Berater in der Tasche

Es sieht wirklich schön aus in dem Saarbrücker Zweckbau, und alles hört sich bestens an. Aber auch beim Liebling der Verbraucherschützer und Konsumenten-Rankings gibt es ziemliche Haken. CosmosDirekt gibt seine Mitarbeiter als Berater aus. Das ist irreführend. Als ERGO die Marke Hamburg-Mannheimer und damit die Werbefigur Herr Kaiser vom Markt genommen hat, entlehnte CosmosDirekt den biederen Vertreter für eine Kampagne. Im September 2010 stellte das Unternehmen seine Außendarstellung neu auf, um weitere Zielgruppen zu erreichen. Es will stärker Verbraucher ansprechen, die auf konventionelle Anbieter setzen. Dazu gehört, die eigenen »Beratungsangebote« stärker herauszustellen. In einem Spot zum Auftakt der Kampagne sitzt eine Frau auf einem Sofa mit dem Rücken zu einem hohen Fenster. »Hallo, hier ist Herr Kaiser«, ruft ein Mann von draußen, der hochhüpft, um in ihr Wohnzimmer zu schauen. Die Frau blickt sich genervt um. Eine sonore Männerstimme aus dem Off ertönt. »Früher hatten Sie den Vertreter im Wohnzimmer«, sagt die Stimme. Ein Handy klingelt. »Heute haben Sie Ihren Berater in der Tasche.« Es kann gar keine Rede davon sein, dass die Mitarbeiter von CosmosDirekt Versicherungsberater sind. Wenn Finanzvertriebe wie AWD oder MLP ihre Leute Berater nennen, bricht ein Sturm der Entrüstung los.

Beim Direktversicherer scheint das nichts zu machen. Dabei ist der Begriff des Versicherungsberaters geschützt, das gilt auch für CosmosDirekt.

Auch wenn die Beschäftigten von CosmosDirekt alles andere als Callcenter-Drücker sind, sie sind keine unabhängigen Experten, die Verbraucher ausschließlich zu deren eigenem Wohl beraten. Sie sollen Anrufer zum Abschluss weiterer Verträge bewegen. Auch sie sollen verkaufen. Dafür gibt es Anreize. Es gibt den »Mitarbeiter des Monats« und den »Mitarbeiter des Jahres«. Dabei geht es nicht in erster Linie um ideelle Ehrungen à la »Held der Arbeit«. Wer viele Abschlüsse vorweisen kann, bekommt einen finanziellen Bonus. Individuell. Das ist ein klassischer Verkaufsanreiz. Berater haben so etwas nicht. Zusätzliches Geld – für die Dame an der Pforte bis zum Vorstandsvorsitzenden – gibt es auch, wenn die Kundenzufriedenheitsbefragung die selbst gesteckten Ziele erreicht.

Das, was Verbraucher am Telefon bekommen, ist auch im rechtlichen Sinne keine Beratung. Für Direktversicherer gelten die strengen Regeln nicht, die in Deutschland seit einigen Jahren verankert sind. Versicherungsvermittler sind dazu angehalten, Kunden bedarfsgerecht zu beraten, und das müssen sie dokumentieren. Sinn der Sache ist, dass Verbraucher nachweisen können, dass der Vermittler einen Fehler gemacht hat. Dann muss er dafür haften. Das gilt zum Beispiel, wenn der Kunde mit dem Auto in das Nicht-EU-Land Türkei fahren und für den Urlaub seinen Wagen vollkaskoversichern will, der Vermittler ihm aber einen Schutzbrief für die Europäische Union verkauft. Hat der Kunde dann in der Türkei einen Unfall und das Auto ist Schrott, muss der Vermittler haften. Bei einem Direktversicherer gilt das aber nicht. Das heißt: Bei einer Falschberatung durch einen Mitarbeiter eines Direktversicherers hat der Kunde keinen Haftungsanspruch. Das kann bei der Altersvorsorge oder bei einer Kfz-Versicherung durchaus teuer werden. Das gilt für CosmosDirekt ebenso wie für die Kunden der Konkurrenten Asstel oder ERGO Direkt. Die Haftungsfrage sieht

CosmosDirekt-Chef Stockhorst jedoch nicht als Problem an. »Bei uns werden intern unsere Aktivitäten dokumentiert«, sagt er. Würde ein Fehler entdeckt, würde der Versicherer dafür auch die Verantwortung übernehmen. Aber das wäre Kulanz. Wer bei CosmosDirekt Kunde ist, der kann seine Verträge und die Entwicklung seines Vermögens jederzeit einsehen. Transparenz findet Stockhorst eine tolle Sache. »Für uns ist Transparenz etwas Großartiges, weil wir die Stärken unseres Geschäftsmodells zeigen können«, sagt er. Das macht den Eindruck, als wäre der Versicherer die große rühmliche Ausnahme. Aber er hält seinem eigenen hehren Anspruch nicht stand. Nicht nur die Ausgaben für Werbung sind Geschäftsgeheimnis. Den Zinsträger für die Überschussbeteiligung will man ebenfalls nicht nennen. Das würde »Scheintransparenz« schaffen, meint Stockhorst.

Als die Aachen und Münchener Versicherung 1982 den regionalen Versicherer Cosmos übernahm und in einen Direktversicherer umbaute, hatte kaum ein Haushalt ein Fax. Zunächst verkaufte die Gesellschaft über das Telefon und die Post. Heute kommt mehr als die Hälfte aller Policen über das Internet. Für die gesamte Branche nimmt die Bedeutung des World Wide Web zu. »Das Internet etabliert sich zunehmend als bedeutender Vertriebsweg für Versicherungen«, sagt der Vizepräsident des Bundesverbands Informationswirtschaft, Telekommunikation und neue Medien (BITKOM) Heinz Paul Bonn. Nach einer repräsentativen Umfrage seines Verbands versichern sich zwei Millionen Deutsche über das Netz. Überraschend: Besonders oft kaufen demnach Senioren ab 65 Jahren eine Police auf diesem Weg. Verbraucher schätzen die Vergleichbarkeit im Internet, glaubt der Verband. Doch wie bei fast allem in der Branche ist auch die Transparenz im Internet nur eine scheinbare. Der virtuelle Vermittler im Netz arbeitet genauso wenig für nichts wie der aus Fleisch und Blut – auch wenn der Verbraucher bei beiden mitunter das Gegenteil glaubt.

Virtuelle Vermittler

Zu Beginn des Internet-Zeitalters dachten die Versicherer, das Netz wäre für sie eine Goldgrube. Sie haben viel Geld mit verschiedenen Projekten versenkt. So hat ERGO den Internetversicherer Intodo auf- und wieder abgestellt. Die Versicherer probierten dies und jenes aus, aber von wenigen Ausnahmen abgesehen waren sie nicht sehr erfolgreich. Zu den Ausnahmen gehörte die HUK-Coburg, die mit ihrem Internet-Versicherer HUK24 früh hohe Verkaufszahlen erreichen konnte. Das Unternehmen lockte Kunden mit niedrigeren Preisen. Die Prämien lagen bis zu 20 Prozent unter denen, die Verbraucher für Policen zahlen müssen, die auf konventionellem Weg verkauft werden. Das hat funktioniert, auch wenn der Service lausig war und ist. Der Internet-Versicherer hat keine telefonische Kontaktstelle für Nachfragen. Im Schadensfall kann der Kunde zwar die ganz normale, auch für die Offline-Kunden zuständige Hotline nutzen. Bei einfachen Fragen zum Vertrag aber hat er keinen Ansprechpartner. Kontakt zum Internet-Versicherer kann er nur per E-Mail aufnehmen. Was andererseits den Vorteil hat, dass ihm niemand am Telefon ein Angebot aufschwatzen kann.

Erst als Portale wie Check24, Aspect-online oder Geld.de den Vergleich von Versicherungsangeboten als Geschäftsidee entdeckten, kam der Durchbruch im Internet. Das Konzept: Interessierte können auf den Internetseiten der Portale die Preise und Konditionen verschiedener Anbieter vergleichen. Schließen sie bei einem dort gelisteten Versicherer einen Vertrag ab, bekommen die Betreiber dafür eine Provision. Experten gehen davon aus, dass sie in der Kfz-Versicherung zwischen 60 und 100 Euro liegt. Das ist den Kunden aber nicht klar. Viele glauben, die Portale wären unabhängig, und der Abschluss sei kostenlos.

Und das ist nicht das einzige Problem: Nicht jeder Versicherer will Provisionen an den Online-Vermittler zahlen. Deshalb sind nicht alle Anbieter hier vertreten. Kritiker werfen den Portalen vor, nicht den gesamten Markt abzubilden. Marktführer

Check24 hat in der Kfz-Versicherung fast siebzig von rund einhundert Anbietern im Programm. Gegenüber früheren Verhältnissen, als Verbraucher mühsam von Website zu Website ziehen mussten, um Preise zu vergleichen, sei das ein großer Fortschritt, sagt das Unternehmen. Es gibt allerdings noch ein weiteres Problem: Auch wenn ein Versicherer bei einem Portal vertreten ist, heißt das noch nicht, dass dort seine ganze Angebotspalette zu finden ist. CosmosDirekt zum Beispiel ist mit nur einem einzigen Tarif in Internetportalen vertreten. Versuchsweise.

Die Manager in Saarbrücken und auch die von anderen Versicherern sind von den Portalen nicht begeistert, und das nicht nur wegen der Provision. Die Unternehmen wollen den direkten Kontakt zum Kunden und haben kein Interesse daran, mit dem Netzvermittler eine Instanz zwischen sich und dem Verbraucher zu schaffen. Kunden, die über ein Portal kommen, gehen darüber möglicherweise schnell wieder. Die Autosparte ist die wichtigste und bislang einzige, bei der der Verkauf im Internet wirklich gut funktioniert. Dabei spielen die Vergleiche im Netz eine große Rolle. Ein Viertel aller neuen Kfz-Versicherungen haben Kunden in der Wechselsaison im Herbst 2010 über ein Onlineportal abgeschlossen. Mit 400 000 vermittelten Verträgen ist Check24 führend, das Unternehmen hat einen Marktanteil von 50 bis 60 Prozent. Großen Autoversicherern gefällt das gar nicht, denn mit diesen Zahlen hat das Portal eine große Macht. Die HUK-Coburg, Marktführer in der Autoversicherung, ist deshalb bei Check24 ausgestiegen. Gemeinsam mit der Talanx-Tochter HDI Direkt und dem Autoversicherer WGV hat sie das Vergleichsportal Aspect online übernommen. Die Gesellschaften wollen unter transparo.de den Onlinemarkt aufmischen. Transparo.de ist im Herbst 2011 mit einem gewaltigen Werbefeldzug in die Wechselschlacht um Kfz-Policen gezogen. Auch andere Versicherer stehen in den Startlöchern, um die Marktmacht von Check24 zu brechen. Auf den ersten Blick wirkt das, als würde für den Verbraucher die Angebotspalette und die Markttransparenz größer. Aber das Gegenteil ist der Fall. Angebote für eine Kfz-Versicherung einzuholen ist aufwendig. Verbraucher klappern nicht drei oder vier Portale ab. Sie nutzen das, was sie für den Marktführer halten. Die Versicherer greifen vehement in den Markt der Online-Vermittler ein, weil sie gerade keine Preistransparenz wollen. Sie versuchen, das Geschäftsmodell der unabhängigen Online-Vermittler zu zerstören, um das Feld selbst besetzen und die Bedingungen für Vergleiche bestimmen zu können. So verlangt das versichererdominierte Portal transparo.de keine Provisionen von Versicherern, die über die Onlineplattform Abschlüsse bekommen. Diese Gebühren sind aber die Geschäftsgrundlage für unabhängige Vergleichsanbieter.

Mit Apps, Social Media & Co. auf Kundenfang

Die Assekuranz nutzt das Internet nicht nur zum direkten Verkauf. Es ist für sie auch Mittel zur Kundenbindung und Imagepflege. Marktführer Allianz hat sogar einen eigenen Pressesprecher für Online-Themen. Facebook, Xing, Twitter & Co. sind selbstverständlicher Bestandteil der Marketing-Aktivitäten der großen Versicherer. Mit neckischen Späßchen und Spielchen wird die Social-Media-Community versorgt, Stellenanzeigen inklusive. Auch Programme für Mobiltelefone, sogenannte Apps, setzen Versicherer immer stärker zur Kundenbindung ein. Manche Apps sind einfach nur schräg, wie das Programm von ERGO Direkt, bei dem Interessierte ein Porträtfoto hochladen und sehen können, wie sie sich in 20 Jahren verändert haben könnten. Andere versprechen dem Interessenten Hilfen etwa bei der Arztsuche, beim Führen eines Impfkalenders oder zum Vergleich von Versicherungstarifen.

Bei Autoversicherern sehr beliebt sind Apps als »Unfallhelfer«. Sie heißen »Autounfall«, »Schadenhelfer« oder einfach nur »Helfer« und können kostenlos von den Seiten der Versicherer oder in den diversen App-Stores heruntergeladen werden. Mit solchen Programmen können Kunden nach einem Unfall Kontakt zum Versicherer aufnehmen, außerdem haben sie Zugriff auf wichtige Notfallnummern. Darüber hinaus stehen ihnen Formulare für die Schadensmeldung zur Verfügung – und da wird die Sache kritisch. Statt später Formulare auf Papier ausfüllen zu müssen, können Kunden alle wichtigen Informationen vor Ort in verschiedene Masken eingeben und Fotos in die Schadensmeldung einfügen – und bei vielen Apps das Ganze direkt an den Versicherer schicken. Aber das sollten Verbraucher auf keinen Fall tun. Hat sich in der Aufregung ein Fehler eingeschlichen, sind Probleme programmiert. Mit den Apps geben sich die oft verstaubt wirkenden Unternehmen nicht nur einen moderneren Anstrich. Für die Versicherer ist die Bearbeitung des Schadens kostengünstiger, wenn die Meldung elektronisch kommt. Aber für den Versicherten kann die schnell und flüchtig am Unfallort ausgefüllte Meldung erhebliche Nachteile haben. Fehler sind später schwer zu korrigieren, warnt Elke Weidenbach von der Verbraucherzentrale Nordrhein-Westfalen. Wenn Kunden eine App überhaupt nutzen, sollten sie das nur als Gedächtnisstütze tun. »Gerade wenn es um Kaskoschäden geht, sollten Kunden bei der Schadensmeldung lieber zweimal schauen«, empfiehlt Weidenbach.

Versicherer sagen, dass sie Schadensmeldungen gar nicht über Apps bekommen wollen. Bei manchen Apps können sie auch gar nicht sofort gesendet werden. Die Versicherer verfolgen neben der Kundenbindung einen weiteren Zweck mit diesen Angeboten: Versicherte und die von ihren Kunden Geschädigten sollen nach einem Unfall schnell Kontakt aufnehmen, damit das Unternehmen die Schadenregulierung in die Hand nehmen kann. Der Versicherer spart damit viel Geld.

Viele Auto-Apps haben praktische Zusatzfunktionen wie die Parkplatzsuche, mit der Kunden zum Beispiel in einer fremden Stadt ihren Wagen wiederfinden können. Auch damit sollten Kunden vorsichtig umgehen. »Wer so etwas nutzt, macht sich möglicherweise kontrollierbar«, warnt Weidenbach. Gibt ein

Kunde nach einem Schaden den Standort des Wagens geringfügig falsch an, kann er Probleme bekommen. Steht das Auto auf Parkplatz E, statt wie angegeben auf C, und Hooligans haben es nach einem Fußballspiel beschädigt, kann der Versicherer ungemütlich werden. Denn erfahrungsgemäß nutzen die Unternehmen jede Möglichkeit, um einen Schaden nicht regulieren zu müssen.

5. Exotenexkurs: Extremus und Atompool

Eigentlich müsste Dirk Harbrücker der zufriedenste Versicherungsmanager Deutschlands sein, ja vielleicht der ganzen Welt. Er ist Vorstand eines Versicherers, der seit seiner Gründung nicht einen einzigen Schaden regulieren musste. Und man kann auch nur hoffen, dass das so bleibt. Harbrücker ist Vorstand von Extremus, einem Unternehmen, das landläufig die bizarre Bezeichnung »Terrorversicherer« trägt. Dabei versichert Extremus keine Terroristen, sondern Unternehmen gegen die finanziellen Folgen von Terroranschlägen. Die breite Öffentlichkeit weiß kaum etwas von seiner Existenz. Der »Terrorversicherer« hat seinen Sitz im dritten Stock eines unscheinbaren Bürohauses an der Aachener Straße in Köln. »Extremus/DKVG« steht am Klingelschild. In den Büroräumen hängen anders als bei vielen anderen Versicherern keine teuren Kunstwerke, sondern alte Plakate von Automessen und Schiffslinien. »Wir haben eine sehr schlanke Struktur«, sagt Dirk Harbrücker. Das kann man wohl sagen. Nicht mal ein Dutzend Angestellte hat der Versicherer. Im Falle eines Falles würde ein Schaden hier auch nicht wirklich reguliert. Das würde Extremus an die Schadenabteilung eines anderen Versicherers delegieren.

Ganz ohne Angst geht es auch bei Extremus nicht. »Ist der weltweite Terror wirklich so weit weg, wie wir gerne glauben?«, steht auf der Startseite des Versicherers im Internet unter fünf Fotos offenkundig von Anschlägen zerstörter Gebäude. Aber das ist auch schon alles an Furchtappell. Werbung für seine Policen macht Extremus nicht. Ein Flugblatt für die Außendarstellung, eine Literaturliste mit 34 Titeln von Samuel Huntingtons umstrittenem *Krieg der Kulturen* über *Terror und Liberalismus* von Paul Berman bis zu *Die neue Al Qaida* des *Spiegel-Online*-Redakteurs Yassin Musharbash – wer Versicherungen gegen Terroranschläge verkauft, könnte das auch anders machen. »Wir wollen fachlich informieren, wir wollen keine Angst aufbauen«, sagt Vorstand Dirk Harbrücker. »Wer uns kennen muss, der kennt uns auch.«

Das Produktinformationsblatt von Extremus für die Kunden ist an Übersichtlichkeit und Verständlichkeit vorbildlich. Davon könnte so manches Unternehmen viel lernen. Dabei richtet es sich an Profis. Privatleute können sich hier nicht versichern, nur Unternehmen – und die haben in der Regel professionelle Versicherungseinkäufer oder arbeiten mit spezialisierten Versicherungsmaklern zusammen. Etwa 1300 Unternehmen sind bei Extremus versichert, darunter viele mit Immobilienbesitz und Immobilienfonds. Banken und Kapitalanleger wollen, dass die Gebäude gegen möglichst viele Risiken geschützt sind, Terror gehört dazu. Mit einer Police bei Extremus versichern die Firmen Sachwerte und Verluste, die aus einer Betriebsunterbrechung nach einem Anschlag resultieren. Menschen versichert Extremus nicht.

Dass der »Terrorversicherer« überhaupt existiert, liegt an der Risiko-Aversion der Industrieversicherer. Der 11. September 2001 veränderte nicht nur die politische Welt, er erschütterte auch die Assekuranz. Nicht nur, weil die Anschläge auf das World Trade Center selbst ein gigantischer Versicherungsschaden waren. Es dauerte Jahre, bis sich der Bauunternehmer Larry Silverstein, der Pächter des World Trade Centers, mit den Versicherern geeinigt hatte. Der Streitpunkt: Handelte es sich um einen Anschlag oder um zwei Anschläge? Die Versicherer argumentierten, es habe sich um einen Anschlag gehandelt, auch wenn zwei Flugzeuge in die Türme flogen. Der Eigentümer bestand darauf, dass es zwei Ereignisse waren. Ein großer ökonomischer Unterschied: Bei einem Ereignis hätten die Versicherer die Versicherungssumme von 3,5 Milliarden Dollar einmal zahlen müssen, bei zwei Ereignissen wäre die Summe zweimal fällig gewesen. Die Versicherer, darunter die Allianz, versuchten ihre Sicht durchzusetzen. Die Gerichte entschieden mal so und mal so. Schließlich einigten sich die Kontrahenten in der Mitte.

Unmittelbar nach dem 11. September 2001 fürchteten die Versicherer auf der ganzen Welt weitere Anschläge. Bis dahin war in den Versicherungsverträgen für Industrie und Bürotürme das Terrorrisiko eingeschlossen. Verträge für Unternehmen, vor allem für große, werden häufig nur für ein Jahr geschlossen und im Herbst neu verhandelt. Die Preise werden so Jahr für Jahr neu festgesetzt. In vielen Fällen hängen sie davon ab, welche Preis- und Bedingungspolitik die Rückversicherer betreiben. Rückversicherer sind eine Art Großhändler des Risikos. Sie versichern die sogenannten Erstversicherer, jene Unternehmen, die direkt mit Privatleuten oder Unternehmen Verträge abschließen. Damit diese Gesellschaften nicht pleitegehen, wenn zum Beispiel nach einer Naturkatastrophe zu viele Schäden zu regulieren sind, versichern sie sich ihrerseits. Aus diesem Grund sammeln sich Schäden bei den Rückversicherern nach natürlichen oder menschengemachten Katastrophen. Nach dem 11. September herrschte bei Erst- und Rückversicherern große Unruhe. Sie schlossen von heute auf morgen das Terrorrisiko aus ihren Verträgen aus. Die Versicherungseinkäufer der Industrie waren sehr verärgert. »Extremus entstand als Notlösung, weil auf dem konventionellen Markt keine Deckung mehr vorhanden war«, sagt Dirk Harbrücker. Andere Länder hatten mit speziellen Versicherern für Terrorgefahren bereits Erfahrungen, zum Beispiel Israel oder Großbritannien, das in den Neunzigerjahren von einer IRA-Anschlagsserie heimgesucht wurde. Wie bei dem deutschen Modell ist hier bei der Haftung der Staat mit im Boot.

Terrorversicherer als Standortfaktor

Können Privatleute dringend erforderlichen Versicherungsschutz nicht bekommen – etwa eine Berufsunfähigkeitsversicherung –, haben sie eben Pech gehabt. Hat die Wirtschaft ein solches Problem, nimmt sich der Staat der Sache an. Im Falle des Terrorrisikos ist das aus Sicht von Dirk Harbrücker völlig gerechtfertigt. »Wenn ein Unternehmen Ziel eines Terroranschlags wird, dann, weil es sich in Deutschland befindet und die Attentäter die deutsche Politik beeinflussen wollen«, sagt er. Ziel des Anschlags sei nicht das Unternehmen, der Flughafen, Bahnhof oder das Hochhaus an sich, sondern der Staat. Das gilt aber auch für die Personen, die bei einem Anschlag verletzt oder getötet werden. Die sind nicht über Extremus versichert. Die Gesellschaft ist nur zuständig für direkt entstandene Sachschäden und direkte Verluste, die aus einem Produktionsausfall resultieren. Die rot-grüne Regierung unter Gerhard Schröder hat die Gründung von Extremus forciert. Die mögliche Versicherung gegen Terror wurde und wird als Standortfaktor angesehen.

Extremus kommt pro Kunde und Jahr für Schäden durch Terror bis zu einer Größenordnung von 1,5 Milliarden Euro auf, maximal trägt der Versicherer im Jahr insgesamt 2 Milliarden Euro. Gehen die Kosten für durch Anschläge zerstörte Anlagen darüber hinaus, springt der Staat ein mit weiteren bis zu 8 Milliarden Euro. Dafür zahlt Extremus eine Prämie an den Staat. Sonst würde die Europäische Union diese Bereitschaft als Subvention werten. Die Staatshaftung wird immer nur für einen bestimmten Zeitraum gewährt. Die aktuelle Regelung läuft bis 2013. Aber es gibt keine Anzeichen dafür, dass sie nicht verlängert wird. Die Verhandlungen darüber übernimmt nicht Extremus selbst, sondern ein Funktionär des Branchenverbandes Gesamtverband der Deutschen Versicherungswirtschaft. Dieser braucht in Berlin nur quer über die Straße zu gehen, um mit den Verantwortlichen im Bundesfinanzministerium zu reden.

Zwar können sich Unternehmen auch im Ausland mit Versicherungsschutz gegen Terrorgefahren eindecken. Aber in Deutschland hat Extremus – abgsehen von einigen US-amerikanischen Anbietern – fast ein Monopol. Trotzdem ist der Versicherungsschutz für die Unternehmen im Laufe der Jahre nicht teurer, sondern billiger geworden. Wie hoch die Prämie ist, hängt vom jeweiligen Objekt ab, zum Beispiel, ob es in einem Ballungsraum liegt oder ob es ein Verkehrsknotenpunkt ist. Die

Verträge werden in Kombination mit der konventionellen Sachversicherung abgeschlossen, oft unter Vermittlung eines Versicherungsmaklers – der dafür 5 bis 10 Prozent der Prämie bekommt. Die Prämie für die Terrorschadenpolice kostet erfahrungsgemäß zwischen 10 und 20 Prozent der konventionellen Sachversicherung, mit denen sich Unternehmen gegen Feuer und andere Gefahren versichern. Der Beitrag ist aber nicht an den Preis für den konventionellen Schutz gebunden. »Unsere Aktionäre haben keine Gewinnmaximierungsabsicht«, sagt Dirk Harbrücker. So etwas hören Kunden gerne.

Unter den Aktionären sind die großen Industrie- und Rückversicherer, von der Allianz über HDI-Gerling, Munich Re und VHV bis zur Zurich. Sie bekommen eine Dividende von 3 Prozent der Kapitalerträge, die Extremus erwirtschaftet und Prämien für die zur Verfügung gestellten Versicherungskapazitäten. 2010 hatte Extremus Prämieneinnahmen von 54,3 Millionen Euro. Die Kunden müssen im Schadensfall eine Eigenbeteiligung von mindestens 50 000 Euro tragen, nur bei großen Ereignissen springt der Versicherer ein. Die Verträge laufen ein Jahr. Sollte es einmal zu einem Terroranschlag kommen, rechnet Extremus mit einer ad hoc steigenden Nachfrage. Darauf ist die Gesellschaft mit einem »Kurzzeittarif« vorbereitet. Der ist teurer als die Tarife für die Stammkunden. Treue soll belohnt werden, auch beim Terrorversicherer.

250 Nuklear-Risiken

Dirk Harbrücker hat noch einen zweiten Job, den er an gleicher Stelle ausübt – und da muss er sich durchaus mit Schäden befassen. Er ist auch Geschäftsführer der Deutschen Kernreaktor-Versicherungsgemeinschaft, dem deutschen Atompool. Zu dieser Versicherungsgemeinschaft, die es seit mehr als 50 Jahren gibt, gehören ebenfalls die großen Anbieter. Sie versichern nicht nur Kernkraftwerke, sondern auch Lagerstätten. Beim Atompool holen sie sich Rückversicherungsschutz. Deshalb kommt dieser auch mit neun Leuten aus. Hier sind die Atomlager Ahaus und Gorleben versichert, das Lager Asse aber nicht, denn es wird vom Staat betrieben. Auch das US-amerikanische Atomkraftwerk Three Mile Island nahe Harrisburg im Staat Pennsylvania, das im März 1979 havarierte und nach Tschernobyl und Fukushima den bislang weltweit drittschwersten AKW-Unfall produzierte, war unter anderem beim deutschen Atompool versichert. Damals zahlten die Versicherer rund 60 Millionen Dollar, das meiste davon für rechtliche Auseinandersetzungen, aber auch für Evakuierungskosten und Ähnliches. Der deutsche Atompool war mit 5 Prozent daran beteiligt, zahlte also rund drei Millionen Dollar. Auch für Schäden in Japan hat der Atompool in der Vergangenheit schon kleinere Summen gezahlt, zum Beispiel für eine defekte atomare Abfallanlage. Für die Nuklearkatastrophe von Fukushima im März 2011 muss er nicht zahlen. Der deutsche Atompool versichert keine japanischen Atomkraftwerke gegen Erdbeben und Tsunami. Auch die japanischen Versicherer haben das ausgeschlossen. Fukushima-Betreiber Tepco ist beim japanischen Staat versichert.

Bevor die im Atompool zusammengeschlossenen Versicherer ein AKW versichern, lassen sie Ingenieure vor Ort eine genaue Risikoanalyse vornehmen. Der Atompool selbst hat einen Ingenieur, weitere bekommt er über Rückversicherer und große, weltweit tätige Erstversicherer. »Unsere Ingenieure machen sich ein genaues Bild«, sagt Harbrücker. Sie prüfen, ob Reparaturen fachgerecht ausgeführt werden und ob der Feuerschutz in Ordnung ist. Das ist nicht immer der Fall. Der Atompool nimmt nicht alles, es kommt durchaus vor, dass er Objekte ablehnt. Dann sollten die Alarmanlagen bei den Sicherheitsbehörden vor Ort klingeln. Aber die erfahren nichts davon. Vertrauen gehört zum Geschäft.

Weltweit gibt es 440 Atomkraftwerke. Der deutsche Atompool hat 250 Kraftwerke, weitere Anlagen und Lagerstätten in seinen Büchern. Weil er nicht nur Atomkraftwerke versichert, wird es ihn auch noch geben, wenn in Deutschland im letzten AKW das Licht ausgegangen ist. Dann wird er weiterhin im Ausland Verträge verkaufen und in Deutschland die Lagerstätten versichern. »Bereits heute kommen zwei Drittel unseres Geschäfts aus dem Ausland«, sagt Harbrücker.

Die deutschen Atomkraftwerke haben eine Sach- und eine Haftpflichtversicherung. Der Haftpflichtschutz liegt ausschließlich beim deutschen Atompool, die Sachdeckung nicht. Mit der Sachversicherung decken die Betreiber die eigenen Schäden bei einem Unfall ab. Manche wollen Deckungen bis 500 Millionen, manche bis zu einer Milliarde Euro. Mit der Haftpflichtversicherung sollen die Schäden von anderen gedeckt werden. Für Schäden an Dritten haften die Betreiber unbegrenzt. Wie hoch die Deckungssumme der Haftpflichtversicherung ist, legt das Gesetz fest. Rot-Grün hat die Deckungssumme auf 2,5 Milliarden Euro heraufgesetzt. Die Versicherungswirtschaft deckt davon nur 256 Millionen. Der Rest wird über eine komplizierte Vereinbarung zwischen den Betreibern getragen. Kritiker monieren, dass diese Summen viel zu gering sind. Experten aus der Assekuranz sind der Überzeugung, dass Atomrisiken nicht versicherbar sind. Markus Rosenbaum, Geschäftsführer der Versicherungsforen Leipzig, geht von einem Schaden durch einen Super-GAU von bis zu 6000 Milliarden Euro aus. Die Versicherungsforen Leipzig sind als Dienstleister für die Versicherungswirtschaft tätig. Die Forscher sind zu dem Schluss gekommen, dass Versicherer für einen angemessenen Schutz eine Prämie von 72 Milliarden Euro im Jahr pro Atomkraftwerk verlangen müssten.

II. Branche auf Renditekurs

1. Die verlogene Kampagne von ERGO

Es ist ein regnerischer Morgen im August 2011, kurz vor zehn Uhr. Vor der ERGO-Zentrale auf dem Düsseldorfer Victoriaplatz steht ein Mann, der seinen mit Tätowierungen übersäten Körper in einen schwarzen Joop-Bademantel gehüllt hat. Neben ihm bewegt sich Natascha, eine hübsche junge Frau im Kimono, lasziv und einladend. Die beiden sind von einer ganzen Armada von Presseleuten umgeben. Fotografen drücken ununterbrochen auf Auslöser, Kameraleute filmen. Der Mann gibt ein Interview nach dem anderen. »Wir versprechen den Menschen, was sie wollen«, sagt er. Der Tätowierte heißt Mark Benecke und ist nordrhein-westfälischer Landesvorsitzender von »Die Partei«. »Wenn sie Sex haben wollen, versprechen wir Sex«, sagt Benecke. Später gesellen sich einige Parteifreunde zu ihm und Natascha. »ERGO-Boy, ich hab ein Kind von dir«, hat einer auf ein Schild geschrieben.

Der Satiriker Martin Sonneborn, Bundesvorsitzender der Spaßpartei »Die Partei«, hat via Facebook zu einer Incentive-Party auf den Vorplatz des Versicherungsgebäudes eingeladen. Anlass ist die Pressekonferenz, auf der das Führungspersonal des Versicherers ERGO die Ergebnisse der umfangreichen Aufklärungsarbeiten zu den »aktuellen Vorwürfen« präsentieren will. Es geht um die »Budapest-Affäre«, den Skandal um sexuelle Dienstleistungen für Topverkäufer der Hamburg-Mannheimer International in einer ungarischen Therme, aber auch um falsche Kostenausweise bei Riester-Verträgen und andere Unregelmäßigkeiten zulasten von Kunden.

Schäden, die bei einer Facebook-Massenparty entstehen, sind nicht versichert. Doch das ist es nicht, was die Kommunikationschefs und ERGO-Manager nervös macht. Sie wollen heute einen Schlussstrich ziehen unter »Budapest« und all die anderen unerfreulichen Meldungen. Die öffentlichkeitswirksame Einladung von Martin Sonneborn kommt da denkbar ungelegen. Heute will der Versicherer ein für alle Mal den Dreck abschütteln, mit dem er besudelt ist. Man will nach vorn schauen und über Maßnahmen für die Zukunft sprechen, nicht über die sexuellen Dienstleistungen, die das Unternehmen finanziert hat. Vor der Tür zumindest klappt das nicht. Satiriker Sonneborn selbst kommt zwar zur Enttäuschung vieler Medienleute nicht. Aber der tätowierte Mann im Bademantel unterhält auch nicht schlecht. »Ich habe bei den Landtagswahlen als Ministerpräsident kandidiert«, ruft er in die Mikrofone und noch mal: »Wenn die Leute Sex wollen, versprechen wir ihnen Sex.«

Die Strategen in der Konzernzentrale von ERGO sind schlau. Sie sind Meister der Inszenierung. Das haben sie nicht nur mit ihrer gigantischen Werbekampagne »Versichern heißt verstehen« gezeigt. Das stellen sie auch jetzt unter Beweis. Demonstrativ gelassen reagiert das Unternehmen auf die angekündigte Facebook-Party. Man ist gastfreundlich, sehr sogar. Der Polizeiwagen mit den Beamten, die die Party notfalls in Schach halten sollen, bleibt hinter der massigen Konzernzentrale im Verborgenen. Am Rande des Victoriaplatzes lässt ERGO einen »Versorgungsstand« aufbauen. Sechs sympathische junge Leute, einige in roten T-Shirts mit dem Logo des Unternehmens, bieten Wasser, Apfelsaft und Eis-Sandwiches an. »Wir haben gedacht, es wird warm, und wenn viele Leute kommen, sollen die nicht dehydrieren«, erklärt eine der jungen Frauen einen Hauch zu fröhlich. Doch es wird nicht warm. Schon bald regnet es wieder in Strömen.

Die Gelassenheit, die die ERGO-Führung und das Bodenpersonal zur Schau tragen, wirkt aufgesetzt. So manche Reaktion ist alles andere als cool. Kurz vor der Pressekonferenz hat das Unternehmen einen kleinen Onlinedienst abgemahnt, weil der den Direktversicherer von ERGO eine »Porno-Versicherung« nannte. Das mittelständische Münchener Medienhaus soll 1000 Euro für den anwaltlichen Aufwand zahlen. In der Pressekonferenz darauf angesprochen, gibt sich ERGO-Chef Torsten Oletzky ahnungslos. Er zuckt die Schultern und blickt seinen Pressesprecher Alexander Becker an. Der Kommunikationschef erklärt, man habe diese Verunglimpfung nicht hinnehmen können. Das sei einfach zu weit gegangen. »Es ging um ERGO Direkt im Rahmen eines Kraftfahrt-Ratings«, sagt er, als würde das den Maulkorb rechtfertigen. Auch auf anderen Wegen versucht der Versicherer, Einfluss auf die Medien zu nehmen. Zwei Tage vor der Pressekonferenz hat die Kommunikationsabteilung die Ressortchefs großer Zeitungen zu einem Hintergrundgespräch eingeladen. Das soll nicht an die Öffentlichkeit dringen. Transparenz und Offenheit sind bei diesem Versicherer etwas, was in die Sphäre der Werbung gehört. Nicht in die Wirklichkeit.

Lehrbeispiel für das falsche Spiel der Branche

Schnell hatte die ERGO-Unternehmensführung nach Bekanntwerden von »Budapest« eine Sprachregelung parat, mit der sie an die Öffentlichkeit ging. »Peinlich, unglaublich peinlich« sei das alles, heißt es seitdem immer wieder. Ob Vertreter, Messestand-Betreuer, hochrangige Manager oder der Vorstandsvorsitzende Torsten Oletzky, alle haben sie diese Formulierung parat. Alle sind sie darauf bedacht, bloß nicht den Verdacht zu erwecken, sie wollten irgendetwas beschönigen, verniedlichen oder gar vertuschen. Das ist die Taktik, die hervorragend zur groß angelegten Werbekampagne mit eingängigen Slogans wie »Klartext statt Klauseln« passt. Die Pressekonferenz zu den »aktuellen Vorwürfen« ist der Versuch, auf den Reset-Knopf zu drücken. Die Strategie ist so frech wie genial: Die Aufarbeitung der öffentlich gewordenen Skandale wird zum Teil der begonnenen PR-Kampagne. Hier findet sich vieles von dem wieder, was die Versicherungswirtschaft auf dem Kerbholz hat. Ein Lehrbeispiel für das falsche Spiel der Branche. Abzocken, aber das als tolles Angebot preisen. Transparenz vorgeben, aber den

Kunden täuschen. Klarheit predigen, aber Kauderwelsch liefern. Lernbereitschaft demonstrieren, aber aus Fehlern keine Konsequenzen ziehen. Beispiel Riester-Rente: Die »Kaiser-Rente« der Hamburg-Mannheimer pries das Unternehmen als besonders leistungsstark an, den Kunden zog es aber erst 12, dann 16 Prozent seiner Beiträge und der Zulagen ab. »Die Kosten sind in der Tat hoch«, räumt ERGO-Chef Torsten Oletzky ein. »Aber sie sind nicht branchenunüblich.« Als würde es das besser machen.

Nach der Umstellung von 12 auf 16 Prozent haben Vertreter den Kunden Angebotsunterlagen gegeben, auf denen noch die alten falschen, aber besser aussehenden Zahlen aufgeführt waren. Ein Wunder, dass so etwas einem Kunden überhaupt auffiel. Der machte das Unternehmen auf den Fehler aufmerksam. Der Versicherer reagierte bei ihm und in anderen Einzelfällen, korrigierte den Fehler aber nicht bei allen Verträgen. Es sei keine böse Absicht gewesen, nur ein Versehen, heißt es bei ERGO. Beim Nachdruck eines Formulars sei etwas schiefgegangen. Eine Zusatzerklärung sollte den Fehler korrigieren, wurde aber nicht flächendeckend verteilt. Wieso es überhaupt zu falschen Angaben kam – leider, leider kann ERGO das nicht mehr feststellen. Die seinerzeit beauftragte Setzerei sei mittlerweile insolvent, der Insolvenzverwalter habe keine Unterlagen. Systematisch den Fehler auszuräumen wäre teuer geworden. »Es ist eine Ironie der Geschichte, dass ausgerechnet der Versicherer, der das Kleingedruckte abschaffen will, über das Kleingedruckte stolpert«, gibt sich ERGO-Chef Torsten Oletzky zerknirscht. Ironie der Geschichte?

Verbraucherschützer sehen das ganz anders, wenn sie an die Machenschaften des Unternehmens und seinen vermeintlichen Feldzug gegen unverständliche Klauseln denken. »Es ist zynisch, dass ausgerechnet ein Versicherer wie ERGO so eine Kampagne auflegt«, sagt Edda Castelló von der Verbraucherzentrale Hamburg. Ausgerechnet ERGO stellte sich so dar, als wäre das Unternehmen der große Ausnahmeversicherer, der einfühlsame Kundenversteher. Der auf der Seite der Verbraucher steht, der alles offenlegt und nichts verklausuliert, der weiß, wie schwer es die Menschen mit der Assekuranz haben – mit den anderen Versicherern, versteht sich. Das ist der Subtext. Die pompöse Werbekampagne »Versichern heißt verstehen« flankierte die Einführung der neuen Marke ERGO.

PR statt Praxis

Schon die Art und Weise, wie der Konzern den Anlass der neuen Markenstrategie kommuniziert, ist alles andere als offen und ehrlich. Ohne Vorwarnung beruft ERGO im November 2009 an einem Freitagmorgen eine Telefonkonferenz für die Presse ein. Das ist ungewöhnlich. Normalerweise werden Termine für Journalisten von Versicherern nicht unmittelbar vor Beginn angekündigt, sondern Tage, wenn nicht Wochen vorher. In der Telefonkonferenz präsentiert ERGO-Chef Torsten Oletzky eine große Überraschung: Die Marken Victoria und Hamburg-Mannheimer verschwinden. Beide sind traditionsreich und gehören zu den größten Einzelgesellschaften in der fragmentierten deutschen Versicherungsbranche. »Die ERGO Versicherungsgruppe wird in Zukunft Lebens- und Sachversicherungen unter der Marke ERGO in Deutschland anbieten«, lautet der erste Satz der Pressemitteilung.

Die Öffentlichkeit gewinnt den Eindruck, dass ERGO die großen Sparten Lebens- und Sachversicherung bündelt und nur bei den Spezialisten Kranken-, Rechtsschutz- und Reiseversicherung an den eigenständigen Marken festhält. Aber so ist das nicht. Zu ERGO gehört auch die Neckermann Versicherung, die aus einem Sach- und einem Lebensversicherer besteht. Von der ist aber nicht die Rede, die wird es weiterhin geben. Letztendlich wird nur die Hamburg-Mannheimer Leben in ERGO Lebensversicherung umbenannt. Damit werden die heftigen Probleme der Victoria Lebensversicherung kaschiert, denn es wirkt so, als würden die Victoria und die Hamburg-Mannheimer zusammengezogen. Die Kapitalanleger der Victoria haben sich schon in der Börsenkrise zu Beginn des Jahrtausends verzockt, davon hat sich das Unternehmen nie richtig erholt. Die Victoria kann Kunden keine attraktive Verzinsung mehr bieten. Über Jahre bringt die Victoria Leben ihren Aktionären keinen Gewinn, also machen die die Gesellschaft für neue Kunden dicht. Das heißt im Branchenjargon »Run off« und bedeutet Abwicklung. Für die alten Kunden ist das nicht schön. Wenn der Versicherer keine wettbewerbsfähigen Konditionen braucht, kann er die Gewinnbeteiligung auf das gesetzlich gerade noch zulässige Minimum drücken. Möglicherweise steigen auch die Kosten, die Kunden abgezogen werden, wenn immer weniger Verträge verwaltet werden. Den Altkunden bleibt trotzdem keine Wahl: Wer kündigt, riskiert herbe Verluste. Im angelsächsischen Raum sind »Run offs« viel üblicher als in Deutschland. Dort gibt es spezielle Abwickler, die für Neukunden geschlossene Bestände übernehmen. Wird der Bestand kleiner, werden die Kosten auf immer weniger Verträge umgelegt – denn verwaltet werden muss auch ein Bestand ohne Neuzugänge. Muss der Lebensversicherer für Neukunden nicht mehr attraktiv sein, zum Beispiel durch eine gute Überschussbeteiligung, ist die Gefahr groß, dass die Guthaben der Kunden schlechter verzinst werden. Mit der plötzlichen Präsentation der neuen Markenstrategie hält sich ERGO öffentliche Spekulationen über diese unschönen Entwicklungen erst einmal vom Hals. Herrn Kaisers Ruhestand und nicht die Abwicklung der Victoria Leben dominiert die Schlagzeilen. Nebenbei wird der Konzern das leidige Problem mit dem irritierenden Namen seines Direktversicherers los. Direktversicherer verkaufen nicht über Vertreter, sondern via Internet, Post und Telefon. Der von ERGO heißt »KarstadtQuelle Versicherungen«. Viele glauben, das Unternehmen habe etwas mit dem pleitegegangenen Arcandor-Konzern zu tun. Das ist ein Irrtum. Der Name rührt aus längst vergangenen Geschäftsbeziehungen, die einst zu dem Warenhaus bestanden. Aber mit einer Mega-Pleite wie der von Arcandor auch nur scheinbar in Verbindung zu stehen, ist nicht gut fürs Geschäft. Da hilft es nichts, dass sich die KarstadtQuelle Versicherungen auf ihrer Internetseite groß und deutlich von ihren Namensvettern distanzieren. Im Zuge der neuen Markenstrategie ist die Gelegenheit günstig. Aus KarstadtQuelle Versicherungen wird ERGO Direkt. Der Rechtsschutzversicherer DAS und die Deutsche Krankenversicherung behalten ihre Namen. »Umfangreiche Werbung zum neuen Marktauftritt wird den Vertrieb unterstützen.« Mit diesen dürren Worten kündigt der Versicherer die gigantische Kampagne an, die im Sommer 2010 über Deutschland hereinbricht. Genau in den Wochen, in denen vor dem Landgericht Hamburg ein Verfahren der Verbraucherzentrale Hamburg gegen ERGO läuft – wegen intransparenter Vertragsklauseln.

Anzeigen in Zeitungen, Werbung im Fernsehen und im Internet, neue Briefköpfe und Schilder für die Agenturen, neue Kostüme für Messehostessen, T-Shirts für Mitarbeiter und noch viel mehr kosten den Konzern allein 2010 schlappe 50 Millionen Euro. Oder, je nach Perspektive, jeden der 20 Millionen ERGO-Kunden in Deutschland 2,50 Euro. »Versicherungen, was ist eigentlich schiefgelaufen zwischen uns?«, fragt der Schauspieler Christian Ströbel, der bald im Volksmund »ERGO-Boy« genannt wird, in dem Auftakt-Spot zur Kampagne. Das fragen sich tatsächlich Millionen von Verbrauchern. Der ERGO-Boy ist bald omnipräsent. »Diesem Gesicht kann niemand mehr entkommen! Ob Zeitung, Fernsehen oder Plakatwand – überall lächelt einem dieser bärtige Mann aus der ERGO-Werbung entgegen«, schreibt die *Bild*-Zeitung wenige Wochen nach dem Start der Kampagne.[38] Doch nicht die fast unheimliche Präsenz ist das Ungewöhnliche der Werbeoffensive. Die Botschaften sind erstaunlich, sie erregen Aufmerksamkeit. In Büros, Fitnessstudios und Straßenbahnen sind sie Gesprächsthema. Die Aussagen sind eine Anklage, sie wirken wie Selbstkritik einer bislang ausschließlich auf sich selbst fixierten, fast autistischen Branche, deren Verkäufer und Sachbearbeiter sich nicht im Geringsten für die Menschen interessieren, mit denen sie zu tun haben. »Könnt

Ihr nicht einfach mal aufhören, mich zu verunsichern, und anfangen, mich zu versichern?«, will der ERGO-Boy wissen und spricht vielen aus dem Herzen. Das ist so geschickt wie infam.

Bei ERGO versteht man den Kunden und der Kunde den Versicherer genauso wenig wie bei jedem anderen Anbieter. Das ist nach Beginn der Kampagne nicht anders als vorher. Das vollmundige Versprechen, das in der scheinbaren Selbstkritik mitschwingt, kann das Unternehmen nicht einlösen. Es ist reine PR und keine Praxis. Aber bei Verbrauchern kommt es gut an, es trifft einen wunden Punkt. Dass Versicherungsbedingungen nicht zu verstehen sind und Vertreter Kunden mit Angst und Verunsicherung unter Druck setzen, statt sie sachlich zu informieren, ist ja keine böswillige Verleumdung von Verbraucherschützern – auch wenn das Repräsentanten der Zunft gerne glauben machen. Es ist tagtäglich gelebte Erfahrung von Millionen von Menschen. Entsprechend gut kommt der ERGO-Boy mit seinem Spruch an: »Hab ich irgendwas getan, dass ihr so komisch seid, so fremd? Ich weiß zum Beispiel, was ich nicht getan habe: Ich habe nicht Jura studiert, und ihr schickt mir Briefe, die höchstens mein Anwalt versteht.« Um die Welt der Assekuranz wirklich zu verstehen, dürfte ein Jurastudium nicht reichen. Man muss sich auch in Biologie auskennen (»Haarwildklausel« in der Autoversicherung), in Medizin (wann ist die Befindlichkeitsstörung eine Krankheit, von der der Versicherer wissen muss?), in der Meteorologie (wann ist ein Sturm ein Sturm?) und in vielen anderen Fachgebieten.

Einige ERGO-Gesellschaften tragen einen neuen Namen, aber in puncto Kunden(un)freundlichkeit unterscheiden sie sich in nichts von den Konkurrenten. Doch der Versicherer versucht auf eine wirklich neue Art, Kapital aus der Verwirrung zu schlagen, in die die Branche Verbraucher systematisch stürzt. Er greift die Branche an und erscheint dadurch selbst in einem guten Licht – ohne eine Leistung, die den Strahlenkranz rechtfertigen würde. Verschiedene Motive für die Printwerbung sollen die unterschiedlichen Zielgruppen erreichen. Für die Generation *Golden Age* – dazu gehört man ab Ende vierzig – gedacht ist das Motiv mit der älteren Blondine. Sie renoviert und lehnt an einer Leiter. »Ich will Kunde sein und keine Kundennummer«, steht darüber. »Ich will Klartext, keine Klauseln«, fordert der junge Mann, der dank Bobbycar im Hintergrund als junger Familienvater zu identifizieren ist. »Kein Mensch braucht eine Versicherung, die kein Mensch versteht«, sagt ein anderer Mann im Liegestuhl. »Ich möchte von Menschen versichert werden. Nicht von grauen Herren«, verlangt eine junge Frau mit Buch im Korbsessel, die jene anspricht, die mit Michael Endes *Momo* groß geworden sind. Die Konkurrenten von ERGO erzürnt gerade dieses Motiv. Die grauen Herren sind für jene, die das Buch nicht kennen, einfach eine Metapher für unangenehme Menschen. Wer es gelesen hat, dürfte andere Assoziationen haben. Die grauen Herren in *Momo* sind keine Menschen, sondern Zeitagenten. Sie nehmen anderen die Zeit weg, die sie sich mit dem falschen Versprechen, sie zu sparen, ergaunern. Wer sich einmal auf sie eingelassen hat, ist ihnen ausgeliefert. Im Grunde schwingt in dieser Werbung eine brillante Zustandsbeschreibung der Assekuranz mit – mit dem kleinen Schönheitsfehler, dass die grauen Herren selbst sie gestaltet haben.

Kritik ohne Konsequenz ist der wahre Kern der Kampagne. Die erste zaghafte Entbürokratisierung im eigenen Haus beginnt ERGO erst lange nach dem Start der Reklameattacke und dann auch nicht da, wo es wirklich drückt. Entrümpelt wird die private Haftpflicht. Eine Sparte, in der die Gewinne nur so sprudeln. Wo es wirklich um etwas geht, zum Beispiel in der Altersvorsorge: Fehlanzeige. Statt sich an die Erfüllung der Wünsche aus der eigenen Kampagne zu machen, setzt der Versicherer auf Gimmicks wie dem ersten »beratenden Plakat«, das er aufstellt. »Interessierte Passanten können per Liveschaltung mit einem Versicherungsvermittler sprechen. Um den Austausch zu realisieren, wird ein Citylight-Poster mit einem Lautsprecher- bzw. Mikrofonsystem, einer Kamera sowie einem Flat-Screen-Monitor versehen«, kündigt ERGO die Aktion an, die in der Berliner Innenstadt stattfindet.

Fehlende Glaubwürdigkeit

Die Auftraggeber ziehen wenige Monate nach Beginn der Werbeoffensive eine sehr positive Bilanz. »ERGO-Werbung wird innerhalb von nur zwei Monaten zur spontan meist erinnerten Werbung im Versicherungsbereich. Die Marke ERGO gelangt innerhalb dieses Zeitraums in den Kreis der Top-5-Versicherungsunternehmen hinsichtlich spontaner Markenbekanntheit. Einen derart starken und schnellen Anstieg der spontanen Präsenz von Kommunikation und Marke gab es bislang in der Versicherungsbranche noch nicht«, sagt David Stachon, Marketing-Leiter der ERGO Versicherungsgruppe AG in einem Interview.[39] Auch das Marktforschungsinstitut YouGovPsychonomics attestiert eine große Wirkung der Kampagne. »Die ERGO Versicherung ist in Sachen Aufmerksamkeitsstärke der Gewinner des Jahres 2010«, heißt es in der Jahresanalyse Markenkommunikation Assekuranz 2010. Zwischen Frühjahr und Winter 2010 konnte das Unternehmen seine Bekanntheit von 11 Prozent auf 63 Prozent steigern, der Direktversicherer von 8 Prozent auf 47 Prozent. Doch damit allein hat es die Marke nach Auffassung der Marktforscher noch nicht geschafft. Denn es mangelt an Glaubwürdigkeit. »Die Ergebnisse zur ERGO-Kampagne belegen, dass die Kernbotschaft viele Versicherungsnehmer sehr positiv anspricht und damit eine hohe Aufmerksamkeit erzeugt. Das sicherlich für viele Verbraucher überraschend ehrliche Beziehungsangebot der ERGO braucht nun Beweise, um Glaubwürdigkeit herzustellen«, resümiert der Leiter der Finanzdienstleistungsforschung des Instituts Oliver Gaedeke.

Doch statt Glaubwürdigkeitsbeweis kommt der Image-GAU. Im Mai 2011 dringt der »Budapest«-Skandal an die Öffentlichkeit. Schlag auf Schlag folgen weitere ernüchternde Meldungen: Riester-Kunden wurden viel zu hohe Kosten abgezogen, Lebensversicherungen sollen nur wegen der Provisionen in Unfallversicherungen überschrieben worden sein, Beschäftigte sollen aus den gleichen Gründen ungünstigere Verträge für Betriebsrenten bekommen haben. Jetzt dreht sich der Versicherer den Effekt der Kampagne so, wie es gerade passt. »Viele Leute haben unsere Marken-Repositionierung im vergangenen Jahr ja gar nicht mitbekommen«, behauptet eine ERGO-Sprecherin in der *Süddeutschen Zeitung*.[40] Die Imagekampagne wird gebremst. Die dafür geplanten 20 Millionen Euro für 2011 will ERGO aber weiterhin für Reklame ausgeben. Der Konzern reagiert auf die bösen Meldungen. Er spricht Kunden direkt in großformatigen Anzeigen an und »entschuldigt« sich. »Wenn Menschen Fehler machen, entschuldigen sie sich. Wenn Unternehmen Fehler machen, unternehmen sie etwas dagegen. Darum tun wir beides«, heißt es zunächst in der *Bild*-Zeitung, später auch in anderen Tageszeitungen. Im Internet können Interessierte auf den Seiten von ERGO unter »Fragen & Antworten zu den aktuellen Themen der Vertriebsorganisation HMI« dreizehn Statements anklicken, etwa ob die Werbekampagne »Versichern heißt verstehen« weiterlaufen wird. Wird sie, allerdings wird sie auf verschiedenen Kanälen zurückgefahren. Frage dreizehn lautet: »Hat ›Herr Kaiser‹ persönlich an der HMI-Incentive-Reise teilgenommen?« Hat er nicht, erfährt der wenig erstaunte Leser. Denn Herr Kaiser war schließlich ein reines Kunstprodukt. »Im Zuge der neuen Marken- und Werbestrategie wurde diese Werbefigur nicht mehr eingesetzt«, teilt ERGO mit. »In der aktuellen Berichterstattung wird das Foto von dieser Werbefigur häufig verwendet. ERGO legt deshalb Wert auf die Klarstellung, dass der Schauspieler Nick Wilder, der zuletzt diese Werbefigur verkörperte, nicht an der HMI-Reise nach Budapest im Jahr 2007 teilgenommen hat.«[41] Das festzustellen dürfte nicht allzu schwer gewesen sein. Bei den Details der Belohnungsreise ist das anders. Ein elfköpfiges Team aus der ERGO-Revisionsabteilung hat den Auftrag, alle Vorgänge aufzuklären, bis zu 27 Leute helfen bei Bedarf. Die Revisoren prüfen und prüfen, sprechen mit Teilnehmern der Budapester Sexparty, sichten E-Mails und gehen auf die Suche nach Dokumenten. Nicht alles können sie aufklären. Herausfinden können sie immerhin, dass »nur« 64 statt der anfangs behaupteten 100 Vertreter an der Sexparty teilnahmen, plus zwei Führungskräfte. Berichte, nach denen die Frauen nach erfolgter Dienstleistung einen Stempel bekommen haben, sollen nicht den Tatsachen entsprechen. Nur sehr wenige Teilnehmer hätten diese Darstellung bestätigt. Andere gaben hingegen an, es habe kein Abstempeln gegeben. Dafür seien Strichlisten geführt worden.

An dem regnerischen Augusttag, an dem Martin Sonneborn zur Facebook-Party eingeladen hat, sind mehr als 50 Journalisten zur Pressekonferenz ins ERGO-Hauptquartier gekommen. Sie warten auf den großen Wurf, eine Art Befreiungsschlag. Aber, so erfahren sie an diesem Vormittag, eigentlich ist im Hause ERGO alles in Ordnung. Als der Vorstandsvorsitzende Torsten Oletzky den großen Tagungssaal im Erdgeschoss am Fuße des Victoria-Turms betritt, ist er sofort von Kameras umringt. Er macht einen demonstrativ gelassenen Eindruck. Einen Mann, der seit Wochen von einer Krise zu anderen stürzt, stellt man sich anders vor. Er wirkt nicht annähernd nervös. »ERGO in der Kritik – Prüfergebnisse und Maßnahmen« steht auf der Tischvorlage für die Journalisten. Torsten Oletzky hat sich – neben dem Kommunikationschef – zwei weitere Männer mit aufs Podium genommen, seinen Finanzvorstand und einen Spezialisten vom Wirtschaftsprüfungsunternehmen PricewaterhouseCoopers (PWC).

Wirtschaftsprüfer schauen sich bei Versicherern normalerweise die Bilanzen an und attestieren, dass alles mit rechten Dingen zugeht. Die Leute von PWC prüften, ob ERGO die Vorgänge um die diversen Skandale richtig untersucht hat. Drei Wochen waren die Spezialisten vor Ort. PWC-Mann Steffen Salvenmoser verteilt Schulnoten. Für die Untersuchung der Budapest-Affäre gibt es eine Eins minus, für die Riester-Sache nur eine Drei. Da gab es Probleme mit der Dokumentation. »Wir haben mit maximaler Offenheit versucht, den Vorwürfen zu begegnen«, versichert Torsten Oletzky. »Wir haben jeden Vorwurf ernst genommen und versucht, zügig aufzuklären.« Gänzlich unakzeptabel sei die Budapester Veranstaltung gewesen, sagt er, und das hätten die Organisatoren auch gewusst. Schließlich hätten sie versucht, Spuren zu verwischen. Zum Ablauf der Party will er eigentlich nichts sagen, außer dass einige berichtete Einzelheiten falsch seien. Nur welche, sagt er zunächst nicht. »Details halte ich für irrelevant«, sagt er. Perfide. Wissen die Journalisten nicht, welche der kursierenden Informationen richtig und welche falsch sind, werden die seriösen unter ihnen davor zurückschrecken, künftig überhaupt welche zu erwähnen. Einige Details wird Oletzky auf Nachfrage letztlich doch noch richtigstellen. Unter anderem, dass es keine für die Vorstände reservierten Prostituierten und auch keine per Bändchenfarbe erkennbaren Sexarbeiterinnen gegeben habe. »Doch kein Zweiklassenvögeln bei ERGO«, wird die Berliner *taz* am nächsten Tag schreiben.[42]

Anschließend geht es um die Konsequenzen, die das Unternehmen aus den Skandalen ziehen will. Die Journalisten warten auf eine Art Tabula rasa, auf ein Zeichen des großen Aufräumens. Doch stattdessen gibt es die Präsentation der nächsten Folge der Imagekampagne. Einen Verhaltenskodex gibt es jetzt, und zwar einen verbindlichen. Was geschieht, wenn jemand dagegen verstößt? Von selbstständigen Vertretern kann man sich schnell trennen, sagt Torsten Oletzky dazu nur. Das konnte man schon immer. »Klartext bei Produktunterlagen und Beratungsdokumentation« – dieses Postulat stammt nicht etwa aus der hauseigenen Werbung, sondern ist ein weiterer Punkt des Maßnahmenkatalogs.

Ganz nebenbei offenbart das Unternehmen eine fragwürdige Geschäftspraxis seiner Vertreter. »Kunde hat das Recht des Verzichts auf die Beratungsdokumentation; Gebrauch davon wird von unseren Vermittlern ausdrücklich vermerkt; keine ›Ankreuzlösungen‹!«, heißt es auf der Präsentationsfolie. Damit gelobt der Versicherer, eine skandalöse Praxis abzustellen, mit der auch andere in der Branche gesetzliche Vorschriften zulasten der Kunden umgehen. Der Hintergrund: Versicherungsvermittler müssen Kunden angemessen beraten und das dokumentieren. Das ist seit einigen Jahren gesetzlich vorgeschrieben. Bürger sollen erforderliche und keine unsinnigen Policen verkauft bekommen. Damit später noch nachvollziehbar ist, was der Vermittler im Verkaufsgespräch abgefragt hat, muss er die Inhalte dokumentieren. Das ist aufwändig, aber nötig. Ohne Dokumentation kann der Verbraucher später einen möglichen Fehler des Vermittlers nicht nachweisen. Ohne diesen Nachweis muss der Verkäufer nicht haften. Der Haftungsanspruch ist für den Kunden aber wichtig, wenn sich herausstellt, dass die verkaufte Altersvorsorge nichts taugt und der Vermittler schuld ist, dass die Rente extrem niedrig ausfällt. Dann muss die Berufshaftpflichtversicherung des Verkäufers für den Schaden aufkommen. Damit Kunden, die sich selbst gut informiert haben oder aus anderen Gründen keine Beratung wollen, diese nicht über sich ergehen lassen müssen, können sie darauf verzichten. Dann entfällt die Dokumentation.

Weil Kunden damit auch auf Haftungsansprüche verzichten, will der Gesetzgeber, dass sie den Verzicht schriftlich erklären. Der Beratungsverzicht soll die Ausnahme, nicht die Regel sein. ERGO hat sich ein cleveres Verfahren ausgedacht, mit dem Beratungspflicht und damit die Haftungsansprüche der Kunden systematisch entfallen: Vordrucke mit Kästchen, die nur angekreuzt zu werden brauchen, um den Beratungs- und Haftungsverzicht zu erklären. Überhaupt ein Formular mit einer Ankreuzmöglichkeit für den Beratungsverzicht zu erstellen, verstößt gegen den Geist des Gesetzes, mit dem Verbraucher vor den Überrollkommandos der Versicherer geschützt werden sollten. Kunden erkennen die Tragweite nicht, die das Ankreuzen dieses Kästchens für sie hat. Das gilt nicht nur bei Verträgen, die wie eine private Rentenversicherung eine Lebensentscheidung sind, sondern bei allen Policen. Im Zuge seiner Aufklärungsarbeiten rund um »Budapest« hat ERGO festgestellt, dass bei »besonders vielen« Dokumentationen das Kästchen angekreuzt war – also viele Kunden auf die Haftung verzichten. Künftig soll es keine Verträge mit diesen Kästchen mehr geben. Vermittler sollen schriftlich begründen, warum Verbraucher keine Beratung wollen. Bleibt abzuwarten, was sich pfiffige Verkäufer jetzt ausdenken. Vielleicht Textbausteine?

Nicht viel mehr als ein pfiffiger Werbegag ist die »Verstehensgarantie«. Dahinter verbirgt sich das großzügige Angebot, eine Hotline anzurufen. Auf die Idee, am Telefon Fragen zu beantworten, sind andere auch schon gekommen. Aber sie haben sich nicht einen so schönen Namen dafür ausgedacht. Außerdem gibt es bei ERGO neuerdings einen »Kundenanwalt« und einen »Kundenbeirat«. Der Kundenanwalt steht im Mittelpunkt der nächsten Marketing-Initiative. »Der ERGO Kundenanwalt. Der ist im Konfliktfall für Sie da«, lautet ein Werbetext, »Gerechtigkeit. Kannste vergessen? Nee, kannste erwarten«, ein anderer und weiter: »Der Kundenanwalt. Jetzt bei ERGO. Der ist im Streitfall nicht für uns da, sondern für Sie. Folgen Sie uns auf dem Weg zu Deutschlands bester Versicherung.« Hinter dem Kundenanwalt verbirgt sich keineswegs ein neutraler Jurist, den ERGO für verärgerte Kunden im Streitfall zahlt. Es handelt sich vielmehr um eine Abteilung mit der sachlichen Bezeichnung »Bereich Kundenanwalt«. Der Abteilung gehören Leiter Ralf Königs und fünf Mitarbeiter an. Königs hat seinen Posten am 1. Januar 2011 angetreten, lange bevor die Öffentlichkeit etwa von »Budapest« oder falschen Kostenausweisen bei Riester-Renten erfahren hat. Im Grunde ist der Kundenanwalt nichts anderes als ein professionelles Beschwerdemanagement mit einer irreführenden Bezeichnung. Eine Beschwerdestelle hatte der Versicherer vorher schon, so etwas hat auch die Konkurrenz. »Wir haben den Kundenanwalt, damit wir es als Erste wissen, wenn wir einen Fehler gemacht haben«, sagt Oletzky. Schon wieder so eine Ironie der Geschichte: Ausgerechnet der Versicherer, der von Fehlern als Erster etwas wissen will, steht am Pranger, weil er über Fehler bei der Riester-Rente von Kunden informiert wurde und nichts getan hat.

Imagekampagnen sind für die Assekuranz extrem wichtig. Die Unternehmen verkaufen etwas Abstraktes, Kunden haben im Zusammenhang mit Versicherungen selten schöne Erlebnisse.

Meistens ist ihnen etwas Schlimmes passiert. Das färbt ab. Die Branche weiß, dass sie einen schlechten Ruf hat. Die simplen Gemüter schieben das den Verbraucherschützern in die Schuhe, die angeblich nichts anderes machen, als die Verträge schlechtzureden. Die Klugen argumentieren damit, dass die Unternehmen immaterielle Produkte verkaufen, also etwas, was der Kunde nicht anfassen kann. Allein die Tatsache, versichert zu sein, begreifen viele nicht als Dienstleistung. Das geschieht erst, wenn etwas passiert. Schon aus diesem Grund ist das Thema Versicherungen schlecht angesehen, sagen viele aus der Branche. Solange nichts passiert, empfinden sicher nicht wenige Kunden ihr Geld als vergebens ausgegeben. Nur: Wenn etwas geschieht und Verbraucher die Versicherung brauchen, empfinden sie oft das Gleiche – weil der Versicherer nicht zahlt. Das bestreitet die Branche selbstverständlich.

Lange vor ERGO hatte der Gesamtverband der Deutschen Versicherungswirtschaft eine Kampagne aufgelegt, bei der ebenfalls »echte« Menschen im Mittelpunkt stehen. »Gut, dass es Versicherungen gibt« ist der Leitslogan. Menschen erzählen in den Spots, was sie in 30 Jahren sein wollen oder was ihnen lieb und teuer ist. Die Dienstleistung Versicherung sollte mit der Kampagne ein Gesicht bekommen. »Verbraucher bewerten ihren eigenen Versicherer gut, aber die Branche insgesamt hat ein schlechtes Ansehen«, sagt Ulrike Pott, Kommunikationschefin des Gesamtverbands der Deutschen Versicherungswirtschaft. »Wir wollen diese Diskrepanz verringern.« Im Herbst 2011 gat der Verband die Kampagne eingestellt.

Auch die Konkurrenz von ERGO versucht, das eigene Image aufzupolieren und gibt dafür viel Geld aus. Marktführer Allianz zum Beispiel wirbt mit den Geschichten echter Kunden und echter Mitarbeiter. Im Herbst 2010, wenige Monate nach ERGO, startete der blaue Riese aus München reklamemäßig neu durch. »Mit dem Auftritt im neuen Corporate Design beendet der Versicherungsriese seinen werblichen Dornröschenschlaf nach Finanzkrise, Agenturpitch und Selbstfindungsphase«, schrieb

Horizont, das Portal für Marketing, Werbung und Medien.[43] Nach Einschätzung des Branchendienstes gibt das Unternehmen dafür einen mittleren achtstelligen Eurobetrag aus, also etwa so viel wie ERGO. Im Mittelpunkt stehen Schicksalsschläge und Unfälle. »Wir zeigen Versicherungsfälle aus dem Leben, denn Erfahrungen sind mehr wert als jede Theorie«, erklärt Bernd Heinemann, Vorstand Marktmanagement der Allianz Deutschland.[44] Den Kunden in der Werbung der Allianz wurde immer geholfen. Im wahren Leben liegen die Dinge anders. Das Kleingedruckte in den Verträgen verhindert oft genug, dass der Verbraucher im Schadensfall auch wirklich Geld sieht.

2. Die Verschleierungstaktiken

Das Kleingedruckte ist eine Plage. Das wissen auch die Versicherer. ERGO versucht, daraus Kapital zu schlagen. Der selbst ernannte Kundenversteher nutzt den Unmut gegenüber Klauseln und Kauderwelsch aus. Er gibt vor, die Bürger mitmachen lassen zu wollen, ihnen die Möglichkeit zum konstruktiven Einbringen ihrer Ideen zu geben. Dazu dient die »Kundenwerkstatt« im Internet. Gute Vorschläge zur Verbesserung von Versicherungen belohnt ERGO mit 50 Euro. »Mit unserem Leitgedanken ›Versichern heißt verstehen‹ haben wir uns vorgenommen, die Wünsche und Bedürfnisse unserer Kunden konsequent in den Fokus zu rücken. Wir wollen besser zuhören und in einen direkten Austausch mit Ihnen eintreten. Denn Ihre Meinung ist uns wichtig! Mit der ERGO Kundenwerkstatt bieten wir Ihnen nun die Möglichkeit, sich aktiv bei Befragungen einzubringen und ein Stück Zukunft mitzugestalten«, bekommt der Nutzer nach der Anmeldung mitgeteilt. Doch Verbraucherfreundlichkeit scheint nicht das einzige Motiv zu sein. Denn das Unternehmen besorgt sich über seine »Kundenwerkstatt« eine ganze Menge kostenloser Informationen: Wie der Nutzer auf die »Kundenwerkstatt« aufmerksam geworden ist, für welche Themen – das heißt: Versicherungsprodukte – er sich interessiert, welche Policen er bereits abgeschlossen hat, ob er bei ERGO Kunde ist, wie er sich über Versicherungen informiert, wie und wo er Policen abschließt und noch viel mehr will ERGO wissen. Auch Persönliches fragt er ab, etwa Geburtsdatum, Schulabschluss, Familienstand und sogar das Einkommen, das allerdings mit der Möglichkeit »keine Angabe«. Wer sich registriert, erhält schnell die erste Einladung zu einer »Befragung« zu einem Themenbereich, für den er bei der Anmeldung Interesse bekundet hat. Von wegen »Kundenwerkstatt«: Das ist nichts anderes als

Markt- und Meinungsforschung. Das verschweigt ERGO auch nicht auf der Homepage. Allerdings findet sich der Hinweis gut versteckt unter dem Punkt »Was geschieht mit meinen Daten?«.

Wie gut oder wie schlecht eine Versicherung ist, steht im Kleingedruckten. Das ist umfangreich und unverständlich. Es mag Bürokratie-Junkies geben, die ihren Vertrag bis zum letzten Punkt und Komma lesen und sogar die vorher vom Vertreter überreichten Unterlagen durchforsten. So jemand wird es gewesen sein, dem die falsch ausgewiesenen Kosten bei den Riester-Renten der Hamburg-Mannheimer aufgefallen sind. Aber diese vorbildlichen Verbraucher sind die absolute Ausnahme. Wen man fragt, wo man hinkommt, kaum jemand liest seine privat abgeschlossenen Verträge von der ersten bis zur letzten Zeile. Öffentlich zugeben will das kaum einer. Auch Juristen quälen sich nicht durch das Klausel-Kauderwelsch, obwohl sie noch am ehesten dazu in der Lage wären, es zu verstehen. Allenfalls Manager und Funktionäre aus dem Lager der Assekuranz, die als bekennende Klausel-Abstinenzler Hohn und Spott fürchten müssten, behaupten, sie würden ihre Versicherungsverträge lesen. Eine Fleischereifachverkäuferin würde wohl auch nicht zugeben, dass sie Vegetarierin ist.

Seehund ja, Kuh nein

Der gute Bürger liest sich gründlich durch, was er unterschreibt. Das wird allgemein von ihm verlangt. Wenn er darauf verzichtet, fordern Bekannte, Kollegen und alle anderen wenigstens ein schlechtes Gewissen. Selbst schuld, wer sich mit seiner Unterschrift mit etwas einverstanden erklärt, was er nicht versteht – das ist die einhellige Meinung. Im Schadensfall hat er eben Pech gehabt. Das sehen auch die Versicherer so. Aber es ist aberwitzig, von Menschen zu verlangen, sich durch etwas durchzuarbeiten, was sie gar nicht verstehen können. Versicherungsbedingungen stehen nicht für sich. Sie sind eingebettet in viele Gesetzeswerke, die wiederum miteinander konkurrieren. Die Lage ist schon bei einfachen Dingen kompliziert, zum Beispiel in der Autoversicherung. Kollidiert ein Auto mit einer Kuh, zahlt die Teilkasko möglicherweise nicht. Bei einem Zusammenstoß mit einem Seehund aber auf jeden Fall. Wie soll der gesunde Menschenverstand das begreifen? Der Blick in die Versicherungsbedingungen hilft nicht unbedingt weiter.

Ob Seehund, Kuh oder Reh – bei der *Voll*kasko ist die Lage übersichtlich. Da reguliert der Versicherer immer den Schaden. Kompliziert dagegen liegt die Sache, wenn das Auto nur *teil*kaskoversichert ist. Häufig sehen die Bedingungen vor, dass der Versicherer nur für Schäden aufkommt, die durch »Haarwild« verursacht werden. Unter Haarwild dürften viele Nicht-Zoologen auch Kühe fassen, schließlich haben diese Tiere ja Haare. Aber als Haarwild gelten alle Tiere, die das Bundesjagdgesetz in Paragraf 2, Absatz 1, Nummer 1 aufzählt. Auf der illustren Liste finden sich neben Rotwild, Feldhase, Luchs und Fuchs unter anderem Seehunde, Schneehasen und Wisente. Dagegen stehen die in den hiesigen Breitengraden viel häufiger anzutreffenden Kühe, Ziegen, Schafe, Schweine oder Pferde ebenso wenig auf der Liste wie Fasane, andere große Vögel oder Hunde und Katzen. Juristen haben diese Definition vor Jahrzehnten festgelegt, um Rechtssicherheit zu schaffen – für die Versicherer. Statt die Definition in den Bedingungen standardmäßig zu erweitern, machen die Versicherer aus der Lücke ein Geschäft. Sie bieten Kunden an, den Schutz auf Tiere zu erweitern, die das Bundesjagdgesetz nicht aufzählt. Aber sie regeln das so unterschiedlich, dass Verbraucher kaum die Möglichkeit haben, den Markt zu überschauen.

Bei einigen Häusern ist der erweiterte Schutz schon in der Grundausstattung der Teilkasko. Der neue Autotarif der Allianz etwa umfasst auch die Regulierung von Schäden nach einem Zusammenstoß mit Rindern, Pferden, Schafen und Ziegen. Für Kollisionen mit Schweinen oder dem in Mecklenburg-Vorpommern heimisch gewordenen riesigen Laufvogel Nandu zahlt der

Versicherer nicht automatisch. Dafür gibt es einen Zusatzbaustein, der Unfälle mit »Tieren aller Art« abdeckt. Er kostet einen Golffahrer in Braunschweig 5 Euro im Jahr. Das ist nicht viel. Andere Häuser verlangen aber nichts extra. Auch der Münsteraner Versicherer LVM geht in seinem Grundschutz in der Teilkasko über Reh und Hirsch hinaus. Hier sind Kollisionen »mit allen Wirbeltieren« in sämtlichen Tarifen versichert. Solange keine Rieseninsekten unterwegs sind, dürfte das reichen. Bei der DEVK ist im Billigtarif nur Haarwild versichert, im Standardtarif sind es alle Tiere. Die Aussichten stehen übrigens schlecht, dass nach einem Unfall mit einer Kuh deren Besitzer den Schaden begleicht. Halter von Nutztieren haften nur sehr eingeschränkt. Das Oberlandesgericht Schleswig-Holstein hat entschieden, dass ein Bauer selbst dann nicht für den Schaden durch sein wild gewordenes Rind zur Verantwortung zu ziehen ist, wenn er die Koppel unzureichend gesichert hat. Für Schäden durch wilde Tiere haftet auch niemand, sagt der nordrhein-westfälische Jagdverband: »Wildschweine, Hirsche und Artgenossen gelten als herrenlos, solange sich kein Jäger die Tiere angeeignet hat.«

Ob eine Police ihr Geld wert ist oder nicht, ob sie gut ist oder schlechter als die Angebote der Wettbewerber, darüber entscheidet das Kleingedruckte. Das ist auch allen klar. Und trotzdem wird es links liegen gelassen. »Man bekommt nur Kopfschmerzen, wenn man das liest«, sagt ein Jurist – und wer sollte mehr daran gewöhnt sein, unschön geschriebene Texte zu lesen. Versicherungsbedingungen werden eben nicht geschrieben, damit Kunden sie verstehen. Versicherungsbedingungen werden geschrieben, damit die Unternehmen auf der sicheren Seite sind. Verbraucher schauen in die Bedingungen, wenn sie einen Schaden haben. Und sind dann allzu oft enttäuscht. Nicht selten werden sie dabei dem Missverständnis zum Opfer fallen, dass der Versicherer nicht zahlen muss. Denn unverständliche Verträge kaschieren nicht nur, dass kein Schutz besteht. Sie verbergen auch, dass der Kunde eine Deckung hat. Liest der Verbraucher die Police gar nicht erst, weiß er von manchen Regeln nichts. Die Versicherungsbranche profitiert davon, dass ihre Kunden von vielen Ansprüchen schlicht nichts wissen. Zum Beispiel, dass eine Hausratversicherung auch bei Raub zahlt. Wird ein Kunde überfallen und ihm wird die Brieftasche mit vielen Scheinen geraubt, zahlt der Versicherer den Schaden. Jedenfalls, wenn Gewalt im Spiel war. Verliert der Kunde die Brieftasche oder wird sie einfach gestohlen, bekommt er aber keine Entschädigung vom Versicherer.

Auch bei scheinbar unkomplizierten, nicht teuren Policen lauern Fallen für den Verbraucher. Private Auslandskrankenversicherungen für den Urlaub in der Ferne gelten als Muss. Das sagt nicht nur die Assekuranz, das sagen auch Verbraucherschützer und andere, die kein geschäftliches Interesse daran haben. Früher schlossen viele diese Policen noch schnell beim Geldwechseln in der Sparkasse oder Bank ab, heute geht das sogar noch in letzter Sekunde am Flughafen. Kaum jemand hat dann den Nerv, sich im Detail mit den Versicherungsbedingungen zu befassen. Die sind aber von Anbieter zu Anbieter höchst unterschiedlich. Der eine lässt Verunglückte unverzüglich mit einem Hubschrauber aus der Bergspalte im Hochgebirge bergen und nach Hause bringen, der andere geizt schon bei einem normalen Transport wegen eines gebrochenen Beins. Aber die meisten Kunden wissen nicht einmal, dass es solche Unterschiede gibt. Wie sollen sie verschiedene Angebote unter einem Gesichtspunkt vergleichen, der ihnen unbekannt ist?

Das Prinzip der benannten Gefahren

Dabei wäre es so einfach, das Problem mit Klauseln und Kleingedrucktem zu lösen. »Mit Allgefahrendeckungen wäre der Verbraucher auf der sicheren Seite«, sagt Lars Gatschke, Versicherungsexperte beim Bundesverband der Verbraucherzentralen. Bei einer Allgefahrendeckung ist alles versichert, was im Vertrag nicht ausdrücklich ausgeschlossen ist. Für eine Hausratversicherung würde das bedeuten, dass das gesamte Inventar einer Wohnung gegen alles versichert ist. In Großbritannien sind solche Policen üblich. In Deutschland dagegen gilt das Prinzip der benannten Gefahren. Auch wenn viele Menschen glauben, dass ihre Hausrat- oder Wohngebäudepolice für alle Schäden aufkommt: Versichert ist nur das, was im Vertrag explizit genannt wird. Und selbst da gibt es Einschränkungen, die Verbrauchern oft nicht bewusst sind.

In der Hausrat- und Gebäudeversicherung sind in der Regel mindestens Feuer-, Sturm- und Leitungswasserschäden gedeckt, oft noch Weiteres wie Vandalismus. Kunden denken also, ihr Hab und Gut sei gegen Sturm geschützt, wenn in der Police Sturmschäden aufgeführt sind. Doch so mancher erlebt böse Überraschungen: Der Herbststurm erwischt die tollen neuen Gartenmöbel. Der Familienvater freut sich, dass er so vorausschauend war, den Komfortschutz beim Abschluss zu wählen, der Schäden an Gartenmöbeln einschließt. Trotzdem geht er leer aus. Der Sturm hatte nur ein Stärke von sieben. Pech gehabt. Der Versicherer zahlt erst ab Windstärke acht. Eine ähnlich ernüchternde Erfahrung mit seinem Versicherer machte ein Unternehmer aus Wesseling. Er wohnte erst ein paar Monate in seinem Eigenheim in dem Kölner Vorort, als es wie aus Kübeln schüttete. Durch das Kellerfenster drang Wasser in den frisch renovierten Hobbyraum. Die Versicherung zahlte nicht. »Ich dachte: Die spinnen ja wohl«, empört sich der Hausbesitzer. Aber der Versicherer war völlig im Recht. Das Wasser kam von draußen, die Gesellschaft kommt aber nur bei Leitungswasserschäden auf. Für Schäden durch Wasser bei Starkregen brauchen Eigentümer eine Elementarzusatzdeckung. Die hatte der Unternehmer nicht, und das hatte ihm auch keiner gesagt. Die Elementarschadenversicherung müssen Immobilienbesitzer haben, wenn sie nach einem Erdbeben, einer Überschwemmung, einem Starkregen oder einem anderen durch Naturgewalten verursachten Schaden vom Versicherer Geld sehen wollen.

Gerade in der Gebäudeversicherung warten viele Untiefen

auf Kunden. Gerade hier ist es besonders gemein. Viele legen sich ihr ganzes Erwerbsleben für das eigene Häuschen krumm. Sie wollen es als Altersvorsorge nutzen und es vererben. Sie hängen an ihrer Immobilie. Haben sie einen Schaden, leiden sie nicht nur finanziell. Brennt das Haus ab, muss der Kunde das Gebäude innerhalb von drei Jahren wieder aufbauen, sonst bekommt er nur den Zeitwert. Der Zeitwert ist das, was ein Gegenstand oder ein Gebäude zum Zeitpunkt der Zerstörung Wert ist. Der Neuwert dagegen ist die Summe, die der Eigentümer braucht, um etwa ein Haus durch ein gleichwertiges neues zu ersetzen. Ein neues Wohngebäude zu errichten kostet einige 100 000 Euro, ein abgewohntes kann durchaus einen Zeitwert von deutlich unter 100 000 Euro haben. Für Senioren kann die Wiederaufbaupflicht für ihr Haus ein Problem sein, sie bekommen möglicherweise wegen ihres Alters keinen Kredit für den Aufbau. Wo es geht, knausert die Assekuranz: Heimwerkern, die beim Wiederaufbau ihres Hauses selbst Hand anlegen, wollten Versicherer Geld abziehen. Diesen Versicherern hat der Bundesgerichtshof allerdings einen Strich durch die Rechnung gemacht. Der Versicherer darf nicht aus der Eigenleistung des Hausbesitzers Profit ziehen. Das Unternehmen muss ihn so entschädigen, als hätte er Handwerker beauftragt.

Mit einer Allgefahrendeckung wären Kunden viele Sorgen los. Vor allem wären sie wirklich geschützt. Als im März 2009 das Kölner Stadtarchiv einstürzte, wurden benachbarte Häuser mit in den Abgrund gezogen oder schwer beschädigt. Die Einsturzursache ist noch nicht genau geklärt. Sehr wahrscheinlich hängt der Einsturz mit Bauarbeiten für eine neue U-Bahn zusammen. Die privaten Gebäude- und Hausratversicherer waren für den Schaden nicht zuständig. Dass einem Mieter oder Eigentümer der Boden unter den Füßen weggezogen wird, ist nicht versicherbar. In so einem Fall können die Geschädigten nur darauf hoffen, dass jemand eine Spendenkampagne für sie organisiert. Denn bis geklärt ist, wer in solchen Fällen haften muss, vergehen oft Jahre. Oder die Öffentlichkeit blickt auf das Geschehen, dann können Geschädigte auf Kulanz hoffen. Von den 245 Anspruchstellern, die sich nach dem Einsturz des Kölner Stadtarchivs meldeten, haben 218 bis Ende November 2011 eine Entschädigung bekommen. Die Kölner Verkehrsbetriebe, der Bauherr der U-Bahn, hat aus Kulanz bezahlt, ihr Haftpflichtversicherer hat von der bislang gezahlten Entschädigungssumme in Höhe von 5,6 Millionen Euro 2,8 Millionen Euro übernommen. Von den Eigentümern der beiden zerstörten Gebäude ist einer mittlerweile voll entschädigt worden. Der andere bisher nicht, das Verfahren läuft noch.

Für die Assekuranz ist das Prinzip der benannten Gefahren gut. Damit lassen sich prima Geschäfte machen. »Das Zauberwort für die Versicherer heißt Alleinstellungsmerkmal«, sagt Versicherungsexperte Gatschke. »Die Versicherer versuchen irgendeine zusätzliche Komponente in die Verträge einzubauen, damit die Policen nicht vergleichbar sind.« Dem Kunden wird so ein Vertrag als etwas ganz Besonderes verkauft, das »Alleinstellungsmerkmal« rechtfertigt den höheren Preis. Das gilt auch für Zusatzleistungen für alle denkbaren Szenarien, wie die Unterbringung von Tieren im Notfall oder die Entfernung von Insektennestern. Ist das Haus an einer befahrenen Straße, sollten Schäden durch auf das Gebäude prallende Fahrzeuge versichert sein, empfehlen Vermittler. Bäume können auf Häuser stürzen, auch Solaranlagen müssen versichert sein. Wasserrohre sind ein großes Problem. Rohre mit abfließendem Wasser sind in vielen Verträgen nicht versichert. Platzt das Rohr, muss es ausgegraben werden. Es gibt so viele Zusatzmöglichkeiten wie denkbare Gefahren. Und an jeder klebt ein Preisschild.

Wenn sich der besorgte Hausbesitzer für all diese Zusatzkomponenten entscheidet und dann mit Entsetzen feststellt, was er dafür bezahlen soll, kommt der Vertreter mit einem tollen Vorschlag: die Eigenbeteiligung im Schadensfall. Die senkt den Preis für die Police. Doch die meisten Zusatzkomponenten werden damit oft hinfällig, ohne dass der Kunde es merkt. Die vorgesehene Kostenübernahme für diese Leistungen liegt häufig unter der Selbstbeteiligungsgrenze. Wer einen Selbstbehalt von 1000 Euro vereinbart, hat nichts davon, dass sein Vertrag einen Schlüsseldienst für den Fall der zugefallenen Haustür vorsieht. Schlüsseldienste sind zwar teuer, aber selten kosten sie mehr als 1000 Euro. Der Kunde muss dafür also selbst aufkommen. Das gilt für alle vereinbarten Serviceleistungen unterhalb der vereinbarten Eigenbeteiligung, von der Bienennestentfernung bis zur Reinigung des verstopften Abflussrohrs. »Der Verbraucher könnte dann in vielen Fällen gleich den Basisschutz nehmen, das wäre billiger«, sagt Gatschke. Bei einer Allgefahrendeckung könnten Kunden solche Tricks leichter durchschauen. Sie könnten Angebote besser vergleichen, weil die aufgeführten Ausschlüsse leichter zu verstehen sind als die Beschreibung des Schutzes im Vertrag. Heute gilt: Hat der Kunde die Beschreibung für einen bestimmten Schaden gefunden, sollte er nicht aufhören zu lesen. Er wird wahrscheinlich woanders im Vertrag auch noch fündig. An drei verschiedenen Stellen in ein und demselben Vertrag befanden sich in den alten Bedingungen für Hausratpolicen der HUK-Coburg die Regelungen zum Verlust von Bargeld. Das Vertragswerk war nicht nur besonders verbraucherfeindlich, es war branchenüblich. Das ist schlimm genug.

Verschlimmbesserung

Mittlerweile finden sich die Regelungen zum Bargeld bei den Hausratpolicen der HUK-Coburg an einem Ort im Bedingungswerk. Das ist das Resultat eines gemeinsamen Projekts des Versicherers mit der Verbraucherschutzorganisation Bund der Versicherten. Unter Beteiligung des ehemaligen Versicherungsombudsmanns und früheren Richters am Bundesgerichtshof Wolfgang Römer wollten die Projektpartner eine richtig schöne, verbraucherfreundliche Police bauen. Die Projektpartner haben die Versicherungsbedingungen gestrafft, neu gegliedert und die Sprache entrümpelt. Der Satzbau ist einfacher, die

Sätze sind kürzer. Es gibt mehr Relativsätze und weniger Substantive. Sätze mit mehr als 50 Wörtern wurden aufgelöst. Die Sätze sollen jetzt möglichst nicht mehr als 20 Wörter haben. Aus seiner langjährigen Erfahrung als Ombudsmann und Richter weiß Römer, dass Verbraucher Versicherungsbedingungen nicht durchschauen können, selbst wenn sie wollen. »Gerade an den entscheidenden Stellen sind sie für den Kunden unverständlich«, sagt Römer. Häufig wird Kunden erst im Schadensfall klar, welche Lücken der Versicherungsschutz hat – wenn der Versicherer mit Hinweis auf die Bedingungen nicht zahlt. Das kommt beim Kunden als Trick an, mit dem sich der Versicherer drücken will, sagt Römer. »Der Streit ist vorprogrammiert.«

Doch die Verbraucherschützer konnten sich nicht mit allen Wünschen bei der Neugestaltung der Versicherungsbedingungen der HUK-Coburg durchsetzen. Sie wollten unter anderem, dass die Bedingungen mit bildlichen Erklärungen in Form von Piktogrammen ergänzt werden. Darauf ließ sich der Versicherer nicht ein. Im Zweifel hat die juristische Genauigkeit Vorrang, an dieser Stelle sind Versicherer kompromisslos – das ist ja gerade das Problem. Diese Genauigkeit zahlt sich für die Versicherer aus. Gerade in der Hausratversicherung muss die Branche wenig für Schäden ausgeben. Die sogenannte Schaden-Kosten-Quote gibt darüber Auskunft, was unterm Strich für die Versicherer einer Sparte übrig bleibt. In der Hausratversicherung lag diese Quote im Jahr 2011 nach Hochrechnungen des Branchenverbands wahrscheinlich bei 79 Prozent. Das heißt, nach Abzug aller Ausgaben für die Schadenregulierung und die Verwaltung bleiben von jedem Euro, den Kunden mit einer Hausratpolice zahlen, 21 Cent Gewinn. Seit Jahren sind die Verhältnisse für die Versicherer so günstig. Preissenkungen im großen Stil hat es nicht gegeben. Der Kunde zahlt die offensichtlich zu hohen Preise. Er hat keine Wahl. Eine Hausratpolice gehört zu den Policen, deren Abschluss von allen Seiten empfohlen wird und wirklich sinnvoll ist.

Der große Wurf ist die neue Police der HUK-Coburg nicht.

Eher eine Verschlimmbesserung. Das Analysehaus Franke und Bornberg drückt das mit vornehmer Zurückhaltung aus. »Das Konzept der einfachen Verständlichkeit kann noch konsequenter umgesetzt werden. So umfasst das Vertragswerk jetzt mehr Seiten. Das kann auf den Leser auch abschreckend wirken und dazu führen, dass die Unterlagen trotz der moderneren Sprache nicht aufmerksam genug gelesen werden. Hilfreich wäre es, eine kurze und prägnante Zusammenfassung mit den wichtigsten Hinweisen beispielsweise zu den Unterschieden in beiden Produktlinien oder zu Ausschlüssen voranzustellen«, kritisiert Michael Franke vom Versicherungsanalysehaus Franke und Bornberg. Noch gravierender: Nach Auffassung des Analysehauses wird die Unterscheidung zwischen den beiden Produktlinien Basisschutz und Classic nicht deutlich genug hervorgehoben. »Hinweise darauf, dass einige Punkte der Vertragsbedingungen für das Produkt Basis nicht gelten, können leicht überlesen werden. Gerade die modernere Sprache hat sogar dazu geführt, dass die Testleser manche Aussagen in ihrer Bedeutung und Auswirkung unterschätzt haben«, lautet die vernichtende Kritik. Denn die Projektpartner wollten ja genau das Gegenteil erreichen. »Einige Zusatzoptionen der Hausratversicherung (zum Beispiel Fahrraddiebstahl, Elementarschäden) können im Basis-Produkt der HUK Coburg nicht versichert werden, dies geht aber aus den Versicherungsbedingungen nicht deutlich genug hervor«, urteilt das Analysehaus.

Selbst bei bestem Willen und guten Beratern scheint es nicht möglich zu sein, das Klauselkauderwelsch in eine für Verbraucher verstehbare und leicht zu durchschauende Form zu bringen. Innerhalb des Systems der benannten Gefahren ist das wohl auch gar nicht anders zu machen. Mit der Allgefahrendeckung dagegen wäre es sehr wohl möglich, dem Kunden klarzumachen, was er kauft. Aber die Branche kann sich für Allgefahrendeckungen nicht erwärmen. Der Gesamtverband der Deutschen Versicherungswirtschaft wäre die richtige Adresse für eine Änderung in diese Richtung. Der Verband erstellt Musterbedingungen für die Mitgliedsunternehmen. Die Gesellschaften können, aber müssen sich nicht daran orientieren. Aus dem Verband werden wohl in absehbarer Zeit keine Vorschläge für die Umstellung vom Prinzip der benannten Gefahren auf Allgefahrendeckungen kommen. »Allgefahrendeckungen wären teurer als die heutigen Verträge«, sagt der Hauptgeschäftsführer des Gesamtverbands der Deutschen Versicherungswirtschaft Jörg von Fürstenwerth. »Die Kunden müssten auch für das bezahlen, was sie gar nicht versichern wollen.« Auch der Versicherungswirtschaft ist klar, dass es angesichts der unverständlichen Bedingungswerke Handlungsbedarf gibt. Der Branchenverband hat dazu eine Initiative ergriffen. »Ein Sprachwissenschaftler überarbeitet derzeit im Pilotprojekt die Bedingungen für mehrere Sparten«, sagt von Fürstenwerth. Mit etwas mehr Fantasie könnten die Versicherer das Kostenproblem bei Allgefahrendeckungen lösen. »Sinnvoll wären Verträge nach dem Baukastenprinzip«, sagt Verbraucherschützer Gatschke. Kunden könnten je nach Bedarf Leistungen abwählen. Dann müssten sie nicht für das zahlen, was sie nicht haben wollen.

Ein gefühlte kleine Ewigkeit hatte Georg T. die Prämien für seine Gebäudeversicherung gezahlt. Nie hatte er sie in Anspruch genommen. Dann hatte er gleich zwei Wasserschäden im Badezimmer innerhalb weniger Wochen. Der Versicherer drohte mit Kündigung – es sei denn, Georg T. sei bereit, beim nächsten Schaden eine hohe Eigenbeteiligung zu tragen. »Letztendlich bleibt einem nichts anderes übrig, als so etwas zu akzeptieren«, sagt der Mitfünfziger. »Sonst kommt man noch auf die schwarze Liste.« Wie viele Kunden in dieser Lage fürchtete Georg T., dass er nach einer Kündigung seines Versicherers keinen neuen finden würde. Denn die Gebäudeversicherer sind wählerisch geworden.

In Zeiten, in denen die Versicherer Marktanteile gewinnen wollen, verbessern sie die Bedingungen gerne. Und sie senken die Preise. In der Gebäudeversicherung hat lange ein heftiger Wettbewerb unter den Anbietern geherrscht. Diese Policen gelten als »Türöffner« zum Kunden. Hat der Vertreter dem Hausbesitzer eine Police für dessen Immobilie verkauft, ist der Eigentümer erfahrungsgemäß oft bereit, andere Verträge bei dem Vermittler abzuschließen, etwa eine Lebensversicherung. Wegen dieser wichtigen Schlüsselfunktion gingen in der Gebäudeversicherung über Jahre die Preise zurück. Auch die Bedingungen verbesserten sich zugunsten der Kunden. Mittlerweile hat sich das Blatt gewendet. Die Gebäudeversicherer schreiben rote Zahlen. Sie gehen mit spitzem Bleistift durch ihre Bestände. Sie wollen Hauseigentümer loswerden, die sie Geld kosten. Die Gebäudeversicherer befinden sich, wie es so schön heißt, in einer Phase der Marktsanierung. Das bedeutet: Nach einem Schaden ist die Gefahr für Hausbesitzer groß, dass der Versicherer ihnen kündigt. Denn das Unternehmen will nicht noch einmal zahlen, auch wenn der Kunde schon ewig bei ihm unter Vertrag ist. Die »Marktsanierung« zeigt Folgen. Im Jahr 2010 haben die Wohngebäudeversicherer 4,1 Milliarden Euro für Schäden ausgegeben, 2011 werden es nach Hochrechnungen des Gesamtverbands der Deutschen Versicherungswirtschaft nur noch 3,7 Milliarden Euro sein. Das sind 10 Prozent weniger. Im Schnitt gaben sie 2010 pro eingenommenen Euro 12,2 zusätzliche Cent aus, 2011 werden es voraussichtlich nur noch 2 Cent sein. In solchen Marktphasen ist für Verbraucher das Kleingedruckte ganz besonders wichtig. Suchen Hausbesitzer einen neuen Versicherer, weil der alte ihnen gekündigt hat, haben sie es schwer. Sie müssen dem neuen Anbieter sagen, dass der Vorgänger den Vertrag beendet hat. Der Neue will sich nicht einhandeln, was der Alte loswerden wollte. Deshalb wird der Neue eine deutlich höhere Prämie nehmen oder weitreichende Ausschlüsse verlangen – im Kleingedruckten.

Mithilfe des Kleingedruckten schaffen die Versicherer es immer wieder, den Kunden Policen anzudrehen, die nicht im mindestens halten, was sie zu versprechen scheinen. Oder die so teuer sind, dass ein Verbraucher sich nicht auf sie einließe, wenn er sie durchschauen würde.

Mit Unsinn Geld verdienen: Restschuldversicherungen

Das Ehepaar aus Zwickau wollte seine Kredite neu ordnen. Deshalb nahm das Paar einen Kredit in Höhe von 30000 Euro auf. Weil die Bank ihm eine Restschuldversicherung unterjubelte, mussten die beiden schließlich mehr als 41000 Euro zurückzahlen. Mit Restschuldversicherungen sollen Kreditnehmer ihr Darlehen für den Fall absichern, dass ihnen etwas passiert und sie die Raten nicht mehr zahlen können – sagen die Banken. Wenn sie dem Kunden überhaupt etwas sagen. Dem Ehepaar aus Zwickau hatte die Bank nichts gesagt. Der Mitarbeiter hatte auf dem Antragsformular für den Kredit einfach das Feld für die Versicherung markiert, ohne die Kunden darauf aufmerksam zu machen.

Mit skandalösen Methoden werden Verbrauchern Restschuldversicherungen angedreht. Nicht nur in Deutschland. Auch in Großbritannien sind die Gebräuche rüde. Dort hat die Finanzaufsicht jedoch der Branche kräftig auf die Finger gehauen. Im Mai 2011 kündigten britische Großbanken wie Barclays, HSBS, Lloyds und RBS an, Verbraucher zu entschädigen, denen sie Restschuldversicherungen verkauft hatten. Aus der Portokasse kommt das Geld nicht, das die britischen Banken ihren Kunden zurückgeben: Es geht um bis zu 8 Milliarden Pfund, das sind etwa 9 Milliarden Euro. Die Banken hatten eine Machtprobe mit der Finanzaufsicht verloren. Die Finanzaufsicht hatte moniert, dass die Banken nicht auf Beschwerden von Kunden reagierten. Denn die hatten allen Grund zum Ärger. Die Banken schoben Kunden, die einen Kredit abschlossen, Restschuldversicherungen unter – ohne Wissen der Verbraucher, die diese Policen zahlen mussten. Die Banken schlagen die hohen Prämien für die Versicherung auf die Tilgungsraten für den Kredit auf und kassieren satte Provisionen. Die Kunden sehen nur die Gesamtsumme, die sie für das Darlehen monatlich zahlen müssen, und bemerken nicht, dass ein großer Teil für die unnütze Police abgezweigt wird.

Was in Großbritannien zu einem der größten Skandale in der Finanzbranche in den vergangenen Jahrzehnten geführt hat, stößt auch in Deutschland seit Langem auf Kritik. Aber hier passiert nichts. Immer wieder verkaufen Bank- und Sparkassenmitarbeiter Kunden diese Policen, mit denen angeblich ein Kredit abgesichert werden soll. Wäre das der wirkliche Grund, müsste mit dem Abschluss der Zinssatz für das Darlehen sinken. Aber das passiert nicht. Es geht nicht um Risikoabsicherung. Es ist einfach nur Abzocke. Banken und Sparkassen streichen hohe Provisionen ein, die Anbieter die hohen Prämien. Den Verbraucherzentralen liegen viele Fälle vor, in denen Konsumenten angeben, sie seien zu einem Abschluss gezwungen worden – sonst hätte man ihnen keinen Kredit gegeben, sagen sie. Doch die Banken und Sparkassen bestreiten das. Auch bei der Finanzaufsicht BaFin beschweren sich Kunden. Aber die Aufsicht sieht sich nicht dazu in der Lage, etwas dagegen zu tun. In den Verträgen, die die Kunden unterschrieben haben, steht nichts von dieser Erpressung. Kunden müssen unterschreiben, dass sie selbst die Policen haben wollten.

Vor allem denjenigen, die sich eine überteuerte Versicherung überhaupt nicht leisten können, werden Restschuldversicherungen oft aufgedrängt. Zu den Schuldnerberatungen kommen immer wieder Klienten, die solche Policen haben. »Gerade Kunden, die nicht solvent sind und die einen Kredit haben wollen, bekommen ihn nur, wenn sie so einen Vertrag abschließen«, sagt Heinrich Wilhelm Buschkamp von der Schuldnerberatung Bielefeld. Er koordiniert die Arbeit der Schuldnerberatungsstellen in Nordrhein-Westfalen für den Deutschen Paritätischen Wohlfahrtsverband. »Damit werden die Kunden über den Tisch gezogen«, sagt er. Den Banken geht es nur darum, die Verträge abzuschließen und so das Geld hereinzuholen – nicht um die Absicherung des Risikos. »Das ist unmoralisch«, findet der Schuldnerberater. Viele Überschuldete sind extrem verunsichert, viele kommen aus bildungsfernen Schichten. Sie blicken mit Angst in die Zukunft. Ein Kredit bei der Bank oder Sparkasse erscheint ihnen wie der rettende Strohhalm – und ist genau das Gegenteil. Die Verkäufer am Schalter haben leichtes Spiel.

Aus Sicht der Verbraucherschützer gibt es allerdings gute und schlechte Restschuldversicherungen. Gute dienen der Absicherung zum Beispiel von Krediten zur Immobilienfinanzierung. Sie finden ihre Zustimmung, wenn sie in Form einer reinen Risikolebensversicherung abgeschlossen werden, deren Deckungssumme nach und nach fällt. Auf harsche Kritik stößt die Restschuldversicherung, mit der Konsumentenkredite in vier- oder fünfstelliger Höhe abgesichert werden. Diese Darlehen nehmen Kunden häufig in Anspruch, um sich neue Möbel oder ein Auto zu kaufen. Bank und Versicherer bereichern sich mit Geld, das oft von Leuten stammt, die ohnehin kein Geld haben und deshalb überhaupt erst einen Kredit aufnehmen müssen. Die Idee dieses lukrativen Geschäftsmodells: Der Versicherer springt ein, wenn der Kunde stirbt oder wegen Arbeitsunfähigkeit oder Erwerbslosigkeit die Raten nicht mehr zahlen kann. Große Anbieter auf diesem Feld sind die Talanx mit den Töchtern Neue Leben, TARGO Versicherungen und PB Versicherungen und die öffentlich-rechtlichen Versicherer wie die Provinzial-Gesellschaften und die Versicherungskammer Bayern, die über die Sparkassen verkaufen. Öffentlich-rechtliche Versicherer gehören, wie der Name schon sagt, der öffentlichen Hand. Anteilseigner sind Sparkassen oder Kommunalverbände. Man könnte die Erwartung haben, dass diese Versicherer eine besondere gesellschaftliche Verantwortung zeigen, aber das ist nicht der Fall. In ihrer Geschäftspolitik unterscheiden sie sich nicht von den Aktiengesellschaften oder den Versicherungsvereinen. Auch die R+V, die zum Lager der Volks- und Raiffeisenbanken gehört, spielt bei Restschuldversicherungen groß mit.

Je nötiger ein Kunde den Kredit braucht, desto besser wirkt die Drohung, dass es ohne Police auch kein Darlehen gibt. Sich unter verschiedenen Anbietern einen auszusuchen, geht nicht. Die Versicherer vereinbaren mit den Banken Exklusivkooperationen, Policen von Konkurrenten kommen also nicht ins Haus.

Für den Kunden hat das fatale Folgen. »Die Policen sind extrem teuer«, sagt Andrea Heyer, Finanzexpertin der Verbraucherzentrale Sachsen. Für die Verbraucherzentralen handelt es sich um »modernen Kreditwucher«. Kunden müssen die Prämie oft auf einen Schlag als sogenannte Einmalprämie zahlen. Sie liegt häufig bei über 25 Prozent der Kreditsumme, in extremen Fällen sogar bei über 30 oder 40 Prozent. Immer wieder wehren sich Kreditnehmer, die sich betrogen fühlen. Und ihre Chancen, vor Gericht recht zu bekommen und zu erreichen, dass die Verträge rückabgewickelt werden – sie also die gezahlten Prämien retour bekommen –, sind nicht schlecht. Aber dazu muss ihnen erst einmal auffallen, dass sie sie gezahlt haben.

Die empörenden Verhältnisse sind offensichtlich. Aber niemand fällt den Anbietern in den Arm. Die Verbraucherzentralen haben der Finanzaufsicht vor einigen Jahren rund 200 skandalöse Fälle übermittelt. Nichts ist geschehen. Kein Wunder, dass die Anbieter von Restschuldversicherungen immer dreister werden. Die Unternehmen verschlechtern die ohnehin ungünstigen Bedingungen noch weiter. Der Bundesverband der Verbraucherzentralen hat den Versicherer Credit Life International N.V. abgemahnt, der mit der Santander Consumer Bank Restschuldversicherungen verkauft, die hier Ratenschutzversicherungen heißen. Der Versicherer Credit Life International N.V. sitzt im niederländischen Venlo und ist eine Tochter der Rheinland Versicherungsgruppe in Neuss. Der Grund für die Abmahnung: Der Versicherer versucht, den Kunden für mindestens drei Jahre an den Vertrag zu binden. Das gilt auch dann, wenn er das Darlehen vorzeitig zurückzahlt, der vorgesehene Versicherungsfall also gar nicht mehr eintreten kann.

Policen bei Penny

Versicherer verkaufen ihre Policen nicht nur über haupt- oder nebenberufliche Vermittler und Banken. Auch Einzelhändler sind beliebte Partner. Bei C&A gibt es Versicherungen, im Autohaus auch, beim Fahrradhändler ebenso und im Reisebüro erst recht. Die Händler bekommen dafür gute Provisionen. Die Versicherer wissen, dass die Empfehlung von einem Fachmann oder einer Fachfrau schwer wiegt. Eben weil sie für den Kunden in dieser Funktion in Erscheinung treten und nicht als Versicherungsvermittler oder je nach Rechtsstatus als »Tippgeber«, was sie aber sind. Tippgeber sind formal gesehen keine Vermittler, sondern weisen Kunden »nur« auf Verträge hin. Dafür sind die Versicherer bereit, gut zu zahlen, genauso wie für die Leute am Bankschalter.

Der Trend, im Einzelhandel immer neue Partner zu finden, ist offenbar gebrochen. Der Kaffeeröster Tchibo hat den Verkauf von Policen des Direktversicherers Asstel aufgegeben – es hat sich einfach nicht gelohnt. Nach anfangs gutem Absatz ist das Interesse der Kaffeetrinker an den Policen der Tochter des Kölner Versicherers Gothaer erlahmt. Man hat sich getrennt. Tchibo setzt jetzt auf Mobilfunk und Ökostrom. Asstel hat neue Partner, zum Beispiel eine Vertriebsvereinbarung mit der Internet-Apotheke DocMorris. Die Düsseldorfer Gesellschaft ARAG hat gemeinsam mit der Rheinland Versicherung probeweise über den Discounter Plus die »Deutschland-Rente« angeboten. Zuvor hatte ARAG ebenfalls als Test über die Einzelhandelskette Penny Verträge verkauft. Dabei hat der Kunde die »ARAG Kids&Klar Kinderschutz«, eine kombinierte Unfall- und Rechtsschutzpolice, im Laden mit 49 Euro bezahlt und einen Umschlag bekommen. Per Fax, Internet oder Post konnte er den Vertrag zu Hause »aktivieren«, die dazu erforderliche Pin-Nummer erhielt er auch im Laden. Später wurde das Projekt allerdings gerichtlich untersagt, weil der Handelskonzern Rewe, zu dem Penny gehört, als Versicherungsvermittler aufgetreten sei. Wer Versicherungen vermittelt, braucht dafür eine Gewerbeerlaubnis. Und da Penny die Policen nicht umsonst feilgeboten hat, sondern Provisionen dafür bekam, handelte es sich nach Auffassung des Gerichts eindeutig um eine Vermittlung.

Andere Allianzen scheiterten schon vor dem Beginn der Zusammenarbeit. Mit der HUK-Coburg und Schlecker klappte es nicht. Eine Kooperation zwischen ALDI und SIGNAL IDUNA kam ebenfalls nicht zustande. Das Scheitern schrieb sich der Bundesverband Deutscher Versicherungskaufleute (BVK) als Erfolg auf die Fahnen. »Damit waren wir mit unserem Protest sehr erfolgreich«, erklärte dessen Präsident Michael Heinz, nachdem das Platzen des Plans bekannt wurde. »Der Rückzug von ALDI aus der Kooperation mit der SIGNAL IDUNA zeigt, dass die Position der Versicherungskaufleute Gewicht hat und die Kritik des BVK gehört wird.« Mit den Plänen zur »Verramschung von Versicherungen« hätte ALDI seinen Kunden einen Bärendienst erwiesen, erklärte der Verband: »Denn Versicherungen sind im Unterschied zu Kaugummi und Chips hochkomplex und beratungsintensiv.«

Das Beratungsargument ist fast lustig. »Vor diesem Hintergrund ist es uns unverständlich, wie ein angesehenes Unternehmen wie die SIGNAL IDUNA ihre qualifizierten Vermittler hintergeht und ihre eigenen Versicherungsprodukte ohne Beratung verhökert«, schimpfte Heinz.[45] Als würde es den Vertretern nicht vor allem um die eigenen wirtschaftlichen Interessen gehen. Für Versicherer und Einzelhändler sind Kooperationen nicht nur aus rechtlicher Hinsicht wegen der strengen Aufsichtsregeln heikel. Unternehmen mit eigenen Vertretern müssen den Aufstand der Fußtruppen fürchten. Auch unabhängige Vermittler freuen sich nicht über die Konkurrenz. Im Einzelhandel gibt es keine wirklich professionelle Beratung, sagen sie. Das stimmt in den allermeisten Fällen. Aber wer sich die »Beratung« vieler Vertreter ansieht, kommt zu dem Schluss, dass keine Beratung manchmal vielleicht besser ist als eine falsche. Der Fahrradhändler verkauft zur Verkehrsrechtsschutzversicherung nicht auch eine Lebensversicherung, und die Kassiererin bei ALDI wird dem Kunden sicher nicht zwischen Scannen und Wechselgeldzählen eine fondsgebundene Altersvorsorge andrehen wollen.

Garantieversicherungen

Der Handel verkauft auch Policen, bei denen er nicht im Wettbewerb mit den klassischen Vertriebsorganisationen steht. Zum Beispiel teure Verträge, mit denen die Garantie bei Elektrogeräten verlängert wird. Die Händler bekommen dafür von den Versicherern hohe Provisionen. Die Prämien sind saftig, 20 bis 25 Prozent des Neupreises auf einen Schlag sind nicht selten. Es funktioniert im Prinzip wie bei den Restschuldversicherungen. Dem Kunden fällt es oft nicht auf. Bei monatlichen Zahlungen kann es vorkommen, dass die Prämien den Neupreis sogar übersteigen. Dabei sind die Policen in den allermeisten Fällen für den Kunden die reine Geldvernichtung. Statistiken zeigen, wann die Wahrscheinlichkeit am höchsten ist, dass Apparate streiken. In den meisten Fällen gehen elektronische Geräte kaputt, wenn die gesetzliche Gewährleistungsfrist noch gilt. Der Händler muss den Schaden also sowieso ersetzen. Gibt es keinen frühen Schaden, ist ein sehr später wahrscheinlich. In der Zwischenzeit, jener Spanne, in der die Versicherung greifen soll, ist ein Schaden eher unwahrscheinlich.

Vielfach ersetzen die Versicherer auch nur den Zeitwert, und der sinkt schnell. Im Kleingedruckten finden sich oft Zusatzklauseln, die eine Regulierung des Schadens in bestimmten Fällen ausschließen. Ein großer Anbieter von Garantieversicherungen ist der Hannoveraner Versicherer Wertgarantie. Zu den Vorstandsmitgliedern gehörte wie bereits erwähnt FDP-Spitzenfunktionär Patrick Döring. Das Unternehmen hat nach eigenen Angaben 1,5 Millionen Kunden und 5400 Fachhändler als Partner. Das Geschäft boomt. Wertgarantie verkauft auch Handy-Versicherungen. Davon raten Finanzexperten energisch ab. Denn diese Policen sind teuer. Die von Wertgarantie übernehmen die Reparaturkosten und keineswegs die gesamten Anschaffungskosten für ein neues Gerät, falls das alte kaputtgeht.

Im Ausnahmefall mag sich die eine oder andere Police vielleicht lohnen, die für die Masse der Kunden überflüssig ist. Angeboten werden diese abstrusen Verträge aber für den Massenmarkt, nicht für die Ausnahme. Sonst würde sich schon die Produktentwicklung nicht lohnen. Das gilt für den traditionellen Unsinn genauso wie für den »innovativen«. Als »innovativ« gelten Angebote gerne, wenn der Versicherer mit ihnen auf gesellschaftliche Entwicklungen oder neue technische Möglichkeiten reagiert. Immer mehr Menschen geben immer mehr Geld für teure elektronische Geräte aus. Sie haben den Wunsch, ihr kostbares Eigentum zu schützen. »Sicherheit von Gasherd bis Smartphone«, verspricht die Düsseldorfer ARAG Versicherung. Dafür will sie viel Geld: Wer sein mobiles Navi oder Smartphone absichern will, muss knapp 20 Euro im Monat zahlen. In Kombination mit einer Hausratversicherung gibt es einen Nachlass. Das ist auch das Mindeste: Die Geräte sind unter bestimmten Umständen sowieso schon über die Hausratversicherung versichert, etwa wenn ein Einbrecher das Teil klaut.

Welcher Versicherungsschutz nötig ist, ist auch eine Frage des individuellen Sicherheitsbedürfnisses. Es soll Menschen geben, die können nur ruhig schlafen, wenn sie allen denkbaren Risiken eine Police aus ihrem Versicherungsordner zuweisen können. Aber das sind Ausnahmen. Wie die Verkäufer schon sagen: Versicherungen werden nicht gekauft, Versicherungen werden verkauft. Preist niemand die Verträge aktiv an, kauft sie keiner. Angst machen ist die Devise bei vielen Anbietern, nicht nur bei den großen Themen Alter und Krankheit. Der gemeine Trick: Gefahren, die bereits durch andere Policen gedeckt werden, werden zu Lebensrisiken aufgeblasen. Insassenunfallversicherungen decken etwas ab, was der Autohalter bereits mit seiner Kfz-Haftpflicht-Police versichert hat. Geschieht einem Bei- oder Mitfahrer bei einem Unfall etwas, kommt die Haftpflichtversicherung des Halters dafür auf, auch wenn er selbst den Schaden verursacht hat. Trotzdem haben Millionen von Fahrzeugbesitzern eine Insassenunfallversicherung. Sie wollen auf Nummer sicher gehen und nicht riskieren, dass anderen nach einem Unfall womöglich nicht geholfen wird. Mit der Angst, anderen etwas aufzubürden und für diesen Fall keine Vorsorge getroffen zu haben, setzen auch die Anbieter von Sterbegeldversicherungen Kunden unter Druck.

Renditegrab Sterbegeldversicherung

Nichts ist umsonst, auch am Tod klebt ein Preisschild. Oder besser: an der Beerdigung und an allem, was damit zusammenhängt. Mit Unbehagen denken gerade Ältere nicht nur an den eigenen Tod, sondern an die Kosten danach. Wer wird die Beerdigung zahlen? Wird das Geld dafür reichen? Werden sie den Kindern oder Enkeln mit ihrem Tod zur Last fallen? Wird die Trauerfeier würdig gestaltet sein? Und wer pflegt das Grab? Fragen, die die Assekuranz ihre Vertreter nur allzu gerne stellen lässt oder die sie in Anzeigen und Werbebroschüren an Verbraucher stellt, bevorzugt an die im fortgeschrittenen Alter. Die Versicherungswirtschaft hat Antworten auf diese Fragen, die manchen Senioren tatsächlich den Schlaf rauben mögen: Sie lauten Sterbegeldversicherung und Bestattungsvorsorge. Diese Verträge sind lukrativ. Für die Unternehmen. Für die Kunden sind sie ein Renditegrab, sagen unabhängige Finanzexperten. Doch hier geht es gar nicht um Rendite, sondern um ein gutes Gefühl, sagen die Versicherer.

Die Prüfer der Stiftung Warentest kommen immer wieder zu dem Ergebnis, dass für Kunden ab 65 Jahren die Policen zu teuer sind. In der Regel zahlen sie mehr ein, als die Angehörigen nach ihrem Tode erhalten. Oft bewegen sich die Versicherungssummen um 5000 Euro, die Kunden zahlen aber mehr ein, wenn sie das Ende der Vertragszeit erleben. Wer damit rechnet, bald zu sterben, sollte erst recht keine Police abschließen. Denn die meisten Versicherer wollen vor dem Abschluss wissen, wie gesund der Kunde ist. Schwerkranke nehmen sie nicht. Lügen lohnt sich nicht, die Wahrscheinlichkeit ist groß, dass der Versicherer das herausbekommt und nicht zahlt. Üblich sind bei vielen Anbietern auch Wartezeiten nach dem Abschluss. Stirbt der Kunde vor Ablauf dieser Frist, das können bis zu 36 Monate sein, bekommen die Angehörigen nur das, was nach Abzug der Kosten von den Prämien übrig geblieben ist. Da ist das Geld auf dem Sparbuch besser aufgehoben.

Wieder einmal ist es eine Leistung, die aus den Sozialsystemen getilgt worden ist. Das macht den Versicherern den Verkauf leichter. »Achtung: Gesetzliche Leistungen gestrichen«, ließen die damaligen KarstadtQuelle Versicherungen, heute ERGO Direkt, 2006 auf Postwurfsendungen mit Werbung für ihre Sterbegeldversicherung drucken. Auch heute werben die Anbieter noch damit, dass die Leistung vor vielen Jahren aus dem Leistungskatalog der Krankenkassen genommen wurde. Seit 2004 zahlen die Krankenkassen überhaupt kein Sterbegeld mehr, schon vorher war es auf rund 500 Euro gekürzt worden. Die Versicherer spielen mit der Angst gerade von Senioren, dass die Kinder das Geld für die Beerdigung aufbringen müssen. Selbst wer schon lange keine Verbindung zum eigenen Nachwuchs oder entfernten Angehörigen mehr hat, wird in Unruhe versetzt. Die Uelzener Versicherungen appellieren geschickt an die Schamgefühle potenzieller Kunden. »Heute müssen im Trauerfall die Angehörigen allein für die anfallenden Kosten aufkommen. Das geht so weit, dass selbst bei einem ausgeschlagenen Erbe oder jahrelangem, nicht vorhandenem Kontakt zu den Angehörigen die Städte und Gemeinden per Bußgeldbescheid die von ihnen verauslagten Bestattungskosten von den Erben zurückfordern«, heißt es in ihrem Werbeprospekt »BestattungsVorsorge«.

Die Versicherer locken mit Hilfen bei der Abfassung des Testaments oder mit Checklisten, Vollmachten und wichtigen Adressen. Das funktioniert hervorragend. Hunderttausende von

Kunden schaufelten sich nach der Streichung des Sterbegelds ein Renditegrab und unterschrieben solche Verträge. Die kritische Position der Stiftung Warentest zur Sterbegeldversicherung wird ignoriert oder für eigene Zwecke missbraucht. ERGO Direkt benutzt in der Werbung für die Sterbegeldversicherung das Heft »Bestattungen« der Stiftung Warentest. Um zu demonstrieren, was eine Beerdigung kostet, führt der Direktversicherer auf seiner Internetseite eine Tabelle aus dem Heft an. Der unbedarfte Leser muss den Eindruck bekommen, die Stiftung Warentest empfehle die Policen. Davon, dass die Verbraucherschützer vom Kauf abraten, findet sich nichts auf der Homepage des Direktversicherers.

Sterbegeldversicherungen werden auch über Bestattungshäuser verkauft. Diese Unternehmen können über die Policen Kunden an sich binden. Die Versicherung abzuschließen und schon einmal die späteren Dienstleistungen zu vereinbaren, liegt bei einer Sterbegeldpolice nahe. Die Nürnberger Versicherungsgruppe hat einen Kooperationsvertrag mit dem Bundesverband Deutscher Bestatter, dem nach eigenen Angaben mehr als 3500 Bestatter angehören. Das sind 80 Prozent der in Deutschland tätigen Beerdigungsunternehmen. »Auch Unvorstellbares lässt sich regeln«, heißt es im »Kundeninfo« der Nürnberger. Und zwar in vier Preisstufen. Die Höchste mit einer Versicherungssumme von 12 500 Euro ist für Individualisten gedacht. »Die Leistungen können Sie nach Ihren Vorstellungen gemeinsam mit dem Bestattungsinstitut gestalten und festlegen«, wirbt die Nürnberger. Außerdem gibt es Grabpflegepakete in verschiedenen Preisvarianten. Auch hier ist die Kooperation mit den Bestattern für den Versicherer von Vorteil. Der Berliner Versicherer Ideal hat gleich eine eigene Bestatterkette, das Unternehmen Ahorn. »Damit eine würdevolle Bestattung nicht an finanziellen Engpässen scheitert, empfiehlt sich eine eigenverantwortliche Vorsorge. Mit Ihrer heutigen Entscheidung können Sie Ihren Angehörigen für die Zukunft Sorgen und Nöte abnehmen«, bewirbt der Versicherer seine Sterbegeldversicherung. Hier zahlt ein Fünfundsechzigjähriger, der eine lebenslange Sterbegeldversicherung über 5000 Euro im Todesfall abschließt, mehr als 38,50 Euro im Monat. Den Beitrag muss er 20 Jahre lang zahlen. Lebt er dann noch, hat der Versicherer mehr als 9000 Euro von ihm bekommen – aber die Angehörigen bekommen 5000 Euro plus Verzinsung, insgesamt aber weit weniger als die gezahlte Summe. Für eine Frau würde der Preis bei 30,20 Euro liegen. Sie würde immerhin noch mehr als 7000 Euro bei Vertragsende gezahlt haben. Ab Ende 2012 dürfen Versicherer keine nach Geschlecht unterschiedenen Tarife mehr anbieten, das verbietet eine EU-Regelung. Beobachter erwarten nicht, dass die Preise für das Geschlecht sinken, das jetzt mehr zahlt als das andere. Die Versicherer werden mit großzügigen Sicherheitszuschlägen kalkulieren, sodass außer ihnen keiner etwas von der neuen Regelung hat.

Der Berliner Seniorenversicherer will die ganze Wertschöpfungskette von der Versicherung bis zur Grablegung abdecken. Die »Bestattungsvorsorge« gibt es in vier Preisstufen von »Basis« mit einer »Vorsorgesumme« von 3000 Euro mit der »Abschiednahme im engsten Familienkreis« bis zur Variante »Prestige« mit einer »Vorsorgesumme« von 7500 Euro mit einer großen Trauerfeier im festlichen Rahmen. An alles hat das Unternehmen gedacht, um die Wertschöpfungskette voll ausschöpfen zu können. Sollte der Kunde Angst haben, sich eines Tages die Beiträge zur Sterbegeldversicherung nicht mehr leisten zu können, weil seine Rente und sein Vermögen für seine Pflege verbraucht werden, kann er eine spezielle Pflege-Zusatzversicherung abschließen. Wird er als Pflegefall in die Pflegestufe II oder III eingestuft, muss er die Prämie für die Sterbegeldversicherung nicht mehr zahlen.

Für jeden Anlass etwas

Die Abteilungen für Produktentwicklung der Unternehmen bestehen aus lauter Spezialisten für alle denkbaren Eventualitäten. Ihre Fantasie kennt keine Grenzen. Von der Wiege bis zur Bahre, von der krankheitsgefährdeten Katze bis zur Absicherung der Internatskosten für den Fall der Arbeitslosigkeit des Manager-Vaters – für jeden denkbaren Anlass, jede Angst, jede Befürchtung hat die Versicherungswirtschaft etwas in petto. Ein Nervenschonprogramm, von dem nur die Assekuranz profitiert. Selbst für nervöse Brautpaare und angehende verpartnerte Lebensgemeinschaften hat die Branche ein spezielles Angebot. Versicherer bieten sogenannte Hochzeitspolicen an für den Fall, dass die aufwändig geplante Feier ausfallen oder verschoben werden muss, etwa wegen Tod, Unfall oder Krankheit der Brautleute, der Eltern oder der Trauzeugen. Der Versicherungsmakler Aon verkauft solche Policen für die Talanx-Tochter HDI-Gerling. Dort ist sie übrigens nicht im Privatkunden-, sondern im Industriekundengeschäft angesiedelt – weil die Verträge in die Sparte Ausfallversicherung gehören. Können wichtige Gäste wegen der Sperrung des Luftraums aufgrund eines Vulkanausbruchs nicht anreisen, zahlt der Versicherer die Kosten für die Verschiebung. Die vom Einbrecher geklauten Trauringe ersetzt er ebenso wie das verbrannte Brautkleid. Die wirklichen Risiken des Lebens bleiben wieder einmal außen vor: Hat die Braut ihr Kleid Monate vor der Hochzeit gekauft und inzwischen einige Pfunde zugelegt, gibt es keine Entschädigung. Billig ist der Spaß nicht. Für die Basisdeckung in Höhe von 15 000 Euro zahlen Kunden einmalig stolze 340 Euro.

Nervenschonung muss man sich leisten können, aber dann braucht man eigentlich auch keine Versicherung mehr. Auch andere Anbieter wie die Hanse Merkur und die Helvetia füllen sich mit so etwas die Kassen. Mit solchen Policen können Interessierte auch die Feier zur Gold- oder Silberhochzeit versichern. Doch so weit kommen viele gar nicht. Wer nach dem

Jawort an die finanziellen Folgen einer Trennung denkt, kann auf die Scheidungs-Rechtsschutzpolice des Düsseldorfer Familienunternehmens ARAG setzen. Die handelsüblichen Verträge schließen Scheidungskosten aus. Paare müssen mindestens drei Jahre verheiratet sein. Sonst nützt auch der Zusatzbaustein von der ARAG nichts.

Auch am Nachwuchs wollen die Unternehmen gut verdienen. Omas und Opas sollen zur Geburt von Enkeln völlig überteuerte Ausbildungs- und andere Sparverträge abschließen. Am liebsten würden die Versicherer jedem Elternteil, das sich ehrenamtlich im Verein für den Erhalt des Stadtteil-Spielplatzes engagiert, eine D&O-Versicherung andrehen. Mit der Directors' and Officers' Liability können Unternehmen ihre Topmanager dagegen versichern, dass diese für einen Fehler im Beruf mit ihrem persönlichen Vermögen haften müssen. Einer breiten Öffentlichkeit bekannt wurden diese Verträge als »Puff-Policen«. Der US-amerikanische Versicherer AIG – ja, das ist der einst größte Versicherer der Welt, der mit versicherungsfremden Geschäften einen Riesen-Crash hingelegt hat und vom amerikanischen Steuerzahler gerettet werden musste – zahlte für die Verfehlungen von Peter Hartz als VW-Vorstand. Hartz hatte unter anderem Lustreisen für Betriebsräte organisiert. Für den Schaden, den er VW zugefügt hat, bekam das Unternehmen eine Entschädigung in Millionenhöhe von AIG. Das Topmanagement in Deutschland ist mit solchen Policen eingedeckt, jetzt stürzen sich die Anbieter auf die Geschäftsführer in kleineren Unternehmen. Wie groß das Risiko überhaupt ist, dass ein Geschäftsführer belangt wird, weiß kein Mensch. Die Versicherer weigern sich hartnäckig, Zahlen zu Ausgaben für Schäden zu veröffentlichen. Aber dafür malen sie die Gefahren gerne groß aus – für die Führungskräfte kleiner Firmen ebenso wie für ehrenamtlich Tätige in Vereinen, Verbänden und Stiftungen.

Auch und gerade Gewerbetreibende sind im Visier der Produktentwickler. Kaum gibt es ein neues Gesetz, gibt es auch den passenden Versicherungsschutz. Eigentlich braucht jeder Friseursalon eine Umweltschaden-Haftpflicht-Police. Neuerdings müssen Schäden, die man der Natur angetan hat, wiedergutgemacht werden. Coiffeure hantieren bekanntlich mit gefährlichen Chemikalien. Killen sie versehentlich die benachbarte Hamsterkolonie, wird es teuer. Oder das Antidiskriminierungsgesetz: Seit Inkrafttreten des Allgemeinen Gleichbehandlungsgesetzes 2006 haben Menschen, die diskriminiert werden, Anspruch auf eine Entschädigung. In den USA ist das schon lange so, dort können Menschen aufgrund einer Diskriminierung hohe Schadensersatzforderungen stellen und nicht selten durchsetzen. Für die Versicherungswirtschaft war das ein hervorragender Ansatz, um schillernde Angstszenarien zu entwerfen. Die sogenannten AGG-Versicherungen versprachen Beruhigung. Besonders gut lief der Absatz beim Versicherer R+V, der seine Verträge über die Volks- und Raiffeisenbanken verkauft und über sie einen guten Draht zu kleineren und mittelgroßen Unternehmen hat. Das Besondere an dem Gesetz ist, dass Arbeitgeber Beschäftigte auch vor der Diskriminierung von Kollegen schützen müssen. »Ein unbedachter Lapsus kann für das Unternehmen teuer werden«, hieß es in den Werbematerialien der R+V, die den Beschäftigten ihrer Kunden offenbar einiges zutraute, wie die Beispiele für potenzielle Versicherungsfälle zeigen: »In der Firma gibt es einen homosexuellen Kollegen, niemand ruft ihn beim Namen, alle nennen ihn nur ›Schwuchtel‹« oder »Ein farbiger Mitarbeiter wird in der Firma nur ›Choco Crossie‹ gerufen«.

Die Versicherer haben nicht nur AGG-Policen verkauft, sondern Unternehmen auch Schulungen angeboten. Mit speziellen Präventionsstrategien sollten Personalverantwortliche und andere lernen, was sie dürfen und was nicht. Im Hause R+V selbst hat das offenbar nicht viel gebracht. Die von den Versicherungsunternehmen vorausgesagte Prozesswelle wegen Diskriminierung ist bislang ausgeblieben. Deutsche Firmen schlagen sich nicht massenhaft mit Ansprüchen herum, die schlecht behandelte Beschäftigte stellen. Für Aufsehen sorgte aber ein Fall, bei dem eine Mitarbeiterin ausgerechnet die R+V verklagte.

Die Außendienstmitarbeiterin Sule Eisele-Gaffaroglu zog vor Gericht, weil sie nach der Rückkehr aus dem Mutterschutz nicht an ihren alten Posten zurückkonnte, sondern einen schlechteren bekam. Ihren alten Platz hatte ein deutschstämmiger Mitarbeiter bekommen. Sie verlangte die für deutsche Verhältnisse gigantische Summe von 433 000 Euro Schadensersatz für das geringere Einkommen sowie ein Schmerzensgeld von 44 000 Euro. Die Richter des Arbeitsgerichts Wiesbaden stellten eine Benachteiligung der Frau aufgrund ihres Mutterschaftsurlaubs und damit ihres Geschlechts, keine wegen ihrer Herkunft fest. Trotz der festgestellten Diskriminierung fiel die Entschädigung angesichts der geforderten Summe gering aus. Die studierte Germanistin bekam rund 10 800 Euro. In den USA hätte das sicher anders ausgesehen.

Neue Situationen erfordern neue Policen. Der Direktversicherer CosmosDirekt reagierte auf die Veränderung der Haftung beim Missbrauch von EC- oder Kreditkarten. »Bringen Sie Ihr Geld in Sicherheit«, wirbt der Versicherer, der nach eigener Aussage ja »nicht verkauft, sondern gekauft wird«: »Schnell ist es passiert – ein Taschendieb entwendet Ihre Kreditkarte und kauft auf Ihre Kosten ein. Oder ein Krimineller verschafft sich online Zugang zu Ihren Kontozugangsdaten und transferiert Geld von Ihrem Konto.« Der Versicherer spielt mit der Angst vor Internetkriminalität. Er flankiert sein Angebot mit Pressestimmen, in denen die Rede ist vom »Betrugsboom beim Onlinebanking«. Für das neue Angebot hat Vorstandschef Peter Stockhorst gar den »Innovationspreis« namens »Goldener Bulle« von Axel Springer Financial Media entgegennehmen dürfen.

Der Hintergrund für das neue Angebot war die Verschärfung der Haftung zuungunsten der Kunden durch die EU-Zahlungsdienste-Richtlinie. Verlieren Bankkunden ihre Kontokarte und Kriminelle räumen damit ihr Konto leer, haften sie mit bis zu 150 Euro. Banken können aber auch eine geringere Selbstbeteiligung vorsehen. Hat sich der Kunde jedoch grob fahrlässig verhalten, bleibt er auf dem vollen Schaden sitzen. Von einer groben Fahrlässigkeit gehen die Geldinstitute aus, wenn der Dieb die Geheimnummer oder die Transaktionsnummer benutzt. Der Kunde steht dann vor der Herausforderung zu beweisen, dass er keinen groben Fehler begangen hat. Das ist schwer. CosmosDirekt setzt an der Angst vor so einer Lage an. Der »Kontoschutzbrief« kommt für Schäden auf, die durch Missbrauch durch das Abheben von Geld am Automaten durch Diebe und durch bargeldloses Bezahlen von Waren beim Online-, Telefon- oder E-Mail-Banking entstehen, und zwar bis zu einem Schaden von 50 000 Euro.

Kreditkarten enthalten oft versteckte Versicherungen. Kauft der Besitzer etwas damit, ist der Gegenstand versichert. Beim Buchen einer Reise mit Kreditkarte ist der Nutzer automatisch unfallversichert. An vielem hängt Versicherungsschutz, dem Autoschutzbrief, der Mitgliedschaft im Berufsverband oder der Gewerkschaft, dem Sportverein. »Der Verbraucher hat heute überhaupt keinen Überblick mehr, wo er überall Versicherungsschutz hat«, konstatiert Verbraucherschützer Gatschke. Umsonst ist das nicht. Und die Branche freut's. »Kleinvieh macht auch Mist«, sagt Gatschke.

Unfallversicherungen

»Sitzen Sie in Ihrer Freizeit nur auf der Couch? Wenn nicht, dann ist eine Unfallversicherung ein Muss für Sie. Woher bekommen Sie sonst das Kapital für einen behindertengerechten Umbau Ihrer Wohnung oder einen Ausgleich für Ihren Verdienstaufall, wenn Sie ein Schicksalsschlag trifft? Oder Hilfe im Haushalt, falls Sie sich – und Ihre Familie – eine Zeit lang nicht selbst versorgen können?«, fragt die Allianz Versicherung. Zu den Versicherungen, mit denen die Branche richtig gut verdient, gehören Unfallversicherungen. Den Kunden ist selten klar, unter welchen Umständen der Versicherer überhaupt zahlt. Die Bedingungen der Anbieter sind höchst unterschiedlich. Manche haben reihenweise Ausschlüsse, andere verhältnismäßig wenige. Bei Schäden durch Vergiftungen und Infektionen zahlt der Versicherer meistens nicht. Manche Anbieter leisten aber, wenn der Kunde durch einen Zeckenbiss eine Hirnhautentzündung oder Borreliose bekommt. Geld gibt es in der Regel nur, wenn der Verunglückte einen dauerhaften Gesundheitsschaden davonträgt. Und selbst wenn das der Fall ist, müssen noch andere Voraussetzungen erfüllt sein. Der Unfall muss plötzlich geschehen sein, die Ursache von außen kommen. Wer bei einer Hochgebirgstour Erfrierungen erleidet und deshalb Gliedmaßen verliert, geht genauso leer aus wie jemand, der beim Laufen mit dem Fuss umknickt oder wegen einer falschen Bewegung einen bleibenden Schaden hat. Die Unfallursache muss von außen auf den Körper einwirken. Wer ohnmächtig wird und daraufhin verunglückt, bekommt in der Regel keine Entschädigung.

Kommt es zu einem Unfall, ist es für das Opfer oft schwer, an Geld zu kommen. Dann prüfen die Versicherer, ob eines der vielen Ausschlusskriterien greift. Das musste Dennis M. erleben. Der Maler- und Lackierergeselle ist 25 Jahre alt und will in seine erste eigene Wohnung ziehen. Beim Einzug hat er einen schlimmen Unfall im Badezimmer. Er stürzt mit dem Auge in die Badezimmerarmatur und verliert das Bewusstsein. Die Ärzte können sein linkes Auge nicht retten. Dennis M. hat bei der VGH Versicherungsgruppe eine Unfallversicherung abgeschlossen. Doch die Gesellschaft will nicht zahlen. Begründung: Der junge Mann sei ohnmächtig geworden, bevor er gestürzt sei. Unfallversicherer zahlen ja nicht, wenn der Kunde das Bewusstsein verliert und sich dann verletzt. Das ist nach Auffassung der Assekuranz kein Unfall. Doch Dennis M. war infolge des Unfalls bewusstlos geworden. Er besorgte sich einen guten Anwalt und zog vor Gericht. Mit Erfolg. Die Richter sprachen ihm 50 000 Euro und eine Rente zu.

Hat ein Kunde eine Unfallversicherung über 100 000 Euro abgeschlossen, heißt das nicht, dass er bei einer bleibenden gesundheitlichen Beeinträchtigung diese Summe bekommt. Die gibt es sozusagen nur für den Totalschaden. An den einzelnen Körperteilen des Menschen hängen imaginäre Preisschilder. Die Versicherer arbeiten mit einer Tabelle, der sogenannten Gliedertaxe, mit deren Hilfe sie den Invaliditätsgrad und die Entschädigung berechnen. Für einen dauerhaft beschädigten Zeigefinger zum Beispiel gibt es 10 Prozent der Versicherungssumme. Für ein Auge ist ein Invaliditätsgrad von 50 Prozent vorgesehen, für beide Augen 100 Prozent. Bei Verlust der großen Zehe ist das Opfer nach Auffassung der Unfallversicherer zu 5 Prozent Invalide, jeder andere Zeh macht den Menschen zu einem 2-prozentigen Invaliden. Arm ab oder Bein ab über der Mitte des Oberschenkels wird als 70-prozentige Invalidität angesehen. Je nach Anbieter kann das Preisschild an Arm, Auge oder Bein auch einen anderen Wert ausweisen. Die Unfallversicherung ist für die Anbieter lukrativ. Viele leisten es sich deshalb, Kunden mit besonderen Konditionen zu ködern und bieten höhere Entschädigungsleistungen, als in der Gliedertaxe vorgesehen. Mit diversen »Alleinstellungsmerkmalen« verhindern sie, dass Kunden Angebote vernünftig vergleichen können.

Wie bei allen Verträgen gibt es nicht eine einzige Unfallversicherung, sondern eine ganze Palette: die Kinderunfallversicherung, die Unfallversicherung mit Beitragsrückzahlung – besonders teuer und von Verbraucherschützern heftig abgelehnt, weil die Kombination mit einer Kapitallebensversicherung viel Geld kostet –, die betriebliche Unfallversicherung und die Luftunfallversicherung. Die gesetzliche ist kein Teil der privaten Unfallversicherung. Sie zahlt bei bleibenden Schäden zum Beispiel auf dem Weg zur Schule oder Universität, zum Arbeitsplatz oder im Ehrenamt. In der gesetzlichen Unfallversicherung sind Schüler, Studenten und Arbeitnehmer automatisch versichert.

Verunglücken ältere Leute, ist nicht selten eine plötzliche Ohnmacht der Grund. Wie immer in solchen Fällen trägt die Branche diesem Umstand nicht dadurch Rechnung, dass sie die Bedingungen zugunsten der Verbraucher ändert. Stattdessen erfindet sie ein neues Geschäftsmodell. In der Unfallversicherung heißt es »Seniorenpolicen«. Bei diesen Verträgen verspricht der Versicherer auch Zahlungen bei Vorfällen wie Bewusstlosigkeit, die ansonsten ausgeschlossen sind. Dabei zeigt das geringe Schadenaufkommen in der Unfallversicherung, dass die Unternehmen durchaus Luft hätten, um die Bedingungen bei allen Verträgen zu verbessern. In Deutschland hatte die Assekuranz 2011 rund 27 Millionen Unfallpolicen in ihren Beständen, für die Kunden rund 6,5 Milliarden Euro zahlten. Drei Milliarden Euro gab die Branche für Schäden aus. Den Vogel schießt wieder einmal Kundenversteher ERGO ab. Der Direktversicherer der Gruppe bietet eine Unfallversicherung an, die sich offensichtlich an junge Kunden richtet. Diese Unfallversicherung können Interessierte über eine App, ein spezielles Programm für Mobiltelefone, abschließen. Mit dem Slogan »No risk, more fun« wird das Angebot beworben. »Ob Skiwochenende oder spontaner Kurztrip: Mit der App UNFALL-SCHUTZ48 von ERGO Direkt Versicherungen erhalten Sie in wenigen Minuten für 48 Stunden Schutz über die günstige Unfallversicherung. Der Beitrag von 99 Cent wird einfach über Ihre Mobilfunkrechnung abgebucht«, heißt es auf der Homepage. Der Bund der Versicherten warnt vor dem »Nepp mit der App«. Für 99 Cent schließen Kunden eine Versicherung ab, bei der sie ein Tagegeld von 50 Euro erhalten, wenn sie ins Krankenhaus kommen. Reguläre Unfallversicherungen zahlen, wenn der Verunglückte dauerhaft Invalide ist. Doch diese Unfallversicherung zahlt gerade dann nicht.

3. Wie schlecht Versicherer Geschädigte behandeln

Es gibt wahre Geschichten, die weigert sich der gesunde Menschenverstand zu glauben. Wie die von dem Motorradfahrer und dem Rentner, der den Tankdeckel nicht richtig zugeschraubt hatte. An einem heißen Tag Ende August fuhr der Senior nach einem Halt an der Tankstelle mit seinem Mercedes auf den Hohenstaufen, einen der drei Kaiserberge auf der Schwäbischen Alb zwischen Göppingen und Schwäbisch Gmünd. Pech für den selbstständigen Schreiner, der an diesem Tag auf seinem Motorrad unterwegs war. Als der Rentner eine Linkskurve nahm, schwappte Diesel auf die Straße. Der Motorradfahrer hinter ihm rutschte auf dem Kraftstoff aus, verlor die Kontrolle und stürzte. Der entsetzte Rentner eilte sofort zu Hilfe. Glück im Unglück, dem Fahrer war nichts geschehen. Aber sein Motorrad hatte ziemlich gelitten. Die Sache schien klar. Wer Verursacher und wer Opfer war, stand außer Frage. Der Rentner meldete den Unfall so, wie er geschehen war, seinem Versicherer, der WGV. Der Versicherer schickte einen Gutachter. Der besichtigte das Motorrad, doch in der Dokumentation fanden sich weder Fotos noch Beschreibungen von Dieselspuren an den Reifen.

Statt den Schaden zu regulieren, schickte die WGV dem Motorradfahrer einige Wochen später eine Aufforderung. Man habe die Haftungsfrage geprüft, hieß es. »Danach ist bislang nicht bewiesen, dass Sie durch verlorenen Kraftstoff unseres Versicherungsnehmers ins Rutschen und somit zu Fall gekommen sind«, schrieb der Sachbearbeiter. Der Motorradfahrer solle doch bitte nachweisen, dass sich Kraftstoff auf der Fahrbahn befunden habe. »Im anderen Fall können wir Ihnen derzeit eine Regulierung nicht in Aussicht stellen.« Wieder hatte der Schreiner Glück im Unglück. Er hatte sein Motorrad noch nicht reparieren lassen. Der von ihm eingeschaltete Sachverständige konnte anhand der Spuren nachweisen, dass er auf einer Dieselspur ausgerutscht war. Hätte der Mann sein Motorrad in der Zwischenzeit richten lassen, hätte er keinen Beweis gehabt. Nachdem der Schreiner Klage eingereicht hatte, zahlte der Versicherer. Das ist ein Einzelfall, sagt der Versicherer. Läuft etwas schief, ist es immer ein Einzelfall. Mag sein, dass so ein krasser Fall nicht täglich vorkommt – wäre das an der Tagesordnung, wäre die Assekuranz als Branche wohl auch eine Angelegenheit für die Schwerpunktstaatsanwaltschaften für organisierte Kriminalität. Das Bürgerliche Gesetzbuch macht in Paragraf 249 Absatz 1 klare Vorgaben: »Wer zum Schadensersatz verpflichtet ist, hat den Zustand herzustellen, der bestehen würde, wenn der zum Ersatz verpflichtende Umstand nicht eingetreten wäre.« Aber Geschädigte, Anwälte, unabhängige Sachverständige und Verbraucherschützer machen immer wieder die Erfahrung, dass die Gesellschaften den Bogen überspannen, um die Regulierung eines Schadens ganz oder teilweise verweigern zu können. »Die Versicherer ziehen alle Register, um nicht zahlen zu müssen«, sagt der unabhängige Sachverständige Mario Stoll. Das Verhältnis zwischen unabhängigen Gutachtern und Versicherern ist, freundlich ausgedrückt, gespannt. »Die Unternehmen bekämpfen unabhängige Sachverständige«, sagt er. »Sie schicken Kunden Standardschreiben mit dem Satz: Das Gutachten ist unbrauchbar.« Begründungen liefern sie nicht. Nach Stolls Erfahrungen bringen Geschädigte nach einem Unfall dem Versicherer viel Vertrauen entgegen, auch wenn es der des Verursachers ist. Fordert die Gesellschaft ein neues Gutachten, gehen sie nicht etwa zum Anwalt, sondern zum Sachverständigen des Versicherers. Dabei müssen sie eine zweite Expertise nicht zulassen. Tun sie es, müssen sie mit Abstrichen rechnen. Denn der Versicherer will nur ein neues Gutachten, um weniger zahlen zu müssen.

Die Internet-Plattform CAPTAIN-HUK hat mehr als 1000 Gerichtsurteile zu Auseinandersetzungen um Gutachtenhonorare gesammelt. Sachverständige, Anwälte und andere haben die

Internetseite aufgebaut und pflegen sie mit großer Liebe zum Detail. Sie verstehen sich als Sprachrohr der Geschädigten und haben das Regulierungsverhalten der Versicherer genau im Auge. Viele der von CAPTAIN-HUK gesammelten Urteile drehen sich um Streit zwischen Sachverständigen und dem Versicherer HUK-Coburg. Mit 150 bis 200 von ihnen liegt die HUK-Coburg nach eigenen Angaben im Clinch. Die überwiegende Mehrzahl der Auseinandersetzungen geht zugunsten der freien Gutachter aus. Doch HUK-Coburg-Sprecher Alois Schnitzer wiegelt ab: »Es gibt einige wenige Sachverständige, mit denen wir wegen aus unserer Sicht regelmäßig überhöhter Rechnungen nicht klarkommen.«

Der Versicherer hat nach Gesprächen mit dem Sachverständigenverband BVSK eine Honorartabelle erstellt, die nach dem Willen der HUK-Coburg auch nicht BVSK-Mitgliedern zur Orientierung dienen soll. Das Honorar für die Gutachter bemisst sich nach der Schadenhöhe. Bei einem Schaden von 4000 Euro zahlt die HUK-Coburg nach der Honorartabelle 563 Euro. Die Sätze der unabhängigen Sachverständigen, mit denen sie streitet, liegen bei einem Schaden in dieser Höhe bei etwa 750 Euro. Dass die unabhängigen Sachverständigen vor Gericht oft gewinnen, bestreitet die HUK-Coburg nicht. »Es gibt Amtsgerichte, da verlieren wir regelmäßig«, erklärt der Sprecher die vielen gegen den Versicherer erstrittenen Urteilssprüche. Die Gesellschaften versuchen, Anwälte und unabhängige Sachverständige aus der Schadenregulierung zu drängen, sagen Juristen und Gutachter. »Wir wollen niemanden aus der Schadenregulierung drängen«, sagt der HUK-Sprecher. »Aber es muss nicht bei jedem Schaden ein Anwalt und ein Sachverständiger eingeschaltet werden.« Das sehen die unabhängigen Gutachter anders. Sie werfen der HUK-Coburg und anderen Versicherern vor, den Schaden zusammenkürzen zu wollen – mithilfe eigener oder im Auftrag der Assekuranz arbeitender Gutachter.

Zeit ist für die Versicherer Geld. Jeder Tag kostet sie Geld für den Mietwagen oder Nutzungsausfall. »Nur ein schnell und zur

Zufriedenheit der Beteiligten regulierter Schaden ist ein guter Schaden«, betont Schnitzer. Ein guter Schaden – für Versicherer ist es durchaus gut, dass es Schäden gibt. Sonst bräuchte es sie ja nicht zu geben. Für Verbraucher ist ein Schaden immer zumindest ärgerlich, meistens richtig schlimm. Autohalter wollen nach einem Unfall schnell ihren Wagen wiederhaben. Aber sie wollen auch angemessen entschädigt werden. Ob das der Fall ist, können sie selbst nicht feststellen. Wie hoch ein Schaden wirklich ist, sollte eine neutrale Instanz untersuchen. »Ich lasse meine Steuererklärung ja auch nicht vom Finanzamt machen«, sagt der unabhängige Sachverständige Mario Stoll.

Wer einen Schaden hat, hat gute Gründe, dem Versicherer zu misstrauen. Das gilt vor allem, aber nicht nur für die Auto-Sparte. Kostendrücken statt Kulanz ist der Trend in der Assekuranz. Geschädigten bläst der Wind immer stärker ins Gesicht. Die Versicherer sind bei der Schadenregulierung in allen Sparten viel rigider als früher. »Die Auseinandersetzungen im Leistungsfall haben erheblich zugenommen«, weiß Thorsten Rudnik, langjähriges Vorstandsmitglied des Bundes der Versicherten, der mit knapp 53 000 Mitgliedern größten Verbraucherschutzorganistion im Bereich der Assekuranz. Die Gesellschaften knausern zum Beispiel beim Zeitwert. »Eine Gesellschaft wollte einem Geschädigten für die zerstörte ein Jahr alte Brille nur einen Zeitwert von 50 Prozent zahlen«, berichtet Rudnik von einem Mitglied des Bundes der Versicherten. Früher wäre der Abzug erheblich niedriger gewesen. In der Haftpflichtversicherung konstruieren die Unternehmen gerne ein Mitverschulden des Opfers. Fährt ein Skater auf dem Bürgersteig einen Passanten um, wird dieser zu 50 Prozent mitverantwortlich gemacht – er hätte ja ein bisschen besser aufpassen können. Nach einem Schaden und erfolgter Regulierung können Kunden und Versicherer in der Sachversicherung den Vertrag beenden. Dass eine Gesellschaft einen Vertrag nach einem Schaden kündigt, war früher selten. Heute ist es das nicht mehr. »Alle Versicherer sind viel härter geworden, die Auseinandersetzungen werden schärfer«, sagt Rudnik . Dass ein Unternehmen kleinlich nach einem Sturm dessen Stärke infrage stellt, war die Ausnahme. Jetzt ist es die Regel. Und er ergänzt: »Der Wettbewerb ist härter geworden.« Die Verbraucher werden, wie es so schön heißt, preissensibler. Auch früher wollten sie nicht mehr als nötig für ihren Versicherungsschutz ausgeben. Aber da hatten sie kaum die Möglichkeit, viele verschiedene Angebote einzuholen. Versicherer unternehmen zwar viel, um ihre Verträge nicht vergleichbar zu machen. Doch Interessierte haben über das Internet durchaus die Möglichkeit, sich Anhaltspunkte zu verschaffen. Vor allem in der Autoversicherung nutzen Verbraucher die Preistransparenz, die zu sinkenden Beiträgen geführt hat.

Unfallopfer als Kollateralschaden des Preiskriegs

Die Kfz-Versicherung hat für die Assekuranz eine große Bedeutung. Sie ist mit Prämieneinnahmen von rund 21 Milliarden Euro im Jahr 2011 der mit Abstand größte Zweig der Sachversicherung. Eine Kfz-Haftpflichtversicherung muss jeder Halter haben, der mit seinem Fahrzeug auf einer öffentlichen Straße unterwegs ist. Sonst macht er sich strafbar. Die Haftpflichtversicherung kommt für die Schäden auf, die der Fahrer eines Autos anderen zufügt. Die Kaskoversicherung zahlt für Schäden, die am eigenen Fahrzeug entstehen. In Deutschland gibt es fast 60 Millionen Kraftfahrzeuge, darunter rund 42 Millionen PKW. Im Jahr 2011 kamen auf 1000 Einwohner 622 Kraftfahrzeuge. Ein riesiger Markt für die Versicherer, zumal die Risiken für die Gesellschaften bestens zu handhaben sind. Weil die Haftpflichtversicherung gesetzlich vorgeschrieben ist, müssen sie zwar jeden Interessenten versichern. Sie können aber über den Preis sehr gut steuern, welche Kunden sie haben wollen und welche nicht. Ganz unbeliebt bei den Anbietern sind junge männliche Fahranfänger bis 25 Jahre. Denn die bauen besonders häufig Unfälle. Deshalb ist der Versicherungsschutz für sie sehr teuer.

Die Kfz-Sparte ist die Einzige, in der es einen echten Wettbewerb gibt. Bei anderen Verträgen ist Kunden meistens nicht klar, wie die Kündigungsfristen sind und wann sie den Anbieter wechseln können. In der Regel verlängern sich Hausrat- und Haftpflichtverträge automatisch, oft verpassen Kunden den richtigen Zeitpunkt zum Wechsel. Die Kündigungsfrist liegt häufig drei Monate vor Ablauf, die Rechnung kommt aber einen Monat vor dem Ende des Versicherungsjahres. Dann ist es zu spät. Also bleibt der Kunde erst mal, auch wenn er eigentlich wechseln will. Im nächsten Jahr wiederholt sich das. In der Kfz-Sparte dagegen sind Verbrauchern die Kündigungstermine bewusst. Die Anbieter rüsten stets im Herbst zur großen Wechselschlacht. In der Regel laufen die Policen fürs Auto über ein Jahr, und zwar bis zum 31. Dezember und können bis zum 30. November gekündigt werden. Viele Gesellschaften versuchen aggressiv, Wettbewerbern Kunden abzujagen. Über Jahre haben sie sich einen regelrechten Preiskrieg geliefert. Angezettelt hatte ihn die Allianz. Die Münchener, damals Marktführer, wollten 2004 ihr Geschäft kräftig ausbauen. Sechs Jahre später hat Konkurrent HUK-Coburg das Unternehmen mit den stilisierten Adlern im Logo tief gedemütigt. Die HUK-Coburg kam auf 8,41 Millionen Fahrzeuge, die Allianz nur auf 8,16 Millionen. Damit wurde die HUK Marktführer. Das Kopf-an-Kopf-Rennen wird weitergehen. Die Allianz konterte mit einem neuen Tarif, der sie wieder in die Offensive bringen soll.

Die Lage wird für viele Gesellschaften zunehmend ungemütlicher. In der Autosparte schreibt die Mehrzahl der Versicherer tiefrote Zahlen. Sie nehmen weniger an Beiträgen ein, als sie für Kosten und Schäden zahlen müssen, das nennt die Branche einen »versicherungstechnischen Verlust«. Das sind nicht unbedingt echte Verluste. Denn viele können das Defizit mit Kapitalerträgen, die sie erwirtschaften, ausgleichen. Sie haben beachtliche Vermögen, weil sie Rücklagen für Schäden bilden müssen. Bei manchen Gesellschaften reichen die Erträge daraus, um doch noch ins Plus zu kommen und den Wettbewerbern mit günstigen Prämien eine lange Nase zu zeigen. Für 2011 rechnet die Branche mit einem versicherungstechnischen Verlust für die Sparte von 1,1 Milliarden Euro. Das ist zwar weniger als die 1,5 Milliarden im Vorjahr, aber es ist noch immer eine stolze Summe. Teuer kommen die Versicherer vor allem Glasschäden, dafür zahlen sie regelmäßig mehr als eine Milliarde Euro im Jahr. Diese Schäden gehören in den Bereich der Kaskoversicherung, hier machen die Versicherer die größten Verluste. Bei der Vollkaskoversicherung zahlt das Unternehmen für selbst verschuldete Schäden, etwa nach einem Unfall, sowie für Vandalismus. Die Teilkaskoversicherung kommt zum Beispiel auf bei Diebstahl und für Schäden, die durch Sturm, Hagel oder Blitzeinschlag verursacht werden. Hier machen die Gesellschaften keine versicherungstechnischen Verluste, sondern Gewinne. Bei Hagelschäden gelingt es den Versicherern immer wieder, Kunden mit geringeren Summen zu entschädigen, als ihnen zustehen. Kommt der Vertreter, um den Schaden zu besichtigen, und zückt dann schnell das Scheckbuch, sollten Geschädigte skeptisch sein. Oft liegt die angebotene Summe weit unter dem, was dem Autobesitzer zusteht, sagen Sachverständige. Die Kunden lassen sich darauf ein, weil sie häufig das verbeulte Dach nicht reparieren lassen und froh sind, überhaupt Geld zu bekommen. In der Haftpflicht, also wenn der Kunde einem anderen einen Schaden zugefügt hat, machen die Versicherer weiter Verluste, 2011 sind es 6 Cent pro Beitragseuro. Deshalb knausern sie hier. Eine häufige Masche: Der Versicherer behauptet, die Verletzung eines Opfers gehe gar nicht auf den Unfall zurück, sondern habe schon vorher bestanden. Oder dem Unfallopfer wird eine Mitschuld angehängt. Dann muss er – oder sein Versicherer – einen Teil des Schadens tragen.

Im Preiskrieg der Versicherer sind die Unfallopfer die Kollateralschäden. »Was die Versicherer an Prämien senken, holen sie sich bei den Geschädigten zurück«, sagt eine Kfz-Sachverständige aus Sachsen-Anhalt. Die Versicherer sparen an der Schadenregulierung. Das kann jeden treffen: den Kunden, der eine

Police abgeschlossen und den Anbieter selbst ausgewählt hat, und denjenigen, der keine Schuld an dem Unfall hat und das Opfer ist. »Schadensteuerung« heißt die Strategie der Versicherer. Die Idee: Schaffen die Unternehmen es, nach einem Unfall Fahrzeuge gezielt in preiswerte Werkstätten zu steuern, sparen sie viel Geld. Trendsetter bei dieser Entwicklung ist die HUK-Coburg, aber auch die anderen Versicherer setzen auf Schadensteuerung. Die HUK hat ein Netz mit 1200 Partnerwerkstätten aufgebaut. Das Netz nutzen auch andere wie die VHV, die Gothaer und die Debeka. Zusammen haben die Versicherer einen Marktanteil von 25 Prozent bei der Werkstattbindung. Die Gesellschaften können durch ihre Marktmacht die Preise drücken, die Stundensätze sind erheblich niedriger als die regulären. Verbraucherschützer sind der Auffassung, dass es sich die Versicherer aufgrund des harten Wettbewerbs in der Sparte nicht leisten können, ein Qualitätsdumping zu tolerieren. Aber das kann sich ändern. Einen gravierenden Nachteil hat die Werkstattbindung für Kunden auf jeden Fall: Sie können nicht entscheiden, wo ihr Fahrzeug repariert wird. Selbst wenn die Werkstatt ihres Vertrauens auf der Liste des Versicherers steht, heißt das nicht, dass ihr Auto bei einem Schaden auch dort landet.

Die angeschlossenen Werkstätten lassen sich auf Verträge mit den Versicherern ein, weil sie sich von der Kooperation eine höhere Auslastung versprechen. Auch andere Versicherer unterhalten solche Netze. Bei Kaskoschäden können die Anbieter über spezielle Tarife dafür sorgen, dass die Fahrzeuge dort instand gesetzt werden. Der Kunde bekommt einen Preisnachlass bei der HUK-Coburg zum Beispiel von 20 Prozent und verpflichtet sich, bei einem Schaden das Netz zu nutzen. In den Werkstätten erhalten die Versicherer größere Großkundenrabatte als 20 Prozent, sagt HUK-Sprecher Schnitzer. »Sonst würde sich das nicht lohnen. Den Rabatt bekommen ja auch Kunden, deren Auto gestohlen und nicht repariert wird.«

Die Gesellschaften wollen, dass auch Autos in ihre Partnerwerkstätten kommen, die nicht bei ihnen versichert sind. Das sind Haftpflichtfälle. Wer unverschuldet an einem Verkehrsunfall beteiligt ist, hat das Recht, selbst eine Werkstatt auszusuchen. Er darf auch auf Kosten des Haftpflichtversicherers des Unfallverursachers einen Anwalt und einen Sachverständigen beauftragen. Nutzen die Geschädigten aber das Werkstattnetz, bleiben diese in der Regel außen vor. Die Versicherer haben eine klare Vorstellung davon, wie eine aus ihrer Sicht gute Schadenregulierung aussieht. Im Idealfall kommt ein Bergungsfahrzeug der Partnerwerkstatt zur Unfallstelle und nimmt das Auto mit. Dann wird der Wagen repariert und rundum gereinigt an einen gewünschten Ort zurückgebracht. Kunden empfinden das als freundliche Hilfe. Sie haben mit nichts etwas zu tun, das ist bequem. Es sieht so aus, als sei dieser Service für alle Seiten eine gute Sache. Aber Verbraucherschützer trauen dem Braten nicht. »Als Geschädigter sollte man sich nie in die Hände der gegnerischen Haftpflichtversicherung begeben«, sagt Thorsten Rudnik vom Bund der Versicherten. »Das ist der Gegner, der meint es nicht gut mit mir.« Der gegnerische Haftpflichtversicherer will den Schaden so billig wie möglich reparieren. Der Autobesitzer kann nicht kontrollieren, ob die Reparaturwerkstatt zum Beispiel Ersatzteile des Markenherstellers verwendet. Auch ob wirklich Ansprüche, zum Beispiel die Wertminderung, angemessen befriedigt werden, ist ungewiss. Außerdem erhält der Geschädigte in den meisten Fällen keine aussagekräftige Dokumentation des Schadens und vor allem des Unfallhergangs, warnen Sachverständige. Behauptet der Haftpflichtversicherer des Unfallgegners Monate später, der Autohalter habe eine Mitschuld und müsse einen Teil des Schadens tragen, hat der Geschädigte keine Beweise.

Doch der Gesamtverband der Deutschen Versicherungswirtschaft empfiehlt in seinem Ratgeber *Ein Autounfall, was tun?*: »Ist der Wagen nach dem Unfall noch fahrbereit und verkehrssicher und befindet sich eine Schaden-Schnelldienststation der Versicherung des Schädigers in der Nähe, so lassen Sie am einfachsten dort den Schadenumfang feststellen.« Das bedeutet: Der Partner des Versicherers stellt die Höhe des Schadens fest. Das ist der Gegner, der es nicht gut mit mir meint.

Mitschuld erklären, Ansprüche kürzen

Je nach Vertrag können die Partnerwerkstätten bei Schäden zwischen 4000 und 6000 Euro den Schaden einfach beheben – ohne dass ein Gutachter einen Blick darauf wirft. Unabhängige Sachverständige kritisieren das. Sie fürchten, dass die Wertminderung, die nicht nur neuere Autos durch einen Unfall haben, nicht angemessen berücksichtigt wird. Für einen Unfallwagen bekommt der Besitzer weniger Geld als für ein unversehrtes Fahrzeug. Die Differenz ist die Wertminderung. Geschädigte haben einen Anspruch darauf, die Wertminderung in Euro ausgezahlt zu bekommen. Beobachter sagen, die Gefahr ist groß, dass Autohalter nicht alles bekommen, was ihnen zusteht. Die HUK-Coburg bestreitet, dass sie Unfallopfern Ansprüche vorenthält, wenn ihre Autos in Partnerwerkstätten und ohne neutrale Gutachter repariert werden. »Wir können uns hier keine Blöße leisten«, sagt HUK-Sprecher Schnitzer. Der Geschädigte bekäme die Kostenpauschale, den Nutzungsausfall und die Wertminderung, die ihm zustehen. »Alles andere würden sich die Geschädigten auch gar nicht gefallen lassen«, sagt er.

Aber: Um sich etwas nicht gefallen zu lassen, müssen die Autohalter erst einmal wissen, welche Ansprüche sie haben. Wie die Branche das Thema Wertminderung handhabt, zeigt die Broschüre des Gesamtverbandes der Deutschen Versicherungswirtschaft. Was hier unter dem Punkt »Wertminderung« steht, lässt Böses ahnen: »Wurde Ihr Auto erheblich beschädigt, kann ein Anspruch auf den Ausgleich einer Wertminderung bestehen. Nach einer Faustformel kommt eine Wertminderung in Betracht, wenn das Fahrzeug nicht älter als fünf Jahre ist, die Fahrleistung unter 100 000 Kilometer liegt und Ihr Auto bisher unfallfrei war. Die Höhe der Wertminderung hängt darüber hinaus vom Umfang des entstandenen Schadens ab.« Der Begriff »Faustformel« wird der Sache nicht gerecht. Der Bundesgerichtshof hat bereits 2004 ein Urteil mit dem Aktenzeichen VI ZR 357/03 gefällt, nach dem die Grenzen nicht starr bei einem Alter von fünf Jahren und einer Laufleistung von 100 000 Kilometern liegen. Aber wer die Broschüre des Gesamtverbands liest und ein älteres Auto oder einen Wagen mit höherer Kilometerzahl hat, wird wahrscheinlich gar nicht erst einen Anspruch auf Wertminderung stellen. Das spricht nicht dafür, dass die Interessen der Autohalter von den Versicherern angemessen wahrgenommen werden.

Ein weiteres Problem: Lässt der Versicherer den Schaden rasch und reibungslos reparieren, hat der Autobesitzer danach in der Regel keine Beweismittel. Er hat nur die Rechnung, aber keine Dokumentation wie Fotos oder Beschreibungen des Unfallhergangs. Diese Beweismittel sind nicht für das persönliche Archiv zur Erinnerung an das unschöne Ereignis wichtig. Sie helfen dem Geschädigten im Streitfall, seine Ansprüche durchzusetzen. Denn immer häufiger bestreiten Versicherer den Unfallhergang, sagen Sachverständige. Wie im Fall des auf der Dieselspur ausgerutschten Motorradfahrers fordern sie lange nach dem Ereignis Beweise. Das ist die Masche: »Vertrauen erwecken und hinterher kommt der Hammer«, sagt der unabhängige Sachverständige Mario Stoll. Oder sie unterstellen ein Mitverschulden des Unfallopfers. Den Geschädigten trifft die Behauptung aus heiterem Himmel, dass er den Schaden zu einem bestimmten Prozentsatz mitverschuldet haben soll. Hat der Autohalter dann keine Möglichkeit, das Gegenteil zu beweisen, muss er für einen Teil seines Schadens selbst aufkommen. Hat er eine Kaskoversicherung, wird sein Schadenfreiheitsrabatt zurückgestuft. Experten gehen davon aus, dass Versicherer künftig noch viel stärker auf das Instrument des Mitverschuldens setzen, um die Kosten zu drücken. Auch wer völlig schuldlos an einem Unfall ist, steht zunehmend in der Gefahr, einen Teil des Schadens selbst zahlen zu müssen. Sieht er das nicht ein, muss er vor Gericht ziehen. »Die Versicherer wissen, dass viele diesen beschwerlichen Weg scheuen«, sagt Verbraucherschützer Rudnik.

Ein anderer Weg der Kostensenkung ist, die Schadensumme einfach herabzusetzen. »Die Dreistigkeit, mit der Versicherungen rechtmäßige Ansprüche einfach wegkürzen, geht in die Nähe einer strafbaren Handlung«, sagt die Fachanwältin für Verkehrsrecht Daniela Mielchen. Liegt der Schaden bei 10 000 Euro, zahlen sie zum Beispiel 6500 Euro. Will der Autohalter den Rest, kann er ja klagen. Auch bei den Kosten für Mietwagen für Geschädigte sparen die Versicherer. Um zu erfahren, was das Ersatzfahrzeug kosten darf, können Betroffene auf die »Schwacke-Liste« zurückgreifen. Die Versicherer konsultieren aber lieber den »Fraunhofer-Mietpreisspiegel«, der niedrigere Preise angibt. Der BGH hat festgestellt, dass es Sache der Amts- und Landgerichte ist, die Entscheidung für oder gegen eine der Listen zu fällen. Es kommt also darauf an. Theoretisch müssen Geschädigte in Erfahrung bringen, wie die für ihren Fall zuständigen Richter die Sache sehen. Das können sie aber erst feststellen, wenn sie vor Gericht gezogen sind – dann ist es möglicherweise zu spät.

Nicht jeden trifft die Kostensenkungsstrategie der Versicherer. Vor dem Schadenregulierer sind alle gleich, nur manche sind etwas gleicher. »Die Versicherer prüfen schon bei der Schadensmeldung, bei wem sie die Kosten drücken können«, sagt Gutachter Mario Stoll. Viele fragen, ob der Geschädigte rechtsschutzversichert ist oder nicht. Auch den Beruf soll der Geschädigte angeben. »Wer in der Öffentlichkeit steht, wird verschont«, sagt er. Bei Politikern und Prominenten seien die Unternehmen vorsichtig.

Für Geschädigte ist wichtig, dass Gutachter wirklich neutral sind. Spielräume bei der Bewertung gibt es immer. Das Glas ist halb voll oder halb leer. Für einen Autobesitzer kann die Perspektive des Sachverständigen dafür entscheidend sein, ob er seinen Wagen reparieren lassen kann oder nur einen geringen Betrag als Entschädigung bekommt. Aber viele Gutachter sind nicht wirklich frei und unabhängig. Sie arbeiten mit der Versicherungswirtschaft zusammen. In Kooperationsvereinbarungen werden die Fachleute angehalten, mit unterschiedlichen Stundenverrechnungssätzen zu rechnen, je nachdem, ob ein Reparaturauftrag vorliegt oder nicht. Liegt kein Auftrag vor, soll der Gutachter etwa die Stundenverrechnungssätze der günstigsten Markenwerkstatt im Umkreis von 50 Kilometern zugrunde legen. Liegt ein Auftrag vor, ist mit denen der konkreten Werkstatt zu kalkulieren. Für den gleichen Schaden können also unterschiedlich hohe Summen herauskommen. Wichtig ist das für Autobesitzer, die den Schaden nicht reparieren lassen möchten. Sie lassen die Beule im Kotflügel oder legen selbst Hand an und bekommen das Geld für den festgestellten Schaden vom Versicherer. Das nennt man »fiktive Abrechnung«.

Bei Kaskoschäden bestimmt der Versicherer immer den Gutachter. Mit der Vergabe dieser Aufträge nehmen die Gesellschaften direkt Einfluss auf den Berufsstand. Sie können ihnen Aufträge geben oder nehmen und sie so gefügig machen. Wollen Verbraucher wissen, wie unabhängig ein Sachverständiger ist, brauchen sie ihn nur zu fragen, wie viele Kaskoschäden er bearbeitet. Was passieren kann, wenn man dem Gutachter des eigenen Versicherers vertraut, musste ein Autoliebhaber aus Bad Orb erfahren. Er fährt gerne schnelle Wagen. Deshalb hat er sich eine Chevrolet Corvette angeschafft, die bringt es auf bis zu 300 Kilometer die Stunde. Nachdem der Auto-Fan eine Verkehrsinsel übersehen hatte, war sein Wagen ziemlich lädiert. Der Gutachter, den sein Versicherer R+V geschickt hatte, warf einen Blick auf den Chevrolet und stellte einen Schaden von rund 6300 Euro fest. Die Fachleute in der Werkstatt, in die der Mann seinen Wagen brachte, weigerten sich, das Auto dafür zu reparieren. Ein zweiter, neutraler Gutachter kam auf einen anderen Schaden: 25 500 Euro. Kommen Sachverständige zu so unterschiedlichen Ergebnissen, wird ein Dritter eingeschaltet:

der Obmann. Der kam auf 26565 Euro. Doch richtig schlimm war nicht das Geld. »Der erste Gutachter hat erhebliche Sicherheitsrisiken übersehen«, sagt Mario Stoll. Der Rahmen des Chevrolets war verschoben, die Achsen geschädigt und die Reifen gerissen. Davon stand nichts im ersten Gutachten, das alles wäre nicht repariert worden. »Bei 180 bis 200 Stundenkilometern wären die Reifen geplatzt«, sagt er. »Das war ein Spiel mit Leben und Tod.«

Die R+V hat die vom Obmann geforderten Reparaturen bezahlt. Dass der von ihr beauftragte Sachverständige die Sicherheit des Kunden gefährdet hätte, weist der Versicherer zurück. »Der Sachverständige der Firma carexpert hat bei der Besichtigung das Fahrzeug sorgfältig auf mögliche Beschädigungen im Bereich der Vorderachse untersucht. Da im Raum stand, dass das Fahrzeug beim Unfall einen Bordstein überfahren habe, untersuchte er Felgen und Reifen sowie die Vorderachse auf sichtbare Beschädigungen, er konnte keine feststellen«, sagt die R+V. Die von dem späteren Gutachter festgestellte Verschiebung der Achse stehe im Widerspruch zum ersten Gutachten. »Eine erneute Vermessung wurde jedoch nicht durchgeführt, sodass dieser Widerspruch leider nicht aufgeklärt werden kann«, heißt es.

Auto in Todesgefahr

Im März 2011 hatte Klaus-Jürgen Heitmann einen für ihn bestimmt schönen Termin. Der für das Kfz-Geschäft zuständige Vorstand der HUK-Coburg überreichte dem millionsten Kunden, der dem Versicherer die Reparatur seines Autos überlassen hatte, im Autohaus Schach in Wetzlar einen Scheck. Friedhelm Dalitz und seine Frau bekamen einen Gutschein für ein Wellness-Wochenende im Grandhotel Schloss Bensberg bei Köln, das übrigens dem Versicherungskonzern Generali gehört. Dalitz hatte nach einem Wildunfall die komplette Schadenregulierung der HUK-Coburg überlassen.[46] Die HUK-Coburg bietet seit 2002 den »Schadenservice Plus« an. Kunden mit einer Kaskopolice und Geschädigte von Kfz-Haftpflichtkunden können besondere Serviceleistungen bekommen wie die Bereitstellung eines Ersatzwagens, wenn sie das Auto in einer der Partnerwerkstätten reparieren lassen. Auf den Preisverfall in der Kfz-Versicherung reagierte die HUK-Coburg mit dem massiven Ausbau dieses Systems. 2006 führte sie den Tarif ein, bei dem sich Kunden für eine Werkstattbindung entscheiden konnten. Jeder zweite Neukunde entscheidet sich für einen Tarif, bei dem er sich dazu verpflichtet, Reparaturen auf Kosten des Versicherers in einer Partnerwerkstatt vornehmen zu lassen. Von den HUK-Kunden haben 2,3 Millionen einen Vertrag mit Werkstattbindung.

Wer sich auf so einen Tarif einlässt, hat Vorteile. Da ist nicht nur der Preisnachlass. Er muss auch die Reparatur nicht mehr vorfinanzieren. Das Finanzielle regeln Versicherer und Werkstatt unter sich. Aber der Kunde hat nicht mehr die freie Wahl der Werkstatt. Selbst wenn das Autohaus des Vertrauens auf der Liste der Partner steht, heißt das nicht unbedingt, dass der Wagen im Schadensfall dort repariert wird. Denn Herr des Verfahrens ist der Versicherer. Er macht den Werkstätten die Zusage für eine bestimmte Auslastung, verteilt die Aufträge entsprechend und verpflichtet die Werkstätten zu einem bestimmten Vorgehen. Damit sorgt er dafür, dass ein Auto quasi »für tot« erklärt wird, wenn es ihm günstiger erscheint. Für den Versicherer ist es oft viel billiger, den Wagen als Totalschaden zu betrachten, als ihn wieder instand setzen zu lassen. Anspruch auf eine Reparatur hat ein Geschädigter bei einem Haftpflichtfall, solange der Reparaturpreis den Wiederbeschaffungswert nicht um 30 Prozent überschreitet. Ohne Reparatur spart der Versicherer nicht nur die 30 Prozent, er kann das Autowrack auch noch verwerten. In der Kaskoversicherung gibt es den Zuschlag von 30 Prozent nicht. Da ist das Auto in Todesgefahr, wenn die Reparaturkosten mehr als die Hälfte des Wiederbeschaffungswertes betragen.

Gerade bei älteren Autos kann das schnell der Fall sein. Hier gibt es rasch einen großen Interessenkonflikt zwischen dem

Geschädigten und dem Versicherer: Das Unfallopfer will seinen Wagen behalten, weil es von dem Geld für den Totalschaden vom Versicherer keinen neuen bekommt. Der alte VW-Golf mag nur noch 1500 Euro wert sein, aber er läuft hervorragend und wird noch einmal über den TÜV kommen. Die Reparatur für den Lackschaden würde 2000 Euro kosten, deshalb hat der Versicherer das Auto zum Totalschaden erklärt. Der Halter will den Wagen aber nicht verschrotten, denn er hat kein Geld für einen neuen, und für 1500 Euro bekommt er keinen. Nun will der Versicherer aber nicht einmal die 1500 Euro zahlen. Der Versicherer tut jetzt so, als wäre das Auto ein echtes Wrack, das man verkaufen kann. Das Wrack hat einen sogenannten Restwert. Der Restwert ist keine von festen Parametern abzuleitende Größe, sondern der Marktwert. Den ermitteln Versicherer in der Regel nicht mehr beim Schrotthändler um die Ecke, sondern über sogenannte Restwertbörsen im Internet. Auf diesen Börsen bieten sie die Wracks an – die ihren Kunden gehören. Als Käufer hat nur Zugriff auf die Angebote, wer registriert ist und dafür viel Geld zahlt. Verbraucher haben keinen Zugang, nur die Profis. Geschädigte können den Verlauf also nicht verfolgen, obwohl sie das Recht auf eine transparente Schadenregulierung haben. Das Problem an diesen Börsen: Sie dienen den Versicherern dazu, die Summe für Geschädigte zu drücken, die ihr Auto behalten wollen.

Gibt ein Käufer auf der virtuellen Restwertbörse ein Angebot ab, verpflichtet er sich, das zu Schrott erklärte Auto zu kaufen und zu holen. Diese Angebote geben die Versicherer an die Geschädigten weiter. Wollen die ihren Wagen loswerden, bekommen sie den versprochenen Preis. Der Versicherer zahlt die Differenz bis zum Wiederbeschaffungswert. In den Fällen, in denen das Angebot auf der Restwertbörse rein fiktiver Natur ist, sieht die Sache ganz anders aus. Der Versicherer stellt das Bild des Autos einzig mit dem Zweck ins Internet, einen möglichst hohen Preis zu erzielen, den er nicht realisieren will. Der Geschädigte will das Auto ja behalten. Je höher der Preis, den jemand bietet, desto weniger muss der Versicherer dem Geschädigten zahlen. Ein Beispiel: Bei einem Unfall hat ein alter Audi Beulen und Lackschäden davongetragen. Die zu beheben würde 2500 Euro kosten. Das Auto ist aber nur 2000 Euro wert, wird also zum Totalschaden erklärt. Der Halter will es aber nicht verschrotten. Der Versicherer bietet das Auto auf einer Restwertbörse an. Ein Händler will 1000 Euro zahlen. Schön für den Versicherer, schlecht für den Geschädigten. Der Versicherer zahlt jetzt nur noch 1000 Euro, weil der Besitzer des vermeintlichen Wracks sein Auto ja an den Händler verkaufen könnte.

Immer wieder gibt es Streit um dieses Verfahren, etwa um die Frage, ob Kunden das Angebot aus der Restwertbörse akzeptieren müssen oder bis zu welchem Zeitpunkt nach dem Unfall sie dazu verpflichtet sind. Nach Auffassung vieler Sachverständigen dürfen die Versicherer im Haftpflichtfall die Restwertbörsen nicht nutzen. Doch für die Versicherer lohnt sich dieses Verfahren. Um Angebote in die Internetbörsen stellen zu können, brauchen sie Fotos von den Autos. Dazu nutzen einige Gesellschaften sogar die Bilder der Gutachten, die sie gegenüber den Geschädigten als »zur Regulierung nicht geeignet« oder als »nicht prüffähig« bezeichnen und die sie nicht bezahlen wollen. In zahlreichen Urteilen haben Richter festgestellt, dass es sich dabei um Urheberrechtsverletzungen handelt.

Viele Wracks gehen nach Osteuropa, sagen Beobachter. Die Aufkäufer dort können höhere Preise bieten als einheimische, weil die Arbeitskosten für die Reparatur in Osteuropa niedriger sind als in Deutschland. »Wenn man sieht, dass total ausgebrannte Autos gekauft werden, fragt man sich schon, was damit gemacht wird«, sagt ein Insider. »Da kann schon die Vermutung aufkommen, dass so mancher ein Wrack wegen der Papiere und nicht wegen des Materials kauft.« Kann das wirklich sein: Versicherer organisieren den Verkauf von Schrottautos, mit denen gestohlene Wagen legalisiert werden? Für deren Diebstahl sie womöglich gezahlt haben? Die Versicherer bestreiten das. »Es ist zutreffend, dass dubiose Aufkäufer versuchen, Fahrzeuge ausschließlich wegen der Papiere zu erwerben, um damit gestohlene Pkws zu legalisieren. Bei den Restwertbörsen, mit denen wir zusammenarbeiten, ist dies jedoch so nicht möglich«, sagt Marktführer HUK-Coburg.

Wenn ein Mensch zweimal zum Opfer wird

Die Versicherer sind nicht nur rigide, wenn es um Sachschäden geht. Es ist ein ganz normaler Arbeitstag, an dem Marion Marbach im Juni 2004 zur Arbeit am Lufthansaschalter im Frankfurter Flughafen fährt. Ihren richtigen Namen möchte sie aus Rücksicht auf ihre heranwachsende Tochter nicht nennen. Als die damals Vierundvierzigjährige auf dem Weg zur Arbeit ist, ist sie mit ihrem Leben rundum zufrieden. Alles läuft bestens, auch wenn sie und ihr Mann sich vor fünf Jahren getrennt haben. 1982 ist sie zur Lufthansa gegangen. Erst hat sie als Stewardess gearbeitet, dann beim Bodenpersonal. Sie verdient gut. Mit ihrer Tochter lebt sie in einem schönen Haus, Bruder und Großeltern leben direkt in der Nachbarschaft. Die zwölfjährige Tochter entwickelt sich prächtig. Marion Marbach hat ihre Arbeitszeit auf 30 Stunden aufgestockt, bald will sie wieder voll arbeiten. Sie ist voller Pläne. Seit sie neunzehn ist, singt sie in Rockbands. Im Vorjahr hat sie bei einem Musikprojekt der Lufthansa einen eigenen Song aufgenommen. Vor ein paar Wochen war sie auf Mallorca, um ein Video zu drehen und weitere Auftritte vorzubereiten. An diesem 24. Juni ist die Autobahn zum Frankfurter Flughafen leer. Es ist 5.30 Uhr, und Marion Marbach ist mit ihrem Fiesta auf dem Weg zur Arbeit. Sie fährt 120 Stundenkilometer. Plötzlich ein Stoß. Ein Renault-Transporter rammt sie von hinten links. Marion Marbachs Erinnerung setzt erst wieder damit ein, dass der Fahrer des Transporters ihre Autotür aufreißt und sie dazu bringt, auf den Seitenstreifen zu fahren. Als die Polizei kommt, zittert sie am ganzen Körper. Der Polizist glaubt, sie friere. Er rät ihr, sich ins Auto zu setzen. Dort kauert sie auf dem Beifahrersitz und hat furchtbare Angst. Die Autobahn wird immer voller. Im Ballungszentrum Frankfurt beginnt der Berufsverkehr. Keiner hilft der zutiefst verängstigten Frau. Erst als der Abschleppwagen kommt, wird sie aus ihrer Lage befreit.

Niemand, so scheint es, ist bei dem Unfall ernsthaft verletzt worden. Doch das täuscht. Marion Marbach wird es nie wieder richtig gut gehen. In kurzer Zeit liegt ihr Leben in Trümmern. Sie wird nicht mehr arbeiten können. An diesem Morgen wird sie in der Werkstatt von ihrem Bruder abgeholt. Sie zittert und friert, der ganze Körper tut weh. Sie geht zu einem Orthopäden, der typische Unfallfolgen diagnostiziert. HWS-Schleudertrauma, Brustwirbelsäulenprellung, Schulterquetschung. Sie bekommt ein Entspannungsmittel und schläft. Am nächsten Morgen hört sie zum ersten Mal Ohrgeräusche. Tinnitus. Die Tests beim HNO-Arzt sind für sie unerträglich. Sie zittert und ist extrem lärmempfindlich. Ihren Ärzten ist zunächst nicht klar, was mit ihr los ist. Michael Schumacher und andere Rennfahrer wären nach viel schwereren Unfällen einfach wieder in den Wagen gestiegen, muss sie sich anhören. Erst nach und nach erkennen die Mediziner, dass Marion Marbach eine posttraumatische Belastungsstörung hat. Das kann man behandeln. Man kann diese Erkrankung aber auch verschlimmern. Und genau das wirft Marion Marbach dem Kfz-Haftpflichtversicherer des Renaults, der Gothaer Versicherung, vor.

Dabei hat sie alles richtig gemacht. Nach dem Unfall hat sie einen Anwalt eingeschaltet. Der Fiesta war hinüber, dafür hat die Gothaer schnell gezahlt. Aber für das, was ihr für den Schaden an Leib und Seele zusteht, muss sie jahrelang streiten. 2005 zahlt der Versicherer 12 000 Euro, das ist ein Bruchteil von dem, worauf sie einen Anspruch hat. Was der Versicherer in den Jahren dazwischen getan hat, ist in Marion Marbachs Augen Körperverletzung. Dass die Gothaer durch ihr Verhalten ihre Erkrankung verschlimmert hat, hat sie schwarz auf weiß. Im Laufe der Zeit sei die depressive Symptomatik stärker geworden, heißt es in einem Gutachten ihres Arztes. »Dies vor allem im Hinblick darauf, dass sie immer wieder zu verschiedenen Begutachtungen muss, obwohl die Gutachten keine neuen Aspekte aufzeigen. Auch dass von der Gegenpartei ihr bisheriges Leben nicht anerkannt und falsch dargestellt wird, belastet sie sehr. Sie fühlt sich in diesem Zusammenhang hilf- und machtlos.«

Kein Gutachten, keine ärztliche Diagnose, die die Gothaer nicht in Zweifel zieht. Die ständigen Ohrgeräusche, der Tinnitus, werden von Marion Marbachs Ärzten eindeutig als Folge des Unfalls beschrieben. Die Gothaer behauptet, der Tinnitus sei keine Folge des Unfalls. Auch die posttraumatische Belastungsstörung will sie nicht anerkennen. Marion Marbach ist rechtsschutzversichert. Sie lässt sich das nicht gefallen. »Früher war ich eine Powerfrau«, sagt sie. Davon scheint immer noch etwas durch, ihr Kampfgeist ist geblieben. Aber die Kraft ist weg, fast. Zu den Symptomen ihrer Erkrankung gehört der soziale Rückzug. Menschenansammlungen kann sie nicht ertragen. Ertönt Kindergeschrei, nimmt ihre Anspannung zu. Ihre linke Hand zittert mehr als sonst, sie wird fahrig und unruhig. Zweimal hat sie versucht, wieder zu arbeiten. Es hat nicht geklappt. Sie leidet nicht nur unter Tinnitus und der posttraumatischen Belastungsstörung. Sie hat auch eine Hyperakusis, eine Geräuschüberempfindlichkeit. Hört sie es pfeifen oder andere schrille Töne, wird ihr übel.

Marion Marbachs Nervenkostüm ist extrem instabil, das ist ja gerade die Folge des Unfalls. »Die Gothaer und ihr Anwälte nehmen auf so etwas keine Rücksicht«, sagt sie. Jeder Brief wird zum Stressauslöser, bei jedem Gang zum Postkasten bricht ihr der kalte Schweiß aus, beginnt sie zu zittern. Eine Folge des Unfalls ist, dass ihr Körper in ständiger Alarmbereitschaft ist. Was Geschädigten wie Marion Marbach immer wieder schwer zu schaffen macht, ist, vom Versicherer als Simulantin hingestellt zu werden. Das ist demütigend und erniedrigend. Einen Unfall zu haben, dessen Folgen das Leben von heute auf morgen völlig auf den Kopf stellen, ist schlimm. Dass das nicht anerkannt wird, unerträglich. Marion Marbach muss damit fertig werden, dass sie eine andere geworden ist. Dass sie nicht mehr die Powerfrau ist, die alles im Griff hat und locker für sich und ihre Tochter sorgen kann. Die möglicherweise einen Nervenzusammenbruch bekommt, wenn wieder einmal ein Schreiben aus der Kanzlei des Versicherers im Briefkasten liegt.

Marion Marbach fühlt sich der Gothaer völlig ausgeliefert. Sie kämpft einen Kampf mit ungleichen Waffen. Ihr Anwalt ist zwar ein Fachanwalt, aber nicht für Versicherungsrecht. Die Gothaer wird von einer der renommiertesten Kanzleien für Versicherungsrecht in Deutschland vertreten, die viele Anwälte beschäftigt und deren Partner viel beachtete Kommentare zu Gesetzen schreiben. Hier kennt man jeden Trick, jeden juristischen Winkelzug. Marion Marbach fragt sich, ob den Anwälten klar ist, welchen Stress die kurzfristige Verschiebung eines Prozesstermins bei Menschen mit einer Krankheit wie ihrer auslöst. Sie kann eine ganze Reihe ärztlicher Gutachten vorweisen, von Neurologen, Psychiatern und HNO-Ärzten. Ohne ihre Einwilligung gibt die Gothaer die Daten an einen Gutachter weiter. Der fertigt ein fünfzehnseitiges Schriftstück mit merkwürdigen Thesen an. Eine bei Versicherern beliebte Taktik ist, zu behaupten, nicht der Unfall sei Ursache der Krankheit, sondern, wie es im Branchenjargon so schön heißt, ein »Vorschaden«. Den sieht der Gutachter offenbar schon in der Tatsache, dass Marion Marbach alleinerziehende Mutter ist. Denn diese Gruppe sei ja dafür bekannt, dass sie häufig an psychischen Beeinträchtigungen leide, heißt es. Auch dass sie vor dem Unfall bei einer Heilpraktikerin, die auch Psychotherapeutin und Sozialarbeiterin ist, Entspannungsübungen absolviert hat, wird ihr angekreidet. Außerdem habe sie ein problematisches Verhältnis zu ihrer Tochter. »Ich habe nicht nur kein Leben mehr, die Versicherung versucht auch, mein altes Leben in den Dreck zu ziehen«, sagt sie.

Vor den Verhandlungen vor Gericht hat sie Angst, seit ein Anwalt sie anfuhr: »Und was es mit dem Zittern auf sich hat, das werden wir auch noch untersuchen lassen.« Die Schuldfrage ist völlig klar, der Renault-Fahrer hat den Unfall verursacht. Die Gutachten bezeugen eindeutig, dass die Geschädigte einen erheblichen Schaden hat. In den Expertisen steht auch, was ihr schadet. »Ich hatte das Gefühl, das war eine Gebrauchsanweisung für die andere Seite«, sagt sie. »Die Versicherer haben ein großes Interesse daran, den Geschädigten schlecht dastehen zu lassen.« Als sie 2006 in der Klinik ist, raten die Ärzte ihr, einen Antrag auf befristete Verrentung zu stellen. Sie soll zur Ruhe kommen. Sie stellt den Antrag, er wird bewilligt. Zuerst bis Ende 2011, dann bis Ende 2014. Sie hofft, dass Versicherer und Berufsgenossenschaft ein Einsehen haben, wenn die Rentenversicherung aufgrund der Unfallfolgen eine befristete Rente bewilligt. Aber die denken gar nicht daran. Die Sache geht noch Jahre weiter.

Marion Marbach versteht die Welt nicht mehr. Mittlerweile hat sie einen fachkundigen Anwalt, der nicht nur Schmerzensgeld fordert. Sie ist fertig. Nicht nur psychisch. Im März 2011 steht Marion Marbach vor dem finanziellen Aus. Ihr Haus ist in Gefahr, einen Teil des Grundstücks hat sie schon verkauft. Jetzt wird es richtig eng. Auch wenn der Versicherer mittlerweile 24 000 Euro als Entschädigung gezahlt hat. Die Richter des Oberlandesgerichts Darmstadt schlagen ihr und der Gothaer einen Vergleich vor. Sie sieht keine andere Möglichkeit, als sich auf den Vergleich einzulassen. Dabei hätten die Aussichten gut gestanden, vor einer höheren Instanz mehr zu bekommen. Aber sie kann nicht mehr. »Ich hatte keine Aussicht auf Besserung, solange dieses Verfahren läuft«, ist sie überzeugt. Die Gothaer zahlt zusätzlich zum Abschlag rund 286 000 Euro. Das klingt viel. Aber das ist es nicht. Das Geld muss bis zu ihrem Lebensende reichen. Sie bekommt eine Erwerbsminderungsrente. Aber sie erwirbt keine weiteren Ansprüche für die Altersrente mehr. »Früher hatte ich keine Angst vor Altersarmut, das ist heute anders«, sagt sie.

Marion Marbach ist vom Rechtsstaat enttäuscht. »Es kann doch nicht sein, dass der Richter nur der Schiedsrichter ist, wer den besseren Anwalt hat«, sagt sie. Immer wieder geschieht es Unfallopfern, dass sie bei einem Feld-Wald-und-Wiesen-Anwalt landen, der den hoch spezialisierten Juristen der Versicherer aus den großen Kanzleien nicht gewachsen ist. »Man müsste Justitia die Binde von den Augen reißen, damit sie sieht, was hier los ist«, sagt sie. »Der Gesetzgeber schützt den Geschädigten nicht.«

Die Gothaer möchte keine Stellung dazu beziehen, wie sie Marion Marbach behandelt hat. Der Fall sei seit Langem abgeschlossen, sagt eine Sprecherin. »Es handelt sich um einen Einzelfall mit einem immensen Komplexitätsgrad, deswegen möchten wir hier nicht erneut tief einsteigen«, sagt die Sprecherin. Das sagt die Gothaer aber erst, nachdem sie sich eine Einverständniserklärung von Marion Marbach hat vorlegen lassen, dass sie den Versicherer von jeglicher Schweigepflicht entbindet. So etwas passiert nicht selten. Es erschwert die Berichterstattung von Journalisten. Berichte sollen unglaubwürdig klingen, weil sich der Versicherer nicht zu einem Fall äußert.

Interessenvertreter von Geschädigten und Anwälte beklagen immer wieder die Zermürbungstaktik der Versicherer, wie sie auch im Fall von Marion Marbach sichtbar wird. Die Gothaer weist solche Vorwürfe – ganz allgemein – weit von sich. »Diese Vorwürfe können wir nicht nachvollziehen. Wir setzen alles daran, unseren Versicherten oder Menschen, die durch unsere Versicherungsnehmer zu Schaden gekommen sind, so schnell und umfassend wie möglich zu helfen. Denn das ist schließlich der Sinn des Versicherungsschutzes«, sagt die Gothaer. »Allerdings müssen wir zum Schutz der Versichertengemeinschaft auch immer prüfen, ob die Forderungen, die erhoben werden, auch tatsächlich berechtigt sind. Wenn dies der Fall ist, werden Schäden selbstverständlich umgehend reguliert.« Über solche Sätze kann Marion Marbach nur lachen. Aber es ist ein bitteres Lachen. Sieben Jahre hat die Gothaer ihren Fall »geprüft«, obwohl die Sachlage von Anfang an klar war. »Die hätten mich fast umgebracht«, sagt sie.

Vorsicht bei freundlichen Helfern

Bei Personenschäden durch Autounfälle geht es immer um viel Geld. Aufgrund der besseren Sicherheitstechnik in den Fahrzeugen überleben Unfallopfer öfter und länger. Bei der Schadenregulierung zu knausern ist nicht der einzige Weg, um Kosten zu senken. Bei, wie es im Branchenjargon heißt, »schweren Personenschäden« greifen die Versicherer in die Organisation der Behandlung ein. Rehabilitation ist eigentlich eine Aufgabe der gesetzlichen Rentenversicherungsträger. Die zahlen auch Kuren und andere Maßnahmen, die den Verletzten wieder berufsfähig machen sollen. Aber so einen Service wie die privaten Versicherer haben sie nicht.

Mithilfe spezieller Angebote wollen die privaten Versicherer dazu beitragen, dass der Verunglückte schneller wieder gesund und arbeitsfähig wird. Bleiben schwere Behinderungen zurück, organisieren sie den Umbau der Wohnung oder sogar des Arbeitsplatzes. Das ist allemal billiger, als eine lebenslange Pflege oder höhere Rente zahlen zu müssen. Wer im Rollstuhl sitzt und berufstätig ist, erhält eine niedrigere monatliche Rente als der, der nicht erwerbsfähig ist. Spezielle Rehabilitationsdienste übernehmen die Betreuung Schwerstverunglückter. Sie werden – wenn es das Opfer oder seine Angehörigen zulassen – so schnell wie möglich eingeschaltet. Die Mitarbeiter entwerfen Behandlungs- und Rehabilitationspläne für eine zügige Genesung. Steht völlig außer Frage, dass ein Opfer durch einen Unfall schwer geschädigt ist, kommen die Versicherer mit ihrer Verschleppungs- und Verzögerungstaktik nicht weiter – zumal den Opfern mit den gesetzlichen Renten- und Krankenkassen oft mächtige Verbündete zur Seite stehen. Sozialversicherungsträger wollen nicht auf Behandlungskosten sitzen bleiben, und im Gegensatz zu den Opfern haben sie die Mittel und die Zeit, ihre Interessen durchzusetzen.

Die privaten Versicherer versprechen sich von der Organisation der Behandlung und Rehabilitation eine Ersparnis von

10 bis 15 Prozent der Kosten für den »schweren Personenschaden«. Die Allianz spart im Einzelfall zwischen 1500 und bis zu 40000 Euro im Jahr. Ob der Betroffene davon profitiert, hängt von der jeweiligen Behandlung ab. Steht tatsächlich seine baldige Genesung und seine volle Unterstützung im Vordergrund, kann das für ihn eine gute Sache sein. Geht es ausschließlich um die Kostensenkung, nicht. Experten fordern, dass Reha-Dienste für die Versorgung von Schwerstverletzten völlig unabhängig vom Versicherer sein müssen, damit es eben nicht nur ums Kostendrücken geht.

Doch die größten Dienstleister im Bereich Rehabilitationsmanagement nach Unfällen gehören Versicherern, genauer gesagt Rückversicherern. Das sind die Versicherer der Versicherer. Ein »schwerer Personenschaden« kostet schnell einige 100000 Euro. Da sitzt der Rückversicherer mit im Boot. Der Rückversicherer GenRe, die frühere Kölnische Rückversicherungs-Gesellschaft, hat ein Unternehmen namens »Der Rehabilitations-Dienst« ins Leben gerufen, die Swiss Re das Unternehmen ReIntra. Die RehaCare GmbH gehört mehrheitlich der Allianz. Die öffentlichen Versicherer betreiben gemeinsam das Tochterunternehmen Reha Assist Deutschland.

Diese Dienste legen viel Wert auf ihre Unabhängigkeit. Sie mögen es formal sein. Aber sie gehören zum Lager der Versicherer, das sollte skeptisch machen. Sie sagen, dass sie keine Daten weitergeben und nicht weisungsgebunden sind. Das Vertrauen der Opfer zu diesen Dienstleistern ist wichtig. Halten Patienten medizinische Daten zurück, kann das den Genesungsprozess erheblich beeinträchtigen. Doch die Interessen zwischen Versicherern und Geschädigten sind nicht so gleich, wie es angesichts eines schweren Unfalls zunächst erscheint – beide Seiten wollen eine rasche Wiederherstellung des Verunglückten und möglichst keine oder wenige bleibende Schäden. Aber der Versicherer hat ein anderes finanzielles Interesse als der Geschädigte. Das Unternehmen kann mit Hinweis auf frühere Erkrankungen versuchen, dem Opfer weniger zu zahlen. Also: Vorsicht!

Nicht nur für den Bereich der medizinischen Rehabilitation unterhalten Versicherer eigene Dienstleister oder kooperieren mit solchen Gesellschaften. Im gesättigten Versicherungsmarkt wird der Service-Gedanke immer wichtiger. Ausgerechnet die Abzocker und Knauserer wollen immer stärker zu Kümmerern für die Kunden werden. »Assistanceleistungen« ist der Schlüsselbegriff. Mit dem Zerbrechen der traditionellen Milieus und der steigenden Mobilität der Bürger entstehen neue Bedürfnisse. Einfache Nachbarschaftshilfen sind nicht mehr so üblich wie noch vor ein oder zwei Generationen. Wer allein lebt und bettlägerig zu Hause ist, hat ein ernsthaftes Problem, auch wenn er jung und eigentlich gesund ist. Viele Menschen fürchten sich davor, plötzlich hilflos und aufgeschmissen zu sein. Nicht nur die Achtzigjährigen. Das wissen die Versicherer. Wie aus jeder Angst der Menschen machen sie auch daraus ein Geschäftsmodell.

Immer mehr Unternehmen bieten immer mehr Leistungen an. Sie schließen Verträge mit Handwerkern, die im Bedarfsfall das Abflussrohr reinigen oder das Wespennest entfernen. Nach Überschwemmungen schicken Versicherer Sanierungstrupps, die den Keller erst trockenlegen und dann renovieren. Für viele Leistungen müssen Kunden extra zahlen, etwa bei speziellen Haus- oder Wohnungsschutzbriefen, bei denen auch der Schlüsseldienst inbegriffen ist, wenn die Tür mal zugefallen ist. Früher waren solche »Schutzbriefe« vor allem in der Autoversicherung verbreitet. Mittlerweile gibt es sie auch für andere Bereiche wie Wohnen, Reise-, Pflege- und Unfallversicherungen. Verbraucherschützer warnen vor diesen Verträgen, aber sie werden trotzdem bestens verkauft . Dabei versprechen diese Lockangebote für Ältere, Singles oder Hauseigentümer oft mehr, als sie halten. Zwar kommt nach dem Unfall für kurze Zeit die Haushaltshilfe, aber sie ist lange vor der Genesung wieder weg. Oft kann der Kunde nur wenige Leistungen im Jahr in Anspruch nehmen und muss danach selbst zahlen. Oder der Versicherer organisiert den Handwerker nur, zahlen muss der Kunde. Der merkt das aber erst, wenn die Rechnung im Briefkasten liegt.

Große Versicherer haben eigene Unternehmen, die alles Mögliche für ihre Klienten erledigen. Die öffentlich-rechtlichen Gesellschaften bilden ein Lager. Sie haben ihre Geschäftsbereiche nach Regionen aufgeteilt und konkurrieren nicht miteinander. Für sie ist es einfach, ein gemeinsames Unternehmen für Assistanceleistungen zu unterhalten. Ihre Örag Service GmbH holt erkrankte oder verunglückte Urlauber zurück, organisiert ambulante Kurzzeitpflege, schickt den Mechaniker, wenn das Auto streikt, oder den Rohrreiniger, wenn der Abfluss verstopft ist. Sie bietet auch anderen Versicherern ihre Dienste an. Auch die Servicegesellschaften der Konkurrenz sind offen für Wettbewerber. Die Assekuranz ist ein riesiges Dienstleistungsunternehmen, das von der Bestattung über Essen auf Rädern und die Putzfrau bis zur Renovierung alles anbietet. Nur der Service im Kerngeschäft, dem Versichern, wird immer schlechter.

4. Die Servicewüste

Geht es darum, für ihren Arbeitgeber Geld zu sparen, sind die Beschäftigten kreativ. Weil er ein Moslem ist, wollte eine Sachbearbeiterin der Gothaer einem verunglückten Mann aus Westfalen den Haushaltsführungsschaden nicht zahlen. Nach einem Unfall haben Geschädigte Anspruch auf eine Entschädigung dafür, dass sie nicht mehr putzen, kochen und andere Hausarbeiten verrichten können. Der verunglückte Mann war muslimischen Glaubens. Das reichte der Sachbearbeiterin aus, um den Anspruch abzulehnen. Begründung: Es sei bekannt, dass Moslems im Haushalt nicht helfen. Der Nordafrikaner akzeptierte das nicht, sein Anwalt schaltete die Presse ein. Das half. Der Gothaer ist die Sache unendlich peinlich. Sie entschuldigte sich und bestreitet, dass es irgendwelche Vorgaben in ihrem Haus in diese Richtung gab oder gibt.

Doch die Versicherer setzen den Rotstift überall an. Nicht nur bei der Schadenregulierung. Die Branche ernährt nicht nur unzählige freie Handelsvertreter und andere Selbstständige, sondern auch viele Angestellte. Sie haben nicht das beste Sozialprestige. Immer wieder werden sie in Filmen oder Serien parodiert. Die Comedy »Stromberg« beschreibt den Alltag der Abteilung Schadenregulierung M bis Z der fiktiven Capitol Versicherung aus Sicht eines Fernsehteams, das eine Dokumentation dreht. Der völlig unfähige Abteilungschef Bernd Stromberg und sein schräges Personal wollen sich im besten Licht präsentieren, aber das klappt nie. Ist man in echten Versicherungshäusern zu Gast und fragt, ob dort »Stromberg« gedreht wurde, erhält man sehr verschnupfte Antworten. Mit der Comedy und der schrägen Truppe wollen die Mitarbeiter nicht in einen Topf geworfen werden.

Unvergessene Einblicke in das Innenleben eines Versicherungsunternehmens gewährt der grandiose Film »Kehraus« aus dem Jahr 1983. Hier bekommt Gerhard Polt als Ferdinand Weitel an einem Rosenmontag ein ganzes Paket seltsamer Versicherungen aufgeschwatzt. Der Gabelstaplerfahrer macht sich auf in die Konzernzentrale, um sie wieder loszuwerden. Bei diesem Abenteuer kann der Zuschauer ein ganzes Panoptikum an Assekuranzmitarbeitern besichtigen. Da sind der skrupellose Vertreter Arno von Mehling, die Angestellte Annerose Waguscheit, die ihr Arbeitsleben mit Nagelfeilen verbringt, und das zynische wie total konfuse Management.

In »Kehraus« lässt der Vorstand der Versicherung die Angestellten mit einer Kamera überwachen. Er will feststellen, auf welche Beschäftigten das Unternehmen verzichten kann. Personalabbau ist in der Branche von jeher ein Thema, und das ist noch immer so. Kameraüberwachung gibt es bisher nicht. Aber Beratungsunternehmen, deren Abgesandte in den Abteilungen nach Wirtschaftlichkeitsreserven fahnden. 1991 beschäftigte die Assekuranz nach Auskunft des Arbeitgeberverbands der Versicherer insgesamt 251 900 Personen, im Jahr 2010 waren es nur noch 216 400 Menschen. Das ist noch lange nicht der Schlusspunkt. Die Gesellschaften versuchen, die Ausgaben für die eigene Verwaltung zu reduzieren. Das Thema Kostensenkung treibt die Manager der Branche um, seit es die Assekuranz als ernsthaften Wirtschaftszweig gibt. Die Branche gibt acht Milliarden für Abschlusskosten für die diversen Spielarten der Lebensversicherung aus, das meiste davon für Provisionen für die Vermittler. Hier spart sie nicht. Aus Sicht der Manager macht das Sinn. Würden sie die Vermittlervergütung radikal senken, bekämen sie keine neuen Policen. Ohne Nachschub an Policen würden die relativen Kosten steigen. Der Bestand würde schmelzen, und die Ausgaben für die großen Verwaltungsapparate müssten auf weniger Verträge verteilt werden. Damit würde eine Abwärtsspirale in Gang gesetzt. Der Bestand würde noch schneller schmelzen. Kunden, die könnten, würden zur Konkurrenz wechseln. Solange sie keine Alternative zu Vermittlern als

Vertriebskanal zu haben glauben, sind die Unternehmen bei der Senkung der Provisionen übervorsichtig. Die Verkäufer wachen eifersüchtig darauf, dass neben ihnen keine Konkurrenz groß wird. Nur ganz langsam setzen sich im Markt Nettoverträge durch. Das sind Verträge, bei denen die Versicherer die Provisionszahlungen herausgerechnet haben. Versicherungsberater zum Beispiel, die keine Policen verkaufen dürfen, weisen Kunden auf solche Verträge hin.

In ihren Verwaltungen drücken die Versicherer schon immer die Kosten. Früh haben sie auf moderne Kommunikationstechnik gesetzt. Unter dem Schlagwort der Industrialisierung haben viele Unternehmen in den vergangenen Jahren versucht, die Bearbeitungsprozesse zu beschleunigen. Effizienter und effektiver sollen die Prozesse werden. Dazu standardisieren sie so viele Arbeitsschritte wie möglich. Zum Beispiel die Postbearbeitung: Früher wurde die Post von Boten durch die Büros getragen. Heute wird das, was überhaupt noch an Papier ins Haus und nicht elektronisch kommt, eingescannt und in die elektronische Weiterverarbeitung gespeist. Die Sachbearbeiter bekommen diese Informationen automatisch als Daten in ihre elektronischen Postfächer gelegt. Das führt für die Beschäftigten zu einer größeren Arbeitsverdichtung. Sie sind kontrollierbarer geworden. Den Tag mit Nagelfeilen zu verbringen, kann sich keine Beschäftigte leisten.

Callcenter statt qualifizierte Mitarbeiter

Versicherungsmitarbeiter sind treue Seelen. Die durchschnittliche Betriebszugehörigkeit liegt bei 15 Jahren. Der männliche Versicherungsangestellte ist im Durchschnitt 43,9 Jahre alt, seine Kolleginnen kommen auf ein Durchschnittsalter von 41,9 Jahren. Im Jahr 2010 waren etwas mehr als die Hälfte aller Beschäftigten weiblich, im Außendienst stieg der Anteil um 0,7 Prozentpunkte auf 20,6 Prozent. Vieles erledigt Kollege Computer ganz allein.

Bei der Deutschen Krankenversicherung entscheiden Maschinen in bestimmten Fällen, ob der Versicherer einem Kunden das Geld für eine eingereichte Rechnung überweist oder nicht. Viele Briefe verlassen die Gesellschaften ohne Unterschrift eines leibhaftigen Menschen. Das nehmen nicht alle Kunden hin. Ein ehemaliger Mathematiklehrer aus Bonn hat sich bei seinem privaten Krankenversicherer massiv über die Standardabspeisung beschwert. Er hatte Erfolg und bekam Post, die ein echter Mensch unterschrieben hat.

Doch Kollege Computer ist auf lange Sicht billiger als die Sachbearbeiter aus Fleisch und Blut. Die Tarifgehälter für die Innendienstmitarbeiter sind gar nicht so schlecht. Im ersten Berufsjahr verdienen sie je nach tariflicher Eingruppierung zwischen 2220 Euro und 2366 Euro brutto, ab dem vierzehnten Berufsjahr zwischen 3318 Euro und 4335 Euro. Aber es gibt auch in dieser Branche so etwas wie einen Niedriglohnsektor und prekäre Arbeitsverhältnisse. Die Unternehmen lagern Aufgaben aus. Manche gehen den Weg der Auslagerung ganzer Arbeitsbereiche, andere gehen punktuell vor, etwa mit der Nutzung von Callcentern. Deren Mitarbeiter bekommen oft nicht die Tariflöhne, denn das ist ja gerade Zweck der Auslagerung. »Da sitzen dann oft Leute, die eben nicht die Qualifikation haben, qualifiziert Auskunft zu geben«, sagt Thorsten Rudnik vom Bund der Versicherten. Nicht durchgesetzt hat sich das sogenannte *Offshoring*. Der Versicherer AXA hatte Mitte des vergangenen Jahrzehnts als Erster den Versuch unternommen, Verwaltungsarbeiten in Länder mit extrem niedrigem Lohn auszulagern. Im lettischen Riga und im indischen Bangalore haben Beschäftigte unter anderem nicht zuzuordnende Zahlungseingänge mit offenen Rechnungen von Kunden abgeglichen und andere einfache Arbeiten ausgeführt. Offenbar hat das dem Unternehmen nicht den gewünschten Erfolg gebracht. Zumindest ist das Modell nicht in Serie gegangen.

In den wettbewerbsintensiven Sparten wie der Autoversicherung versuchen die Gesellschaften, mit garantierten Bearbeitungszeiten zu punkten. Ist der Schaden nicht in sieben, acht oder zehn Tagen bearbeitet, erhält der Kunde 30, 40 oder 50 Euro. In den anderen Bereichen lässt der Service nach. »Die Kunden warten länger auf die Bearbeitung ihrer Schäden«, sagt Rudnik. Das gilt erst recht für die einst fast in nachbarschaftlicher Atmosphäre ablaufende Schadenregulierung in den Geschäftsstellen. Auch die Agenturen sind nicht mehr das, was sie einmal waren. Die Versicherer mit den vielen Filialen und dem flächendeckenden Vertriebsnetz bilden sich einiges auf die Betreuung ihrer Kunden ein. Ihre Vor-Ort-Leute haben großspurige Bezeichnungen wie »Generalvertreter« oder gar »Bezirkskommissar«. Wie auch immer sie heißen, zu erreichen sind sie immer seltener. Statt von montags bis freitags von 9 bis 18 Uhr sind die Leute nur noch an zwei ausgewählten Wochentagen von 11 bis 13 Uhr im Büro. Blöd für die Kunden, die es von alters her so kennen, dass sie nach einer Schadensmeldung gleich den Scheck mitnehmen können. Der leibhaftige Kundenbetreuer vor Ort wird immer mehr abgelöst durch anonyme Angebote am Telefon durch Callcenter-Agents. Lange Wartezeiten und das Hängen in Warteschleifen sind keine Seltenheit. Oft sind diese Mitarbeiter nur angelernt. Sie können bei Standardfragen weiterhelfen, aber nicht bei komplizierten Sachverhalten. Besonders ärgerlich ist es für Kunden, wenn die Callcenter-Agents gar keinen Zugriff auf ihre Daten haben. Dann bleibt ihnen der Schriftverkehr, der gerade durch die telefonische Kontaktaufnahme vermieden werden sollte, nicht erspart.

Nicht nur Verbraucher spüren den immer schlechter werdenden Service. Er trifft auch die Vermittler. Sie beschweren sich, dass sie keine direkten Ansprechpartner in den Unternehmen mehr haben. Auch sie schätzen es nicht, stundenlang in der Warteschleife eines Callcenters zu hängen, deren schlecht ausgebildete Mitarbeiter ihnen nicht weiterhelfen können. Manche Versicherer sind dabei auch noch so dreist, den Vermittlern den Kontakt nur über teure 0180er-Nummern zu ermöglichen. Makler beschweren sich darüber, zunehmend keinen direkten

Zugang mehr zu Sachbearbeitern zu haben. Dass kann auch für den Kunden ärgerlich sein, etwa wenn der Vermittler für ihn bei einem Schaden etwas mit dem Versicherer klären will.

Schwindende Kampfkraft

Traditionell waren die Beschäftigten in der Versicherungswirtschaft vor allem in einer Organisation des Deutschen Gewerkschaftsbunds organisiert. Früher war das die HBV, die Gewerkschaft Handel, Banken, Versicherungen. Jetzt ist es die Dienstleistungsgewerkschaft ver.di. Tarifvertragspartner sind darüber hinaus auch die DHV – Die Berufsgewerkschaft und der DBV, der Deutsche Bankangestellten-Verband.

Ver.di verliert in der Assekuranz an Boden. Die Dienstleistungsgewerkschaft kämpft um ihre Akzeptanz in den Belegschaften. Vor allem Flügelkämpfe in der Führung des für die Versicherungswirtschaft zuständigen Fachbereichs lähmten die Gewerkschaft. Die Beschäftigten kreiden ihren Funktionären zudem die angesichts der hohen Gewinne der Gesellschaften mageren Gehaltsabschlüsse an. Seit Mitte der Neunzigerjahre sind die Einkommen pro Jahr nominal nur um rund 2 Prozent gestiegen, bei der letzten Tarifrunde allerdings um 3 Prozent. Trotz steigender Umsätze wurden Zehntausende von Arbeitsplätzen abgebaut. Die Folge: Die Mitglieder liefen in Scharen davon. Beobachter glauben, dass ver.di nur noch 10 Prozent der Beschäftigten in den Versicherungsunternehmen hinter sich hat.

In dem riesigen Apparat der Dienstleistungsgewerkschaft sind die Versicherungsleute in einem von 13 Fachbereichen zusammengefasst. Diesen Fachbereich müssen sie sich mit anderen Gruppen aus der Finanzbranche teilen. Eine Reihe von Arbeitnehmervertretern hatte eines Tages die Nase voll. Im November 2010 hat sich eine weitere Interessensvertretung organisiert, die »Neue Assekuranz Gewerkschaft«. Viele der Gründer kommen aus dem Hause ERGO. Aus Enttäuschung über die schlechte

Betreuung in der Großorganisation ver.di hätten einflussreiche Betriebsräte die große Gewerkschaft verlassen, sagt die neue Interessensvertretung. »Nachdem sich seit der ver.di-Gründung die Mitgliederzahlen in der Versicherungswirtschaft mehr als halbiert haben, hat auch auf Ebene der politischen Bundessekretäre ein beispielloser Aderlass stattgefunden«, so Marco Nörenberg, Vorsitzender des Gewerkschaftsrats der Neuen Assekuranz Gewerkschaft.[47] Ursprünglich habe ver.di sechs Hauptamtliche auf Bundesebene für die Kollegen in der Assekuranz bereitgestellt, jetzt nur noch einen. Viele altgediente Funktionäre sind in den vergangenen Jahren in den Ruhestand gegangen. »Dieser Know-how-Abfluss und auch der Fortfall von Ressourcen sind dramatisch und werden ver.di-seitig aus Kostengründen nicht annähernd hinreichend aufgefangen. Das geht zulasten unserer Kolleginnen und Kollegen in den Betrieben. Betriebs-, Gesamt- und Konzernbetriebsräte werden vielfach nicht oder unzureichend betreut, in den Betrieben findet Gewerkschaft kaum noch statt«, kritisiert Nörenberg, der Konzernbetriebsrat bei ERGO ist.[48]

So haben die Versicherer mit ihren Beschäftigten ein leichtes Spiel. Bemerkbar macht sich das zum Beispiel an der Übernahme von Auszubildenden. Nach Angaben der Neuen Assekuranz Gewerkschaft lag die Übernahmequote in ein unbefristetes Angestelltenverhältnis im Januar 2011 bei unter 20 Prozent. In der Branche stehen die Zeiten weiter auf Stellenabbau. Der Versicherer AXA zum Beispiel will nach Presseberichten bis zum Jahr 2015 von 9000 Vollzeitstellen in Deutschland 1500 streichen. Der Versicherungskonzern Talanx will an die Börse. Auch hier erwarten Beobachter den massiven Abbau von Arbeitsplätzen.

Die Männerbastion

Dass Frauen es bei einem Versicherungsunternehmen durch die gläserne Decke ins Topmanagement schaffen, ist extrem selten. In den wichtigsten Steuerungsorganen, den Vorständen und Aufsichtsräten, gibt es kaum weibliche Mitglieder. Dabei mögen Versicherungsunternehmen Frauen. Als Zielgruppe. Zahlungskräftige Kundinnen werden von den Generali Versicherungen ganz besonders umgarnt, eigens für sie hat das Unternehmen den Vertrieb »FrauenFinanzService« ins Leben gerufen. Mit der »Beratung von Frau zu Frau« wirbt die Gesellschaft: »Frauen beraten Frauen einfach besser.«[49] Jedenfalls, wenn es um den Verkauf der »Mutter und Kind Unfall«-Police oder der Kinderrente Fonds geht. Im eigenen Vorstand legt die zum italienischen Generali-Konzern gehörende Gesellschaft aber keinen Wert auf den Rat von Frauen. Da sitzen nur Herren.

Als Topmanagerinnen sind Frauen in der Assekuranz sehr selten anzutreffen. Die Führungsetagen der Versicherungswirtschaft sind eine der letzten Männerbastionen der Republik. In der Assekuranz ist Sexismus eine verbreitete Weltanschauung, nicht nur wenn es um Anreize für die Verkäufer geht. In der Nachkriegszeit gehörte die Mitgliedschaft in einer Burschenschaft zu einem wichtigen Punkt in der Biografie eines Managers, der es zu etwas bringen wollte. Von diesem Korpsgeist hat sich die Branche noch nicht wirklich befreien können, auch wenn es in den Vorstandsetagen durchaus moderne Männer gibt. Seilschaften und antiquierte Rollenklischees sind offenbar bei Beförderungen wichtiger als tatsächliche Qualifikationen. In kaum einer anderen Branche gibt es so wenige Frauen unter den Führungskräften. Es sind sogar noch weniger als im nicht gerade frauenfreundlichen Banksektor. »Obwohl im Finanzsektor weit mehr als die Hälfte der Beschäftigten Frauen sind, stellen sie nur 2,9 Prozent der Vorstandsmitglieder in den großen Banken und Sparkassen und nur 2,5 Prozent dieser Posten in den großen Versicherungen«, stellen Elke Holst und Julia Schimeta vom Deutschen Institut für Wirtschaftsforschung (DIW) für das Jahr 2010 fest. »In allen großen Instituten im Finanzbereich gibt es erheblichen Nachholbedarf bei der Besetzung von Spitzenpositionen durch Frauen.«[50]

Die Wissenschaftlerinnen des DIW haben untersucht, wie Frauen an den Entscheidungsprozessen bei den nach Beitragseinnahmen zweiundsechzig größten Versicherern beteiligt sind. Dazu zählten die Forscherinnen, wie viele Frauen in den Aufsichts- und Verwaltungsräten und Vorständen der Unternehmen vertreten sind. Das Ergebnis ist ernüchternd. In keinem einzigen Unternehmen ist eine Frau Vorstandsvorsitzende. Zweiundfünfzig Gesellschaften haben keine einzige Frau im Vorstand. Von den insgesamt 399 Vorstandsposten, die es 2010 in den 62 beitragsstärksten Versicherungsunternehmen gab, waren 389 von Männern und zehn von Frauen besetzt. Wahrgenommen werden diese zehn Vorstandsposten von acht Managerinnen.[51]

Im Jahr 2010 lag der Frauenanteil in den Führungsgremien der zweiundsechzig größten Häusern bei 2,5 Prozent. Im Jahr zuvor waren es noch 2,8 Prozent. Bei einem so geringen Anteil macht sich schon der Weggang einer einzigen Frau bemerkbar. Die Quote gedrückt hat der Weggang der Topmanagerin Elke König vom Rückversicherer Hannover Rück im Frühjahr 2009. König wurde Mitglied des International Accounting Standards Board (IASB), einem Gremium zur Entwicklung internationaler Bilanzstandards. Von da ging es an die Spitze der Bundesanstalt für Finanzdienstleistungsaufsicht, deren Chefin sie jetzt ist. Ihr Nachfolger bei der Hannover Rück war ein Mann, der Manager Roland Vogel. Verlässt eine Frau ihren Posten, rückt in der Regel ein Mann nach.

Archaische Verhältnisse

Die Topmanagerinnen haben einen harten Aufstieg hinter sich. Die meisten Frauen, die es in die erste oder zweite Führungsebene geschafft haben, sind trotzdem gegen eine Frauenquote.

Dabei macht es keinen Unterschied, ob sie von einem großen oder einem kleinen Versicherer kommen. Sabine Krummenerl, die mit zwei Vorstandsposten eine der mächtigsten Versicherungsmanagerinnen Deutschlands ist, schiebt den Frauen selbst die Schuld für ihre fehlende Präsenz in den Führungsetagen zu. »Man kann das über eine Frauenquote nicht erzwingen. Das muss schon von den Frauen selbst kommen«, sagte sie bei einem von der Zeitschrift *Versicherungswirtschaft* veranstalteten Topmanagerinnentreffen. Auch Wiltrud Pekarek von der Halleschen Krankenversicherung ist gegen die Quote: »Ich glaube nicht, dass sie uns Frauen nützt, sondern eher schädigt.« Und Marita Manger, Vorstandssprecherin der recht kleinen Auxilia Rechtsschutzversicherung, wehrt sich dagegen, ihre Geschlechtsgenossinnen fördern zu müssen: »Ich selbst will keine Quotenfrau sein und will auch nicht gezwungen sein, eine Frau nehmen zu müssen.«[52] Doch auch in der Assekuranz gibt es Stimmen, die sich für eine Quote aussprechen. Eine davon gehört Monika Sebold-Bender, seinerzeit Vorstand bei der Westfälischen Provinzial und heute in einer Führungsposition unterhalb des Vorstands bei der Allianz: »Meiner Ansicht nach ist Leistung allein nicht entscheidend bei der Besetzung von Führungspositionen. Deshalb bin ich eine Anhängerin der Frauenquote.« Nach ihrer Auffassung ist nicht der Mangel an gut ausgebildeten Frauen der Grund für ihre fehlende Präsenz in den Führungsetagen. Trotzdem hätten es nur wenige nach oben geschafft: »Das spiegelt in keiner Weise die Fähigkeiten und Bildung meiner Generation wider.«[53]

Auch die unabhängige Bonner Finanzexpertin Mechthild Upgang fordert für die Führungsetagen der Assekuranz die Einführung einer Frauenquote, und zwar von 50 Prozent. »Hätte eine Frau im Vorstand gesessen, wäre es sicher nicht zu solchen Exzessen wie in Budapest gekommen«, sagt sie in Anspielung an die ERGO-Belohnungsreise mit sexuellen Dienstleistungen für Topverkäufer. Upgang ist Gründerin und Vorstand des Bundesverbandes unabhängiger Finanzdienstleisterinnen (BuF), einem Zusammenschluss von qualifizierten, selbstständigen Expertinnen für Versicherungs- und Kapitalanlagefragen. Sie erinnert die Arbeitsteilung der Geschlechter in der Assekuranz an archaische Zeiten. »Der Mann geht hinaus und bringt die Beute, und die Frauen verarbeiten sie am Herd«, sagt sie. Genauso läuft es in der Assekuranz: Die Männer des Vertriebs gehen auf die Jagd nach Verträgen, und die Frauen in der Verwaltung kümmern sich um die Bearbeitung. Der hohe Anteil der Mitarbeiterinnen unter den Beschäftigten spiegelt sich auch nicht in den Aufsichtsräten der Gesellschaften wider. Sie werden je zur Hälfte von der Arbeitnehmer- und der Anteilseignerseite besetzt. Der überwiegende Teil der weiblichen Aufsichtsratsmitglieder bei den Versicherern wird von der Arbeitnehmerseite gestellt, und zwar mehr als vier Fünftel. Dreizehn der 62 größten Unternehmen haben keine einzige Frau im Vorstand und im Aufsichtsrat. Dazu gehören Branchengrößen wie die AXA, die Hannover Rück und die Versicherungskammer Bayern. Mit 44,4 Prozent den größten Frauenanteil haben die Zurich Deutsche Herold Lebensversicherung und die DBV Deutsche Beamtenversicherung Lebensversicherung, die seit einigen Jahren zur AXA gehört. Die Allianz Versicherungs-AG und der Debeka Lebensversicherungsverein a. G. kommen immerhin auf 33,3 Prozent und die R+V Lebensversicherung AG auf 25 Prozent. Insgesamt liegt der Frauenanteil in den Aufsichtsräten der DIW-Untersuchung zufolge bei den 62 größten Versicherern bei 11,9 Prozent. Bei den großen Banken und Sparkassen beträgt er immerhin 16,3 Prozent. Die DIW-Wissenschaftlerinnen Holst und Schimeta plädieren für gezielte Maßnahmen für die Integration der Frauen in Führungspositionen wie Mentoring-Programme, Sensibilisierungstrainings für Führungskräfte und Unterstützung von Eltern bei der Kinderbetreuung. Solche Schritte müssen sich selbstverständlich auch bei der Besetzung von Toppositionen bemerkbar machen. »Hier hat die Finanzbranche offenbar noch einen langen Weg vor sich, den sie aber durch eine konsequente, zeitnahe Umsetzung von Zielgrößen für die Besetzung von Topgremien und anderen hohen Führungspositionen mit Frauen erheblich verkürzen kann«, schreiben sie.[54]

Frauenförderung wegen Fachkräftemangels

Die Einführung einer verpflichtenden Frauenquote für die Führungsgremien großer Unternehmen ist auch in Deutschland nicht völlig ausgeschlossen, auch wenn sich die Wirtschaftsverbände derzeit noch erbittert dagegen wehren. Sie ist längst überfällig. In Norwegen gibt es das bereits: Seit Anfang 2008 gilt in dem skandinavischen Land für Aufsichtsräte börsennotierter Firmen eine gesetzlich festgeschriebene Frauenquote von mindestens 40 Prozent. Bei Missachtung des Gesetzes droht nicht nur der Verlust der Börsenzulassung, sondern gar die Zwangsauflösung. Das Gesetz zeigte sofort Wirkung: Schon bei der Einführung der Regelung hatten knapp 90 Prozent der 460 betroffenen Unternehmen die Quote erfüllt – selbst in typischen Männerdomänen wie der Ölbranche. Lag der Frauenanteil in den norwegischen Kontrollgremien 2002 noch bei 6 Prozent, beträgt er inzwischen 41 Prozent.

Auf den Weg gebracht hatte die Quote 2003 der damalige konservative Wirtschaftsminister Ansgar Gabrielsen. Sein Motiv war nicht feministisch, sondern ökonomisch: Nach der Überzeugung des ehemaligen Unternehmers sind Firmen mit gemischter Führung erfolgreicher als männerdominierte. Zu diesem Ergebnis kommt auch die Unternehmensberatung McKinsey in ihren zwei »Women Matter«-Studien über weibliche Führungskräfte.[55] Die Berater stellten in beiden Studien fest, dass Unternehmen mit einem hohen Frauenanteil im Vorstand deutlich höhere Gewinne erwirtschaften als der Branchendurchschnitt. Die Erträge der Unternehmen steigen, wenn mindestens drei Frauen zum Vorstand gehören. Diese Mindestzahl ist notwendig, damit sich die Frauen innerhalb der traditionellen Machtstrukturen Geltung verschaffen können. Einzelkämpferinnen in einer ansonsten männlichen Führungsriege können nur wenig verändern. Auch in den Niederlanden gibt es eine gesetzliche Regelung zur Erhöhung des Frauenanteils in den Führungsetagen der Unternehmen. Spanien, Großbritannien und Frankreich ziehen

Ähnliches in Betracht – und über die Europäische Union könnte die Quote auch nach Deutschland kommen.

Tatsächlich beginnen die Versicherer, gezielt um Frauen zu werben. Denn die Manager fürchten den Fachkräftemangel, der sich bereits abzeichnet. »Das ist nicht nur eine Frage der Geschlechtergerechtigkeit, sondern eine absolute Notwendigkeit für uns. Der Arbeitsmarkt wird durch die Bevölkerungsentwicklung schrumpfen und der Wettbewerb um die Talente rasant steigen«, sagte Allianz-Vorstandschef Michael Diekmann im Interview mit seiner eigenen Pressestelle.[56] In Zukunft sollen beim Marktführer für jede Führungsposition drei potenzielle Nachfolger bereitstehen, darunter soll eine Frau sein. Im Dezember 2011 berief der Aufsichtsrat erstmals in der Geschichte des Unternehmens eine Frau in den Vorstand der Allianz SE, und zwar Helga Jung.

Als erster privater Krankenversicherer hat die Allianz Private Krankenversicherung seit dem 1. Januar 2012 eine Vorstandsvorsitzende. Birgit König war seit September 2011 bereits im Vorstand des Unternehmens und zuvor Partnerin bei McKinsey Deutschland und Mitglied der europäischen Health Care Practice. In den Aufsichtsrat des Unternehmens eingerückt ist außerdem Katharina Janus, Professorin für Gesundheitsmanagement an den Universitäten Ulm und Columbia New York sowie Direktorin des Forschungsnetzwerks »Center for Healthcare Management«. Bei CosmosDirekt ist mit Claudia Andersch ebenfalls mittlerweile eine Frau an Bord.

Der selbst ernannte Kundenversteher ERGO hat den wichtigen Posten des »Chief Compliance Officer« an eine Frau vergeben. Als Konsequenz aus der »Budapest«-Affäre hat das Unternehmen eine neue Abteilung »Compliance« ins Leben gerufen, die von Stefanie Held geführt wird. In der Medizin meint dieser Begriff Therapietreue, in der Wirtschaft meint »Compliance« das Einhalten von selbst gesetzten Regeln und Gesetzen.

Wie die Branche das Thema Versicherungsbetrug instrumentalisiert

Zufälle gibt's: In der populären Doku-Soap »Die Versicherungsdetektive« auf RTL versuchen eine Spürnase von der Gothaer und eine von der HUK-Coburg angeblichen oder tatsächlichen Betrügern auf die Schliche zu kommen. Der Kopf des Branchenverbands Gesamtverband der Deutschen Versicherungswirtschaft Rolf-Peter Hoenen war früher Chef der HUK-Coburg. Der Vorsitzende der GDV-Kommission Kriminalitätsbekämpfung ist Thomas Leicht, Vorstandsvorsitzender der Gothaer Allgemeine. Aber mit der Doku-Soap habe man nichts zu tun, heißt es beim Verband. Ist der HUK-Mitarbeiterzeitung zu glauben, hat RTL bei 100 Versicherern angefragt, nur zwei wollten mitmachen. Für die Gothaer hat es sich gelohnt. Kunden sollen nach Ausstrahlung der ersten Staffel ihre Schadensmeldung zurückgezogen haben. Die HUK-Coburg hat das nicht festgestellt. Vielleicht wirkt ihr Versicherungsdetektiv Patrick Hufen mit der ulkigen Pumuckl-Frisur zu sympathisch. Von dem bekäme so mancher auch mal gerne Besuch.

Die Doku-Soap hatte gute Einschaltquoten. Die Zuschauer sahen Hermann Jung von der Gothaer und Patrick Hufen von der HUK-Coburg bei der Bearbeitung bizarrer Fälle zu. In einer Folge wollte ein Paar mit unzähligen vorherigen Schadensmeldungen Entschädigung für Türen, die von Schränken in ihrem Wohnwagen abmontiert und angeblich gestohlen worden waren. In einer anderen versuchte ein junger Mann Geld für eine tatsächlich oder vermeintlich aus dem Fenster gefallene Kamera zu bekommen. Jung und Hufen sind keine Versicherungsdetektive, sondern Schadenregulierer. Sagen sie nein, gibt es kein Geld – das Paar und der junge Mann gingen leer aus. Glaubt ein Versicherer, der Kunde habe einen Schaden fingiert, zahlt er einfach nicht. Der Geschädigte muss beweisen, dass er einen Schaden hat – nicht der Versicherer, dass der Kunde betrügt. Die Fälle in der Doku-Soap sind echt, betonen HUK-Coburg und Gothaer.

Die Kunden werden vorher gefragt, ob sie mitmachen wollen, und müssen sich schriftlich dazu bereit erklären. Bei niemandem steht plötzlich das Kamerateam vor der Tür.

Doch damit rechnet vielleicht der ein oder andere Zuschauer. Die Versicherer arbeiten nicht nur mit der Angst ihrer Klienten, um möglichst viele Abschlüsse zu erreichen. Auch bei der Abwehr von Schäden ist Furcht ein wichtiger Faktor. Kunden haben Angst, als Versicherungsbetrüger dazustehen, wenn sie einen Vorfall melden. Nicht ohne Grund. Die Versicherer stellen Geschädigte gern unter Generalverdacht. Das wissen die Betroffenen. Für die Gesellschaften hat das einen angenehmen Nebeneffekt. Sie können damit rechnen, dass Kunden so wenig wie möglich melden. Versicherer behandeln das Thema Versicherungsbetrug in der Öffentlichkeit deshalb fast so gerne wie die diversen angeblichen Versorgungslücken. Sie lassen auf Pressekonferenzen Sachverständige auf Handys herumtrampeln, um zu demonstrieren, wie leicht man einen Schaden selbst herbeiführen kann; geben Umfragen zur Akzeptanz des Versicherungsbetrugs in Auftrag und setzen willkürlich Zahlen in die Welt. Vier Milliarden Euro sollen Versicherungsbetrüger jedes Jahr nach Schätzung des Gesamtverbands der Deutschen Versicherungswirtschaft an Kosten verursachen.

Die polizeiliche Kriminalstatistik für das Jahr 2010 weist 4741 Fälle von Betrug zum Nachteil von Versicherungen und Versicherungsmissbrauch nach den Paragrafen 263 und 265 Strafgesetzbuch aus, plus weitere 194 Fälle von Versicherungsmissbrauch. »Auch in andere Kategorien der polizeilichen Kriminalstatistik fließen Fälle von Versicherungsbetrug«, sagt Thomas Lämmrich, Leiter der Abteilung Kriminalitätsbekämpfung beim Branchenverband. Das sind unter anderem die sogenannten Autobumser, die bevorzugt in dunklen Ecken vorsätzlich eigene oder die Wagen von Komplizen kaputtmachen, und die Leute, die ihr eigenes Haus in Brand stecken. Versicherungsfälle erscheinen in der Kriminalstatistik unter der allgemeinen Überschrift »Betrug«. Genaue Zahlen? Hat der Verband nicht. Das gilt auch für die Ermittlung der 4 Milliarden Euro Schaden durch Versicherungsbetrug. Die Zahl entbehrt jeder Grundlage. Niemand hat gezählt, wie viele Ablehnungen in den Unternehmen wegen Betrugsverdachts erfolgen und erst recht nicht, in wie vielen Fällen das berechtigt ist. Die Größe von 4 Milliarden Euro beruht also nicht auf Hochrechnungen aus den Gesellschaften. Das wäre rein technisch gar nicht möglich. »Die Versicherer definieren Betrug nicht alle gleich«, sagt Thomas Lämmrich. Das eine Unternehmen geht von unlauteren Motiven aus, wenn in der Schadensmeldung Angaben nicht zu 100 Prozent stimmen. Im anderen muss der Melder das Geschehen so vorsätzlich frisiert haben, dass aus dem nicht versicherten Ereignis ein versichertes wurde. Hinzu kommt ein nicht unerhebliches Dunkelfeld, denn längst nicht jeder Betrug kann erkannt werden, sagt der Verband. Vor diesem Hintergrund schätzen die Experten aus den Unternehmen den Schaden durch Betrug auf der Grundlage ihrer langjährigen Erfahrungen. Die Zahl ist also über den dicken Daumen gepeilt.

Die Versicherer behaupten, die Bundesbürger hätten kein Unrechtsbewusstsein. Kaum sei eine neue Generation von Handys oder Notebooks auf dem Markt, häuften sich die Fälle von Schadensmeldungen. Fingierten, sagen sie. Haben die Versicherer einen Betrugsverdacht, zeigen sie den Verdächtigen in der Regel aber nicht an. Sitzen die Manager in den feinen Hotels in den Pressekonferenzen und zeigen auf die gut vorbereiteten, mit dem Beamer an die Wand geworfenen Präsentationen mit Umfrageergebnissen, könnte man fast glauben, das ist wirklich nett von ihnen. Versicherungsbetrug ist ein Volkssport, sagen solche von der Branche in Auftrag gegebenen Umfragen. Nach einer repräsentativen Umfrage glauben 40 Prozent der Befragten, dass in der Haftpflicht- und Hausratversicherung Betrug leicht möglich wäre. »Jeder zehnte gemeldete Versicherungsschaden ist wahrscheinlich Betrug«, meldet der Branchenverband. Doch es ist nicht pure Menschenfreundlichkeit, dass die Gesellschaften Versicherungsbetrug nicht anzeigen. Das geschieht im eigenen Interesse. Würden sie bei einem Verdacht den Geschädigten anzeigen, wären sie in der Beweispflicht. Solange sie einfach nicht zahlen, muss der Kunde beweisen, dass er einen Schaden hatte. Die Versicherer – nicht die Richter! – entscheiden, wer als Betrüger gilt. Für einen Rechtsstaat ist das eine beachtliche Anmaßung.

Die Sparten, in denen die Manager am häufigsten Betrug wittern, sind Hausrat und private Haftpflicht. Sie wissen auch genau, wie sie das in den Griff kriegen könnten. Wenn sie wirklich wollten. »Haben Kunden eine Eigenbeteiligung vereinbart, sinkt die Wahrscheinlichkeit eines Versicherungsbetrugs sehr stark«, weiß Kriminalitätsbekämpfer und Gothaer-Vorstand Thomas Leicht. Bei einer Eigenbeteiligung muss der Kunde bei einem Schaden eine vorher festgelegte Summe selbst zahlen. Das ist attraktiv für Verbraucher. Durch diesen – so der Fachjargon – Selbstbehalt sinkt die Prämie. Trägt der Kunde je nach Vereinbarung Kleinigkeiten in Höhe von 200 Euro oder 500 Euro selbst, wendet er sich bei sogenannten Bagatellschäden nicht an den Versicherer. Das ist auch für den Versicherer gut, deshalb gibt es einen Rabatt.

Nach Angaben von Thomas Leicht haben weniger als 10 Prozent der Haftpflicht- und Hausratpolicen eine Eigenbeteiligung. Vermittler machen ihre Klienten nicht offensiv darauf aufmerksam. »Wenn die Prämie für den Kunden niedriger ist, bekommt der Vermittler auch weniger Provision«, erklärt Leicht. Solange die Branche dafür keine Lösung finden will, kann das Problem nicht wirklich groß sein. Näher liegt, dass die Propaganda rund um den tatsächlichen und vermeintlichen Versicherungsbetrug Kunden abschrecken soll, Schäden zu melden. So mancher rechtschaffene Bürger trägt den kleineren Schaden lieber selbst, bevor er sich der Gefahr aussetzt, als Betrüger dazustehen.

Die schwarze Liste der Versicherer

Die Versicherer selbst sind nicht bereit, sich in die Karten schauen zu lassen. Sie haben Geschäftsgeheimnisse ohne Ende. Die Verbraucher aber müssen gläsern sein. Wer eine Berufsunfähigkeitsversicherung will, muss detailliert zu seinem Gesundheitszustand Auskunft geben. Dabei trauen die Versicherer den Kunden nicht über den Weg. Um prüfen zu können, ob sie die Wahrheit sagen, legen die Versicherer gigantische Datenbestände an mit Informationen über auffällige, verdächtige oder einfach nur versicherungsschutzsuchende Verbraucher, ihre Fahrzeuge und Immobilien. Diese schwarze Liste trägt den harmlosen Namen »Hinweis- und Informationssystem« (HIS). Die Versicherer begründen die Notwendigkeit einer solchen Liste mit dem so verbreiteten Versicherungsbetrug.

So prüfen sie praktisch jeden Antrag auf Berufsunfähigkeitsversicherung mit einer vorgesehenen Rente von mehr als 9000 Euro im Jahr. Der Sachbearbeiter des Versicherers kann schnell recherchieren, ob der Kunde einem anderen Versicherer gegenüber Angaben gemacht hat, die dazu führen, dass dieser Anbieter ihn als ein besonders schlechtes Risiko eingeschätzt hat – und deshalb einen Zuschlag verlangen oder einen Vertrag ganz verweigern würde. Bei manchen Versicherern ist das bereits der Fall, wenn der Interessent unter einer Lese-Rechtschreib-Schwäche leidet. Die Versicherer haben unterschiedliche Risikoeinschätzungen und Kalkulationen, das ist der Wettbewerb. Wäre es nicht so, bräuchte es nicht verschiedene Angebote zu geben. Aber: Hat der Kunde einmal seine persönlichen Angaben in den Markt gegeben, ist es für ihn mit der freien Auswahl vorbei. Zwar haben die Anbieter, an die er sich wendet, keinen direkten Zugriff auf seine persönlichen Daten. Aber sie bekommen über das »Hinweis- und Informationssystem« den Wink, den sie brauchen. Hat ein Versicherer einen Kunden, der eine Berufsunfähigkeitsversicherung haben möchte, als ein »schlechtes Risiko« eingeschätzt, ist diese Bewertung für den Konkurrenten abrufbar. Der Sachbearbeiter des Wettbewerbers erfährt nichts von dem Grund, warum der andere Versicherer den Kunden als besonders riskant einschätzt. Aber er weiß, dass der Wettbewerber einen Zuschlag verlangt oder den Kunden nicht haben will. Das ist für ihn ein warnendes Signal.

Früher bekamen die einzelnen Versicherungsunternehmen eine CD-ROM mit dem gesamten Datenbestand des »Hinweis- und Informationssystems«. Verbraucherschützer liefen Sturm dagegen. Was in den Unternehmen mit den Informationen geschah, war nicht nachvollziehbar. Die Verbraucher hatten keine Ahnung, welche Daten über sie gespeichert waren. Sie konnten die Informationen nicht einsehen und falsche Meldungen nicht korrigieren. Das hat sich geändert. Die Versicherer haben dem Protest der Datenschützer nachgegeben und ihr »Hinweis- und Informationssystem« generalüberholt. Im April 2011 ist das neue »Hinweis- und Informationssystem« an den Start gegangen. Es wird jetzt als Auskunftei von der Firma Informa Insurance Risk and Fraud Prevention betrieben, die eigens zu diesem Zweck gegründet wurde. Mitarbeiter der Versicherer melden Verdächtige oder stellen gezielt Anfragen. Dabei können sie jeweils nur auf eine Sparte zugreifen, also nur noch einen Vertrag in der Hausratversicherung oder einen in der Autoversicherung abrufen. Sie müssen ein berechtigtes Interesse haben, etwa einen Anfangsverdacht. Ob das vorliegt, wird stichprobenartig geprüft. Kundenprofile zu erstellen sei nicht möglich, sagt der Betreiber. Dazu lägen gar nicht genug Informationen vor. Die Versicherer müssen für die Nutzung zahlen. Eine Anfrage kostet den Versicherer zwischen 4 und 15 Cent, je nach dem Volumen der Nutzung. Große Versicherer mit vielen Recherchen bekommen einen Mengenrabatt. Kleinere Versicherer zahlen eine jährliche Pauschale in Höhe von 1800 Euro.

Kunden können die über sie gespeicherten Daten auch anfordern und erhalten die gleichen Informationen wie die Versicherer. Außerdem können sie abrufen, an welche Versicherer der Betreiber in den vergangenen zwölf Monaten Daten übermittelt hat. Das ist mehr, als die Schufa ermöglicht. Die Anfrage müssen Kunden an den Betreiber der Auskunftei richten. Dieser macht es ihnen so schwer wie möglich, an die gewünschten Informationen zu kommen. Interessierte können die Selbstauskunft nur in schriftlicher Form und per Post einholen, sie müssen dazu eine Kopie der Vorder- und Rückseite ihres Personalausweises beilegen. Aus datenschutzrechtlichen Gründen müsse der Anfrager einwandfrei identifizierbar sein, sagt die Betreiberfirma. Sie hat zwar eine Internetseite, aber Anfragen per E-Mail sind nicht möglich. Dabei knüpft die Versicherungswirtschaft an die Entwicklung des elektronischen Personalausweises für ihre Geschäfte große Hoffnungen. Aber eben nur, wenn es ihren Interessen dient.

Die Wahrscheinlichkeit, in die Datei zu geraten, ist nicht gering. Theoretisch wird jeder erfasst, der eine Lebensversicherung mit einer Versicherungssumme von 100 000 Euro und mehr oder eine Berufsunfähigkeitspolice mit einer Rente von mehr als 9000 Euro im Jahr hat. Aber Verbraucher müssen darüber informiert werden. Manche Versicherer fürchten, dass Kunden das falsch verstehen könnten und beteiligen sich nicht. Anfragende Sachbearbeiter können prüfen, ob Verbraucher bereits Lebenspolicen mit hohen Versicherungssummen haben, die sie beim Antrag verschweigen. Routinemäßig erfasst wird auch jedes Auto, das als Totalschaden gemeldet oder dessen Schaden über ein Gutachten abgerechnet wurde. Die Daten werden über fünf Jahre gespeichert und dann gelöscht. Das gilt aber nur, wenn in der Zwischenzeit nicht neue Informationen hinzugekommen sind. Unbeteiligte Dritte geraten ebenfalls in die Datei. Dazu gehören Zeugen von Autounfällen, die unter für die Versicherer verdächtigen Umständen stattfinden. Das sind etwa nächtliche Autounfälle in unbelebten Gegenden.

Ist ein Kunde der Auffassung, dass er zu Unrecht auf der schwarzen Liste steht oder Informationen über ihn falsch sind, kann er sich bei der Betreiberfirma beschweren und die Löschung fordern. Der Betreiber setzt sich dann mit dem Versicherer in Verbindung. Die Erfolgsquote ist aber niederschmetternd. Zwischen der Inbetriebnahme des Systems im April 2011 und November 2011 gab es etwa 80 – wie die Betreiberfirma es nennt – Löschbegehren. Nur zwei davon waren erfolgreich.

III. Warum Verbraucher der Branche ausgeliefert sind

1. Der fast aussichtslose Kampf gegen die Versicherungswirtschaft

Sarah T. kann nicht mehr laufen und kaum noch sprechen. Die junge Frau mit den blonden Haaren weiß nicht viel von dem Kampf, den sie gegen einen mächtigen Gegner führt. Sie hat einen kleinen Sohn, der zur Schule geht. Um ihn kann sie sich nicht kümmern. Nach ihrem schweren Verkehrsunfall im Jahr 2004 ist ihre Ehe zerbrochen. Sie und der kleine Junge werden von ihrer Mutter Brigitte versorgt. Bis Ende 2009 wohnten Sarah T. und der Sohn in einer Wohnung mit zweieinhalb Zimmern im niedersächsischen Buchholz. Das Leben in der nicht behindertengerechten Umgebung war für die junge Frau, die an den Rollstuhl gefesselt ist, eine weitere schwere Belastung. Deshalb zogen sie und der Sohn in das Haus der Eltern. Zur Ruhe kommt die Familie nicht. Seit Jahren kämpft sie mit dem Kfz-Versicherer Generali. Immer wieder weigern sich die Sacharbeiter, erforderliche Hilfsmittel zu zahlen, schon bei Kleinigkeiten stellen sie sich quer. Bei den großen Fragen wie der Höhe des Schmerzensgelds und der Rente erst recht. Damit das ein Ende hat, fordert Sarah T., vertreten durch ihre Mutter Brigitte, eine einmalige Abfindung. Die Generali soll 7,25 Millionen Euro zahlen. Eine so hohe Entschädigung ist in Deutschland noch nie an ein Unfallopfer gezahlt worden.

Mit Spannung erwarten die Kunden und die Manager der Assekuranz, wie dieser Fall ausgeht. Hier geht es nicht nur um die Summe. Hier geht es um grundlegende Prinzipien der Schadenregulierung. Erstreitet Sarah T. das Recht auf eine einmalige Abfindung, ist das ein Durchbruch für alle Unfallopfer. Sie hätten gegenüber dem Versicherer eine viel stärkere Position als heute. Sie wären den raffinierten Schachzügen der Gegenseite nicht mehr so hilflos ausgeliefert. Davon ist der Buchholzer Fachanwalt für Versicherungsrecht Jürgen Hennemann fest überzeugt.

»Sarah T. führt einen Kampf gegen die gesamte Versicherungswirtschaft«, sagt er.

Im Dezember 2004 macht Sarah T. mit ihrem Mann und dem im vorigen März geborenen Sohn in Italien Urlaub. Das Paar kommt aus Trient. Sarah T. sitzt in dem VW-Golf auf dem Rücksitz hinter dem Beifahrersitz. Auf der Brennerautobahn A 22 nahe Rovereto muss ihr Mann plötzlich einem bremsenden Laster ausweichen. Er verliert die Kontrolle, das Auto prallt gegen die linke Leitplanke, schleudert diagonal über die Fahrbahn gegen die Leitplanke des Mittelstreifens. Sarah T. und ihr Sohn werden aus dem Wagen geschleudert. Wie durch ein Wunder bleibt das Kind unversehrt. Sein Vater hat Knochenbrüche und verliert ein Ohr. Die Mutter trägt schwerste Verletzungen davon: bleibende Hirnschäden, eine Lungenquetschung und einen Unterschenkelbruch. Sie wird in Italien medizinisch versorgt, Silvester 2004 wird sie ins Unfallkrankenhaus Hamburg-Boberg verlegt. Da ist sie 18 Jahre alt.

Seit dem Unfall ist Sarah T. stark behindert. Sie sitzt im Rollstuhl. Die rechte Gesichts- und Zungenmuskulatur sind leicht gelähmt, ihr Denkvermögen und ihr Kurzzeitgedächtnis erheblich gestört. Sie braucht Hilfe. Laut Gerichtsurteil zehn Stunden täglich für die Grundpflege, acht Stunden für die beobachtende Pflege und sechs Stunden hauswirtschaftliche Unterstützung. Damit sich ihr Zustand nicht verschlechtert, benötigt sie spezielle Therapien. Nicht alle zahlt die Krankenkasse. Dafür und für die Pflege aufkommen muss der Haftpflichtversicherer des Autos, mit dem die Familie unterwegs war und das Sarah T.s Vater gehörte. Es war bei der Volksfürsorge versichert, die mittlerweile in der Generali aufgegangen ist. Deshalb führt die Generali den Rechtsstreit.

Ausgerechnet bei einer Tochterfirma der Generali, bei dem IT-Dienstleister GDIS, ist Sarah T.s Mutter Brigitte zum Unfallzeitpunkt beschäftigt. Mittlerweile ist sie in den Vorruhestand gegangen. Brigitte T. kennt sich aus. Schnell schaltet sie eine Anwältin ein. Es geht hin und her. Der Versicherer will, dass

Sarah T. in eine Reha-Klinik geht. Brigitte T. will das nicht. Der Versicherer zahlt immer mal wieder kleinere Abschläge, aber insgesamt kommt die Sache nicht voran. »Über jedes Detail gab es Streit«, sagt Fachanwalt Jürgen Hennemann, zu dem Brigitte T. im Herbst 2007 wechselt. Braucht Sarah T. ein behindertengerechtes Badezimmer und wenn ja, dürfen die Apparaturen elektrisch betrieben sein oder muss die Mutter sie mit der eigenen Körperkraft in die Badewanne hieven? Alles Verhandlungssache. Zermürbende Auseinandersetzungen für die Angehörigen.

Hennemann fordert eine Kapitalzahlung von der Generali. Die Gängelung seiner Mandantin soll ein Ende haben. Statt einer Rentenzahlung für die Pflege und Betreuung will er eine Abfindung für Sarah T. durchsetzen. Der Versicherer lehnt das ab. Es kommt zum Prozess. Im September 2008 bietet die Generali eine Abfindung von einer Million Euro und eine quartalsweise Rente an. Darauf lassen sich die Angehörigen von Sarah T. nicht ein, denn für die Versorgung der jungen Frau würde das nicht reichen. Pflege kostet viel Geld. Die Generali reguliert den »Schaden« nur zu 70 Prozent, denn sie geht von einem »Mitverschulden« des Opfers aus. Sarah T. soll nicht angeschnallt gewesen sein. Vermutlich habe sie während des Unfalls den neun Monate alten Sohn gestillt, behauptet der Versicherer. Beweisen kann er das nicht. Nach einem Hinweis des Gerichts und einem Sachverständigengutachten ist klar, dass die Generali damit nicht durchkommt. Im April 2011 ist die Gesellschaft bereit, zu 100 Prozent zu regulieren. Aber unklar ist noch immer, wie viel sie zahlt und vor allem: wie.

Im Juni 2011 macht die Zivilkammer II des Landgerichts Hamburg einen für die deutsche Rechtsgeschichte sensationellen Vergleichsvorschlag. Die Richter schlagen eine Abschlagssumme von 4,3 Millionen Euro vor. Der Versicherer lehnt ab. »Die Bedenken der Generali richten sich ausdrücklich nicht gegen die vorgeschlagene Schadenshöhe, sondern einzig gegen die Form der Auszahlung als Einmalzahlung anstelle einer lebenslangen Rentenzahlung. Durch eine solche Abfindung wäre die Versorgungssicherheit der schwer geschädigten jungen Frau nicht gewährleistet«, begründet das Unternehmen seine Haltung. Will es das Opfer vor sich selbst schützen?

Ohrfeige für die Generali

Im Juli 2011 gibt das Landgericht dem Versicherer in der Frage der Kapitalabfindung recht. Auf den ersten Blick sieht es so aus, als hätte Generali auf ganzer Linie gewonnen. »Es liegen keine wichtigen Gründe vor, die eine Kapitalisierung einzelner, mehrerer oder aller Schadenspositionen gebieten«, heißt es im Urteil. Aber das Unternehmen bekommt auch eine gewaltige Ohrfeige. Das Gericht verurteilt den Versicherer zu einem weitaus höheren Schmerzensgeld und mehr Rente, als er bislang gezahlt hat, teilweise die dreifache Zahlung. »Mit dem Urteil hat das Landgericht bestätigt, dass die Generali jahrelang Entschädigungsansprüche rechtswidrig gekürzt hat«, sagt Anwalt Jürgen Hennemann. Die Richter sprechen Sarah T. über 130 000 Euro mehr an Schmerzensgelds und 164 074 Euro an offenen materiellen Schadensersatzansprüchen zu – das sind fast 300 000 Euro, die der leidgeprüften Familie gerade in den ersten Jahren nach dem Unfall das Leben sicher erleichtert hätten. Außerdem hat das Gericht einen Rentenplan aufgestellt, der bis ins Jahr 2063 reicht.

In der Pressemitteilung der Generali zum Urteil, in der davon keine Rede ist, stellt die Gesellschaft sich als Sieger dar. »Generali Versicherungen sehen sich durch das Urteil des Landgerichts bestätigt«, heißt es. Seine Haltung begründet das Unternehmen mit dem Wohl des Opfers. »Wir sehen uns in der Verantwortung, eine lebenslange Versorgung von Sarah T. zu gewährleisten, das ist nur mit einer Rentenlösung möglich«, sagt eine Generali-Sprecherin. So viel Fürsorge ist schön. Sie hat für den Versicherer den Vorteil, dass er möglicherweise weniger zahlen muss als bei einer Kapitalabfindung. Stirbt ein zum Pflegefall gewordenes Unfallopfer, fallen die Betreuungskosten weg. Aber darum geht es nicht in erster Linie. Viel wichtiger für die Assekuranz ist, dass sie durch die bestehende Form der Schadenregulierung gegenüber dem Opfer absolut im Vorteil ist.

Die Angehörigen von Sarah T. nehmen das Urteil nicht hin, sondern rufen die nächste Instanz an. »Wir gehen bis zum Bundesgerichtshof«, sagt Anwalt Jürgen Hennemann. Mit seiner Forderung nach einer Wahlmöglichkeit zwischen Abfindung und Rente ist er nicht allein. Die Verbraucherorganisation Bund der Versicherten beobachtet, dass die Gesellschaften nach einer jahrelangen wirtschaftlichen »Austrocknungsphase« Geschädigte mit geringen Zahlungen abspeisen. »Der Verletzte muss zwischen einer angemessenen Kapitalabfindung oder einer Rente wählen können«, erklärt Thorsten Rudnik vom Bund der Versicherten, der das Verfahren beobachtet hat. Erscheint es den Versicherern günstig, sind sie durchaus dazu bereit, Unfallopfern eine Abfindung zu zahlen. Sie verschaffen sich also faktisch ein Wahlrecht. Die Geschädigten haben kein Wahlrecht. »Das Opfer oder die Angehörigen wissen selbst am besten, was richtig für sie ist«, sagt Rudnik. Der Bund der Versicherten sucht Verbündete aus Politik und Wissenschaft, um eine entsprechende Gesetzesänderung zu erreichen.

Anwalt Jürgen Hennemann hofft auf eine Grundsatzentscheidung zur Frage Abfindung versus Rente. »Mit dem Urteil des Landgerichts Hamburg im Rücken ist es für meine Mandantin komfortabel möglich, das durchzustehen«, sagt er. Denn immerhin bekommt Sarah T. jetzt mehr Geld. Dass die Generali hartleibiger ist, als ein anderer Versicherer es in diesem Fall wäre, glaubt Hennemann übrigens nicht. »Geht es um substanzielle Summen, verhalten sich die Versicherer alle gleich«, sagt er. Und: Die Generali führt einen Abwehrkampf stellvertretend für die ganze Branche.

Hintergrund der Auseinandersetzung ist ein uralter Paragraf im Bürgerlichen Gesetzbuch. Absatz 1 des Paragrafen 843 mit dem Titel »Geldrente oder Kapitalabfindung« lautet: »Wird infolge einer Verletzung des Körpers oder der Gesundheit die

Erwerbsfähigkeit des Verletzten aufgehoben oder gemindert oder tritt eine Vermehrung seiner Bedürfnisse ein, so ist dem Verletzten durch Entrichtung einer Geldrente Schadensersatz zu leisten.« Der Paragraf stammt aus dem Jahr 1900. Damals hatte diese Regelung durchaus ihren Sinn, sagt Anwalt Jürgen Hennemann. Sie beruht auf der Idee, dem Geschädigten zu seinem Recht zu verhelfen, indem der Verursacher geschützt wird. Ein Arbeiter oder ein Knecht, der einen Kollegen durch einen Fehler bis zur Invalidität verletzt hätte, wäre mit einer einmaligen Kapitalzahlung völlig überfordert gewesen. Die Wahrscheinlichkeit wäre hoch gewesen, dass der Verursacher türmt oder sich umbringt. Das hätte dem Geschädigten nichts genützt. Heute ist die Lage aber völlig anders. »Heute haben nur die Versicherer etwas von diesem Paragrafen«, sagt Hennemann. »Der Paragraf schützt im Fall von Sarah T. einen multinationalen Konzern, der nicht schutzbedürftig ist.«

Die Regelung im Bürgerlichen Gesetzbuch ist in vielen Fällen kriegsentscheidend. Würde der Passus geändert, wären die Geschädigten von heute auf morgen in einer sehr viel stärkeren Position. »Dann wäre das auf die wirtschaftliche Zerstörung des Opfers ausgerichtete Verhalten des Versicherers nicht mehr möglich«, betont Jurist Hennemann. Geschädigte und Versicherer würden nur noch über eine Summe verhandeln. Es gäbe keine Nebenkriegsschauplätze mehr, auf die die Unternehmen die Auseinandersetzung verlagern können, um Zeit zu gewinnen und Macht zu demonstrieren. »Es würde nicht mehr darum gehen, ob der medizinische Dienst Gelegenheit hatte, die Gutachten durchzusehen, und das Opfer könnte nicht mehr endlos von einem Gutachter zum anderen geschickt werden«, erklärt der Fachanwalt. Heute müssen Unfallopfer mit Versicherern darüber diskutieren, ob das kaputte Kugellager am Rollstuhl ausgetauscht werden muss oder ob der Verunglückte jede Woche zur Reparatur rollen kann. Zeit hat er ja, kann der Versicherer sagen. »Würde sich die Abfindung als Anspruch durchsetzen, wäre das derzeitige Regulierungsmodell der Versicherer dem

Tode geweiht«, ist Hennemann überzeugt. »Kein Taktieren, kein Hinhalten mehr.« Bei einem großen Schaden warten Versicherer erst einmal ab. »Im ersten Jahr nach dem Unfall passiert erst einmal gar nichts«, sagt er. Das Opfer sucht sich einen Anwalt, ist nach einiger Zeit unzufrieden, weil nichts passiert, und wechselt den Rechtsbeistand. Mit viel Glück bekommt der Geschädigte vielleicht eine Abschlagszahlung. Dann gehen dem Geschädigten langsam Geld und Geduld aus. Im zweiten Jahr übt er Druck auf den Anwalt aus, und der signalisiert dem Versicherer: Wenn jetzt nichts passiert, empfehle ich meinem Mandanten zu klagen. Doch das beeindruckt die Zuständigen in den Konzernzentralen nicht besonders. Sie wissen, dass sie am längeren Hebel sitzen. Liegt das Opfer wirtschaftlich am Boden oder kann psychisch einfach nicht mehr, machen die Unternehmen einen Vergleichsvorschlag. »Die Versicherer konterkarieren täglich, wogegen sie sich im Fall Sarah T. wehren«, sagt er. Im Fall Sarah T. verweigert der Versicherer die einmalige, angemessen hohe Kapitalabfindung mit Hinweis auf seine Fürsorgepflicht. In anderen Fällen schlagen sie aber genau diese Kapitalabfindung vor. Bieten sie Abfindungen an, kommen sie jedoch mit Summen, die deutlich unter dem liegen, worauf das Opfer einen Anspruch hat. »Nach unseren Erfahrungen sind es zwischen 5 bis 10 Prozent dessen, was den Geschädigten zusteht«, sagt Jurist Hennemann. Die Versicherer nutzen die Magie der hohen Zahl. Das Opfer bekommt eine Summe vorgeschlagen, die ihm möglicherweise hoch erscheint, die aber angesichts des ihm theoretisch Zustehenden niedrig ist. »Die Versicherer investieren viel in die Schulung spezieller Leute«, sagt Hennemann. »Da kommt dann ein Mitarbeiter zu dem Geschädigten und sagt: ›150 000 Euro – können Sie sich vorstellen, wie viel Geld das ist, wenn das hier auf dem Tisch liegt? Dann wären Sie alle Sorgen los!‹« Dass eine intensive Pflege teuer ist und auch sechsstellige Zahlen auf einen Zeitraum von mehreren Jahrzehnten nicht so hoch sind, wie sie scheinen, ist vielen nicht klar. »Wenn ich sagen könnte: ›Wir machen jetzt eine Abfindungsverhandlung, und vor Gericht geht es nur noch darum, wer richtig gerechnet hat‹, dann würde der Versicherer gleich ganz anders damit umgehen«, sagt Anwalt Jürgen Hennemann. Zu ändern wäre das heute übliche unwürdige Prozedere ganz einfach: indem die Aussage des Paragrafen 843 umgedreht und die Kapitalabfindung zum Regelfall erklärt würde. Anläufe dazu sind bislang gescheitert.

Doch auch ohne eine Änderung des Paragrafen 843 besteht Aussicht auf eine Stärkung der Position von Geschädigten. Denn die Rechtsprechung ist für die Interpretation des Gesetzes zuständig und ändert sich durchaus zugunsten von Kunden und Geschädigten. Der Paragraf 843 hat einen dritten Absatz: »Statt der Rente kann der Verletzte eine Abfindung in Kapital verlangen, wenn ein wichtiger Grund vorliegt.« Der »wichtige Grund« ist unbestimmt. Dazu gibt es wenige Urteile und wenig Fachliteratur. Die Hamburger Richter haben den »wichtigen Grund« im Fall von Sarah T. verneint. Aber ihre Kollegen am Bundesgerichtshof werden das möglicherweise anders sehen.

Die AXA und die Loveparade

Gerade Haftpflichtversicherer haben eine wichtige gesellschaftliche Funktion. Geschädigte sollen nicht auf einem Schaden sitzen bleiben und im schlimmsten Fall von der Fürsorge leben müssen. Deshalb verpflichten Gesetzgeber oder Standesorganisationen Autohalter und bestimmte Berufsgruppen wie Ärzte, Anwälte oder Hebammen zum Abschluss dieser Policen. Mehr als 70 Prozent der Haushalte haben eine private Haftpflichtversicherung abgeschlossen. Diese Menschen treibt die Angst vor einem Fehler, den sie mit eigenen Mitteln nie wieder gutmachen können. Die Versicherer haben eine große gesellschaftliche Verantwortung. Aber sie werden ihr nicht gerecht. Dass Geschädigte sich das, was ihnen zusteht, erst mühsam vor Gericht einklagen müssen, ist kein Einzelfall. An den Gerichten der Republik gibt es spezielle Versicherungskammern, Tausende von Verfahren sind anhängig. Eltern, deren Kinder bei der Geburt durch Kunstfehler bleibende Schäden davongetragen haben, werden über viele Jahre durch die Instanzen gejagt, bis sie materiell entschädigt werden. Die Regulierung zieht sich ewig hin. Immer wieder fühlen sich Opfer schlecht behandelt. Selbst wenn die Versicherer sich aus ihrer eigenen Sicht besonders kooperativ zeigen, können sie offenbar nicht über ihren bürokratischen Schatten springen.

Die AXA war der Haftpflichtversicherer des Veranstalters der Duisburger Loveparade, der Firma Lopavent. Die riesige Technoparty am 24. Juli 2010 endete in einer Katastrophe. Das Gelände rund um den alten Duisburger Güterbahnhof ist voller Menschen, zu vieler Menschen. Sie drängen über die Karl-Lehr-Straße auf eine Rampe, die sich zwischen zwei Tunneln befindet. Es geht weder nach vorn noch zurück. Gegen 17 Uhr versuchen einige Raver eine Mauer hochzuklettern, sie stürzen in die Menge. Die Menschen können nicht ausweichen, sie geraten in Panik. Für 21 Techno-Fans wird der Abschnitt in der Karl-Lehr-Straße zur tödlichen Falle. Sie werden von der Menge zerdrückt. Bei Hunderten diagnostizieren Ärzte teils schwere körperliche Verletzungen am Brustkorb, Bauch, Gesicht oder Knochenbrüche. Auch unter Panik- und Angststörungen leiden seither viele.

Die Massenpanik hat das Leben vieler Teilnehmer auf den Kopf gestellt. Die schrecklichen Ereignisse im Tunnel prägen ihr Leben. Mit den körperlichen und seelischen Folgen müssen sie selbst fertig werden. Für die finanziellen, sollte man meinen, ist eigentlich der Haftpflichtversicherer des Veranstalters zuständig, deshalb gibt es ihn ja. Aber Anwälte und der Selbsthilfeverein der Opfer üben massive Kritik an der Vorgehensweise der AXA. »Ich fürchte, dass man mit einer Art Schadenschnelldienst billig da rauskommen möchte«, sagt Jürgen Hagemann, Vorsitzender des Selbsthilfevereins der Loveparade-Opfer. Seine Tochter wurde bei der Massenpanik schwer traumatisiert. Sie musste ihre Ausbildung abbrechen. Der Veranstalter der Loveparade hatte bei der AXA eine Haftpflichtversicherung über 10 Millionen Euro abgeschlossen, 7,5 Millionen Euro sind für Personenschäden vorgesehen.

Die Klärung der Frage, wer wie haften muss, wird wohl noch Jahre dauern. Offensichtlich ist im Vorfeld des Techno-Spektakels eine Menge schiefgelaufen. Nicht nur beim Veranstalter, sondern auch bei der Stadt Duisburg, die für die Genehmigung verantwortlich war. Möglicherweise trifft auch das Land Nordrhein-Westfalen eine Mitverantwortung, weil beim Polizeieinsatz Fehler gemacht wurden. Deshalb ist noch nicht klar, wer für welche Schäden haften muss. Die Klärung von Haftungsfragen kann viele Jahre dauern. Damit die Opfer und Hinterbliebenen nicht so lange warten müssen, haben die Stadt Duisburg und die AXA einen Vertrag geschlossen, der Entschädigungszahlungen ermöglicht. Die Stadt Duisburg ist über einen kommunalen Haftpflichtverbund versichert. Dass die AXA ohne Klärung der Haftungsfrage zu Zahlungen bereit ist, könnte man ihr hoch anrechnen. So mancher Versicherer hätte diese Lage, in der alle Beteiligten von der Stadt, über das Land und die Polizei bis zum Veranstalter schlecht aussehen, zur Imagepflege genutzt. Ein Versicherer, der ohne Not zahlt – das kommt gut an. Bei der AXA funktioniert das nicht. Hier läuft in dieser hochsensiblen, für alle Beteiligten hochemotionalen Lage offenbar etwas völlig schief. Es kommt einem so vor, als würde der Versicherer das Besondere der Situation nicht begreifen und sein ganz normales Schadenreguliererprogramm abspulen – dass bloß keiner eine paar Turnschuhe geltend macht, dem das nicht zusteht! Viele Opfer oder ihre Angehörigen jedenfalls fühlen sich schlecht behandelt.

Der Selbsthilfeverein der Opfer würde den Vertrag zwischen Stadt und AXA gern sehen, aber man lässt ihn nicht. Stattdessen sollen Geschädigte und Angehörige eine »Vergleichs- und Abfindungserklärung« unterzeichnen, die die AXA ihnen schickte. Darin steht, dass sie gegen Zahlung einer bestimmten Summe auf alle weiteren Ansprüche verzichten. »Gerade bei psychischen Verletzungen sind die Spätfolgen aber schwer abschätzbar«, sagt

Anwalt Julius Reiter, der viele Geschädigte und Angehörige vertritt. Möglicherweise stellt sich erst Jahre später heraus, dass ein Besucher der Loveparade aufgrund der Massenpanik ein schweres Trauma entwickelt hat und berufsunfähig wird. Der Anwalt kritisiert, dass die Unterzeichner nicht nur gegenüber der AXA und der Stadt Duisburg auf alle weiteren Ansprüche verzichten sollen, sondern auch »gegen jeden Dritten, sofern er Gesamtschuldner ist«. Damit verzichten die Geschädigten auch auf Ansprüche, die sie gegen das Land NRW haben könnten, kritisiert der Anwalt. Die Sache hat auch die Landespolitik beschäftigt. Die FDP-Fraktion hat zwei kleine Anfragen zum Verhalten der AXA an die Landesregierung gestellt und eine aktuelle Viertelstunde beantragt. Der FDP-Abgeordnete Horst Engel wollte unter anderem wissen, was die Landesregierung über den Vertrag zwischen AXA und der Stadt Duisburg weiß und was sie unternimmt, damit die Betroffenen angemessen entschädigt werden. Das zuständige Innenministerium antwortet sehr zurückhaltend. In der Vorbemerkung zur Antwort auf die kleine Anfrage zitiert es ausführlich aus einer Pressemitteilung der Stadt Duisburg und der AXA. Und ansonsten scheint man dort nichts zu wissen, die Anfrage wird mit Allerweltswissen beantwortet. Allerdings: Das nordrhein-westfälische Innenministerium steht in Sachen Loveparade selbst im Kreuzfeuer, denn es hat den Polizeieinsatz bei der Veranstaltung zu verantworten. Vor diesem Hintergrund würde sich das Ministerium ausgesprochen angreifbar machen, wenn es den Haftpflichtversicherer der Loveparade kritisieren würde. Die AXA weist Kritik an ihrer Vorgehensweise zurück. Der Versicherer zieht sich auf die Rechtslage zurück. Dass die Betroffenen sein Vorgehen als unangemessen und bürokratisch empfinden, kann er nicht nachvollziehen.

Im Fall der Loveparade steht die AXA unter öffentlicher Beobachtung. Schlagzeilen wegen einer für die Geschädigten nicht zufriedenstellenden Schadenregulierung sind schlecht fürs Ansehen. Der Eindruck, die AXA würde den Opfern eines so schlimmen Ereignisses wie der Duisburger Massenpanik das

Leben unnötig schwer machen, ist fatal fürs Geschäft. Das ist für die Opfer und ihre Angehörigen ein wichtiger Schutz. Die Öffentlichkeit ist ein wichtiges Korrektiv. Aber wie mag es denen gehen, an deren Schicksal die Öffentlichkeit nicht Anteil nimmt? Viele fühlen sich systematisch als Simulanten und Betrüger von Versicherern hingestellt. Oder die Advokaten der Versicherer versuchen, dem Opfer die Schuld am Geschehen zuzuschieben. Wie es gerade passt. So erging es auch der Unternehmerin Stefanie Jeske. Die Düsseldorferin setzt sich nicht nur gegen einen Versicherer zur Wehr. Sie hat Konsequenzen aus dem gezogen, was ihr widerfahren ist. Die unerschrockene Frau will Opfern Gehör verschaffen. Deshalb hat sie die Organisation subvenio gegründet.

Wenn die Haftpflicht nicht zahlt

Seit dem 29. Dezember 2004 ist für Stefanie Jeske nichts mehr, wie es war. Es ist schon dunkel, als die Neununddreißigjährige mit ihren beiden Malteser-Hunden Stan und Olli in der Wohnung in der Düsseldorfer Innenstadt aufbricht und nach draußen geht. Doch heute kommt sie nicht weit. Sie ist nur wenige Meter von ihrem Haus entfernt, da stürmt der Hund der Nachbarn auf sie zu. Der Mischling reißt sie um, sie stürzt und kann nicht aufstehen. Es schmerzt höllisch. Aber sie will nicht, dass ein Krankenwagen gerufen wird. So schlimm wird es schon nicht sein, denkt sie. Nachbarn bringen sie zurück in ihre Wohnung. Dort verabschiedet sich der Besitzer des Mischlings. »Er sagte: Machen Sie sich keine Sorgen, wir haben eine Hundehalterhaftpflichtversicherung«, erinnert sich Stefanie Jeske.

Die Unternehmerin weiß an diesem Abend nicht, dass sie allen Grund hätte, sich Sorgen zu machen. Was in den kommenden Jahren folgt, ist nicht nur in körperlicher Hinsicht eine Tortur. Drei Operationen muss sie über sich ergehen lassen, und damit wird die Sache nicht erledigt sein. Bei dem Sturz hat sich

Stefanie Jeske eine komplizierte Knieverletzung zugezogen. Am Abend des Unfalltags schwillt das Bein so stark an, dass sie sich doch noch in die Klinik bringen lässt. Was genau verletzt ist, können die Ärzte zunächst nicht erkennen. Erst nach und nach stellt sich das ganze Ausmaß der Verletzung heraus: Außenmeniskusabriss, Gelenkeinbruch, Tibiakopfbruch. Fünf Monate kann Stefanie Jeske nicht arbeiten. Vor drei Jahren hatte sie sich selbstständig gemacht. Sie hat ein Unternehmen gegründet, das Internetseiten erstellt. Jetzt hat sie große Schmerzen und verdient nichts. Aber die Kosten laufen weiter. Und weitere kommen hinzu. Jemand muss im Haushalt helfen, Stan und Olli müssen ausgeführt werden.

Ein Fall für die Haftpflichtversicherung der Nachbarn. Schließlich war der Hund, der die ganze Misere verursacht hat, ja versichert. Doch der Hundehaftpflichtversicherer, die DBV Winterthur, stellt sich quer. Er beruft sich auf die Schadensmeldung des Nachbarn. »Der Hundehalter hat in der Schadensmeldung angegeben, dass er nicht gesehen hat, dass der Hund mich umgelaufen hat«, erklärt Stefanie Jeske. Die Schadensmeldung und die Schilderung der Geschädigten haben sich widersprochen, wird der Versicherer später sagen. Deshalb habe er gar nicht zahlen können.

Die Unternehmerin ist zum Zeitpunkt des Unfalls bei der Auxelia rechtsschutzversichert. Sie schaltet einen Anwalt ein. Die Gesellschaft trägt die Kosten. »Aber die Auxelia hat mir gekündigt«, sagt sie. Dass Rechtsschutzversicherer nach einem kostenträchtigen Prozess ihres Kunden kündigen, passiert oft. Für die juristischen Auseinandersetzungen, die aus der Zeit des bestehenden Versicherungsschutzes resultieren, müssen die Unternehmen aber noch aufkommen.

Über Jahre zieht sich der Rechtsstreit hin, bis heute ist die Sache nicht endgültig abgeschlossen. Von den Anwälten der Gegenseite und dem Sachbearbeiter der DBV Winterthur, die mittlerweile von der AXA übernommen wurde, muss sich Jeske allerhand anhören. Zum Beispiel, dass sie wohl nach einer feuchtfröhlichen Party gestolpert sei, schließlich habe ja das Jahresende vor der Tür gestanden. »Beweise« für diese Unterstellung gibt es nicht. Es kommt zum Prozess. Vor Gericht verheddern sich die Nachbarn mit dem Mischlingshund in Widersprüche. Sie geben an, Stefanie Jeske habe mit den Hunden gespielt und sei dann gestürzt. »Sie wollten eine Mitschuld konstruieren«, sagt die Unternehmerin. Das Gericht hält die Aussage nicht für glaubwürdig. Das Landgericht Düsseldorf spricht Stefanie Jeske eine Rente zu, das Oberlandesgericht kassiert die Rente 2008 wieder. Es verurteilt die Versicherung zu Schmerzensgeld in Höhe von 10000 Euro, 5000 Euro für Verdienstausfall und 2000 Euro für weitere Ausgaben. Außerdem verpflichtet das Gericht den Versicherer für künftige, auf den Unfall zurückgehende Schäden aufzukommen. Die Kosten, die Jeske bis dahin hatte, deckt das ihr zugesprochene Geld nicht. »Ich bleibe auf einem fünfstelligen Betrag sitzen«, sagt sie.

Ihr damaliger Anwalt hat nicht die ganze Bandbreite des Möglichen ausgereizt. Dazu gehört der im Versicherungsjargon sogenannte »Haushaltsführungsschaden«, den Verletzte einfordern können. Der Versicherer muss dafür aufkommen, dass eine Person nicht mehr putzen, kochen oder – wie im Fall von Stefanie Jeske – die Hunde ausführen kann. Die Ausgaben dafür hat sie nicht wiederbekommen. Nicht nur Hausmänner und Hausfrauen haben ein Recht auf diese Entschädigung. Doch von allein zahlt der Versicherer nicht. Der Geschädigte oder sein Anwalt muss diesen Anspruch anmelden. Das kann er aber nur, wenn er davon weiß. Viele Opfer und auch viele Anwälte wissen das jedoch nicht. Der Versicherer ist nicht dazu verpflichtet, über alle Ansprüche zu informieren. Er profitiert von dem Nichtwissen.

Um einen »Haushaltsführungsschaden« geltend zu machen, können die Verunglückten Quittungen für Haushaltshilfen oder Hundeausführer einreichen. Meistens wird der »Haushaltsführungsschaden« aber fiktiv abgerechnet. Das bedeutet: Der Geschädigte bekommt Geld für den Schaden, ohne dass er nachweisen muss, ihn behoben oder eine Dienstleistung in Anspruch genommen zu haben. Dann gibt das Unfallopfer detailliert an, was es im Haushalt für Arbeiten erledigt. Ist es Winter, wird auch Schneeschippen berücksichtigt. Müssen Kinder oder Tiere versorgt werden, fließt auch das mit ein. Auf dieser Grundlage wird eine Stundenzahl ermittelt. Pro Stunde zahlen die Versicherer einen bestimmten Betrag. Viele erstatten 7,50 Euro, aber das kann regional abweichen. Wer in einem Zweipersonenhaushalt lebt und einen Monat nicht mit anpacken kann, kann durchaus mit einer Entschädigung von um die 1000 Euro rechnen – nur für den Haushaltsführungsschaden. Stefanie Jeske hätte Anspruch auf einige 1000 Euro gehabt. »Wie viele Geschädigte habe ich den Fehler gemacht, dass ich zu einem Feld-, Wald- und Wiesenanwalt gegangen bin«, sagt sie. Ein Fachanwalt für Familienrecht kann hoffentlich prima Scheidungen abwickeln, für die Schlacht mit einem Versicherer dürfte er in den meisten Fällen aber schlecht gerüstet sein.

Stefanie Jeske akzeptiert das Urteil des Oberlandesgerichts Düsseldorf widerwillig. Dabei wollte sie eigentlich bis zum Bundesgerichtshof. Doch dann macht das Knie wieder Ärger, weitere Behandlungen werden nötig. Die Ärzte haben zur Stabilisierung des Knies Zement in das Gelenk gefüllt. Der Körper zeigt dagegen Abwehrreaktionen. Die Behandlung kostet Geld. Stefanie Jeske war zum Zeitpunkt des Sturzes zwar bei der Betriebskrankenkasse Bergisch Land versichert, einer gesetzlichen Krankenkasse. Sie verunglückte zum Ende des Jahres. Zu diesem Zeitpunkt war der Wechsel in die private Krankenversicherung zum 1. Februar längst unter Dach und Fach, die Risikoprüfung war abgeschlossen. Seitdem ist sie nicht mehr bei der Krankenkasse, sondern der Continentalen privat versichert. Sie entschied sich aus Kostengründen für einen der sogenannten Einsteigertarife. Die sind billig, aber vieles zahlt der Versicherer nicht. Stefanie Jeske macht ihrer privaten Krankenversicherung keinen Vorwurf. »Die können mir ja nicht mehr geben, als ich auch abgeschlossen habe«, sagt sie. Eine ganze

Reihe von Behandlungen, die nach ihrem Sturz nötig werden, zahlt die Continentale nicht, zum Beispiel keine Physiotherapie.

Nach der Abstoßreaktion braucht Stefanie Jeske Behandlungen, für die die Continentale nicht aufkommt. Sie wendet sich an die DBV Winterthur. Das Gericht hat ihr ja bestätigt, dass der Versicherer für weitere Kosten infolge der Verletzung zahlen muss. Die DBV ist ebenso wie die Muttergesellschaft AXA ein bedeutender privater Krankenversicherer. Wie das Geschäft läuft, müsste man dort eigentlich wissen. Als Stefanie Jeske sich an den Versicherer wendet, weil sie erneut eine Behandlung braucht, bekommt sie erstaunliche Post aus der »Zentraldirektion/OE 625« in Wiesbaden. »Laut hier vorliegenden Unterlagen waren Sie am Schadentag gesetzlich in der BKK Bergisch Land krankenversichert. Die in Rede stehenden Heilbehandlungen waren dort versichert. Es war Ihnen selbstverständlich unbenommen, in der Folgezeit privat Krankenversicherungsschutz bei der Continentalen zu nehmen. Im Rahmen der Schadenminderungspflicht waren Sie allerdings verpflichtet, sich – zumindest – so zu versichern, dass Sie die gleichen Leistungen wie bei der gesetzlichen Versicherung erhalten«, schreibt der Versicherer. Entstünden zusätzliche Kosten wegen eines Verstoßes gegen die Schadenminderungspflicht, müsse der Schädiger sie nicht tragen. Und geradezu zynisch geht es weiter: »Wir regen daher im Eigeninteresse dringend an, sich zukünftig ausreichenden Krankenversicherungsschutz zu suchen, der zumindest dem zum Unfallzeitpunkt bestehenden Versicherungsschutz entspricht.« Das wird für Stefanie Jeske nicht möglich sein. In die gesetzliche Krankenkasse kann sie nicht zurück, denn wer sich einmal für eine private Krankenversicherung entschieden hat, hat unter nur sehr eingeschränkten Voraussetzungen die Möglichkeit zur Rückkehr. Die liegen bei Stefanie Jeske nicht vor. In der privaten Krankenversicherung nehmen die Unternehmen eine genaue Risikoprüfung vor, bevor sie Versicherungsschutz gewähren. Die Kosten für eine bestehende Verletzung abzusichern, weigern sich die Gesellschaften, oder sie erheben Zuschläge, die für Normalverdiener unerschwinglich sind.

Weil Treppensteigen mit dem kaputten Knie eine Tortur ist, ist Stefanie Jeske vom dritten Stock in die erste Etage gezogen. Sie prozessiert wieder mit der AXA, um ihre Ansprüche durchzusetzen. Viel lieber würde sie die Sache gütlich bereinigen. Deshalb hat sie einen Brief an den Vorstandsvorsitzenden der AXA geschrieben. Verbraucherschützer und Anwälte empfehlen so etwas. Tatsächlich kommt es vor, dass die Führung eines Unternehmens nicht wirklich im Bilde ist, was übereifrige Sachbearbeiter machen. Denn es ist durchaus ein Unterschied, ob ein Mitarbeiter eigenmächtig aus welchen Motiven auch immer die Schadenregulierung verweigert oder ob eine Gesellschaft ihre internen Weichen so gestellt hat. Mit einer Eingabe an den Vorstand eines Unternehmens können Geschädigte und unzufriedene Kunden manchmal etwas erreichen. Stefanie Jeske konnte das nicht. Sie schrieb an Frank Keuper, den damaligen AXA-Chef. Genützt hat es nichts. Er hat nicht einmal persönlich geantwortet.

Trotz allem, eines ist dem Versicherer nicht gelungen: Stefanie Jeske vollends zu zermürben. Sie ist fest entschlossen, für ihr Recht zu kämpfen. Sie ist optimistisch. Vieles hat sich in ihrem Leben geändert. Sie ist mittlerweile eine Art Expertin für Haftpflichtfragen. Die Nachbarn mit dem Mischlingshund sind 2011 weggezogen, das hat sie mit Erleichterung zur Kenntnis genommen. Denn erfreulich war es nicht, wenn man sich zufällig auf der Straße traf.

Die Unternehmerin hat viele Erfahrungen gesammelt. Wie die, dass Anwalt nicht gleich Anwalt ist. Sie will ihre Erfahrungen weitergeben. Deshalb hat sie Mitstreiter gesucht und die Organisation subvenio ins Leben gerufen. Die Interessengemeinschaft versteht sich als Lobbyorganisation für Unfallopfer. Interessierte bekommen hier unter anderem Listen mit Anwälten, die spezialisiert sind und die nur für Geschädigte arbeiten. In kurzer Zeit hat Stefanie Jeske allerhand auf die Beine gestellt.

Sie hat einen Sponsor gefunden und einen Vermieter, der dem Verein kostenlos Räume zur Verfügung stellt. Deshalb kann sich die Organisation eine Geschäftsstelle in der Düsseldorfer Innenstadt leisten, eine Anlaufstelle für Geschädigte. Um Unfallopfern spätere Auseinandersetzungen mit dem Versicherer oder Traumatisierungen zu ersparen, setzt die Interessengemeinschaft auf Prävention. Sie informiert zum Beispiel darüber, was Unfallopfer bei Auseinandersetzungen mit Versicherern beachten sollten. Außerdem veranstaltet sie Tagungen und organisiert Referenten etwa für Fortbildungen für Polizisten. Ordnungskräfte können nach einem Unfall viel dafür tun, dass die psychische Belastung für Verletzte nicht unnötig steigt.

2. Wie weit der starke Arm der Assekuranz reicht

Eigentlich wollte Stefanie Jeske nach dem Urteil des Oberlandesgerichts Düsseldorf in die nächste Instanz ziehen, vor den Bundesgerichtshof in Karlsruhe. Dafür braucht man einen Anwalt, der eine spezielle Berechtigung hat. »Der erste Anwalt, den ich angerufen habe, hat gesagt: Ich kann Sie nicht vertreten, ich bin auch für die Versicherung tätig«, berichtet sie. Das war zu viel. Stefanie Jeske gab auf. »Ich wollte die Sache einfach abschließen«, sagt sie.

In Zivilverfahren müssen sich die streitenden Parteien von einem beim Bundesgerichtshof zugelassenen Juristen vertreten lassen. Beim Bundesgerichtshof gibt es 39 zugelassene Anwälte. Die Finanzaufsicht BaFin beaufsichtigt rund 600 Versicherer. Auch die Unternehmen brauchen als Vertretung einen dieser Advokaten. »Die Spezialisierung dieser Anwältinnen und Anwälte dient vor allem der qualifizierten Bearbeitung der zivilrechtlichen Revisionen, der Nichtzulassungsbeschwerden und der Rechtsbeschwerden im Interesse der Parteien«, begründet der Bundesgerichtshof diese Vorgabe. Bei Strafsachen können alle zugelassenen Anwälte Mandanten hier vertreten.

Wer sein Recht gegen einen Versicherer durchsetzen will, sollte einen Spezialisten an seiner Seite haben. Das ist eine der Lektionen, die Stefanie Jeske gelernt hat und für die sie bitter bezahlen muss. Für Streitigkeiten rund um die Assekuranz hat die Anwaltschaft eine eigene Fortbildung entwickelt, den Fachanwalt für Versicherungsrecht. Mittlerweile gibt es einige Hundert dieser Fachanwälte. Die Position der Verbraucher ist deshalb aber nicht unbedingt besser geworden, kritisiert Fachanwalt Jürgen Hennemann. »Nur wenige Fachanwälte arbeiten ausschließlich für Kunden oder Geschädigte«, sagt er. Darin sieht er ein gravierendes Problem. »Wenn ein Anwalt für einen

Versicherer arbeitet und dann für einen Verbraucher, gibt es einen Interessenkonflikt«, ist er überzeugt. Privatleute, Freiberufler oder Kleinunternehmen kommen mit einem einzigen Mandat gegen einen Versicherer zum Anwalt. Selbst wenn sie öfter mal juristische Scharmützel haben, gegen das, was ein Versicherer einem Juristen an Aufträgen bieten kann, kommen sie nicht an. Die Auftragsmacht und damit der Einfluss eines Versicherers ist stärker. »Die Gefahr einer wirtschaftlichen Abhängigkeit ist groß«, weiß Hennemann. In den USA wären solche wechselnden Interessenkonstellationen nicht möglich. Dort müssen sich Anwälte entscheiden, auf welcher Seite sie stehen.

In Deutschland ist es absolut legal, wenn ein Jurist für Versicherer und deren Kunden oder Geschädigte arbeitet. Er darf nur nicht gleichzeitig in derselben Angelegenheit das Unternehmen vertreten, gegen das ein Mandant vorgehen will. Spezialisten für Versicherungsrecht sind in einer Arbeitsgemeinschaft des Deutschen Anwaltsvereins zusammengeschlossen, der Arbeitsgemeinschaft für Versicherungsrecht. Sie hat rund 1400 Mitglieder, darunter sind schätzungsweise mehr als 400 Fachanwälte für Versicherungsrecht. »Die Arbeitsgemeinschaft ist eine strategische Plattform der Versicherungswirtschaft«, sagt Hennemann. Aktiv sind hier in erster Linie Anwälte, die auch für Unternehmen der Assekuranz arbeiten. Im Vorstand der Arbeitsgemeinschaft ist kein Jurist, der nur Geschädigte oder Kunden vertritt. »Die Spitze der Arbeitsgemeinschaft bemüht sich auch gar nicht, solche Kollegen zu gewinnen«, sagt er.

In der Tat: Anders als zum Beispiel die Arbeitsgemeinschaft Verkehrsrecht im Deutschen Anwaltsverein positionieren sich die Spezialisten für Versicherungsrecht nicht auf einer Seite. Die Arbeitsgemeinschaft für Verkehrsrecht steht von ihrem Selbstverständnis her im Lager der Geschädigten. Die Arbeitsgemeinschaft der Versicherungsrechtler nicht. »Wir sind neutral«, heißt es dort. Die Arbeitsgemeinschaft weist denn auch den Vorwurf zurück, sie sei eine Plattform der Versicherungswirtschaft. Im Vorstand sei zwar kein Anwalt, der nur die Interessen von Geschädigten wahrnimmt, aber auch keiner, der nur Versicherer als Mandanten habe. Versicherer sind stark, Verbraucher und Kunden sind schwach. Wenn sich schon die Anwaltschaft nicht um ihre Anliegen kümmert, wer soll es dann tun? Ist das Bekenntnis zur »Neutralität« nicht die Bestätigung von Hennemanns Vorwurf? Nein, sagen die Anwälte. Es habe für den Verbraucher Vorteile, wenn sein Anwalt weiß, wie die Gegenseite denkt und strategisch vorgeht, weil er selbst auch für Versicherer arbeitet.

Die Lage ist verquer. Die meisten Menschen, die gegen einen Versicherer vorgehen wollen, landen bei einem Feld-Wald-und Wiesen-Anwalt. Der kann gegen die hoch spezialisierten Juristen der Gegenseite meistens nicht viel ausrichten. Die besser Informierten und die, die von ihrem Anwalt enttäuscht sind, kommen zu einem Fachanwalt für Versicherungsrecht. Da sind sie zwar bei einem Spezialisten. Doch oft bei einem, der auch oder vor allem für Versicherer tätig ist. Viele Anwälte vertreten einen Geschädigten oder Kunden nicht, wenn der Gegner ein Versicherer ist, der zu ihrer Mandantschaft gehört. Aber das ist nicht zwangsläufig so. Es gibt durchaus Juristen, die Mandanten gegen einen Versicherer vertreten und die für denselben Versicherer in anderen Fällen Prozesse geführt haben. Das gilt nicht als Mandantenverrat. Aber der Bürger erfährt nicht unbedingt, dass sein Gegner zu einem anderen Zeitpunkt von seinem eigenen juristischen Beistand vertreten wurde. Wer seinen Anwalt danach fragt, wird wahrscheinlich eine ehrliche Antwort bekommen. Das Berufsethos der Anwälte ist hoch. Aber die meisten Bürger kommen gar nicht auf die Idee, den Juristen zu fragen, ob der für die Assekuranz tätig ist. Viele denken, dass die Unternehmen nicht auf niedergelassene Anwälte zurückgreifen, weil sie Heerscharen von Juristen im eigenen Haus haben. Und die Anwälte sind nicht verpflichtet, einen Geschädigten oder verärgerten Kunden über die Tätigkeit für die andere Seite aufzuklären.

Übermächtige Gegner

Der Deutsche Anwaltsverein hat die Arbeitsgemeinschaft für Versicherungsrecht bereits 1976 ins Leben gerufen. Die Spezialisierung »Fachanwalt für Versicherungsrecht« gibt es dagegen noch nicht sehr lange, deshalb sind unter den Mitgliedern der Arbeitsgemeinschaft relativ wenig Fachanwälte. Erst 2003 beschloss die Satzungsversammlung der Bundesrechtsanwaltskammer die Einführung dieses Fachanwalts. Die Arbeitsgemeinschaft hat gemeinsam mit der Deutschen AnwaltAkademie das Ausbildungskonzept für den Fachanwalt entwickelt. Die Dozenten der Seminare kommen überwiegend aus der Arbeitsgemeinschaft, viele aus großen Kanzleien, die für Versicherer tätig sind. Früher waren Anwälte in kleinen Kanzleien tätig, sie arbeiteten vielleicht mit zwei oder drei Kollegen unter einem Dach zusammen. Mittlerweile gibt es immer mehr Großkanzleien nach US-amerikanischem Vorbild mit Dutzenden von Partnern.

Juristen dürfen die Zusatzbezeichnung Fachanwalt für Versicherungsrecht nur tragen, wenn sie spezielle Fortbildungsveranstaltungen besucht haben. Außerdem müssen sie eine bestimmte Anzahl von Fällen aus dem Fachgebiet nachweisen, die sie im Anschluss an die Seminare bearbeitet haben. Und genau hier liegt das Problem. Sie müssen innerhalb von drei Jahren 80 Fälle an Land ziehen, davon müssen zehn vor Gericht gewesen sein. Das klingt wenig. Für Anwälte in großen Kanzleien, die viele Fälle von Versicherern bekommen, sind diese Zahlen auch schnell zu erreichen. Für Einzelanwälte, die unabhängig sind und eben noch nicht den Fachanwaltstitel tragen, ist es aber sehr schwer, an so viele Mandanten mit Assekuranz-Scharmützeln zu kommen. Weil vielen klar ist, dass die Versicherer am längeren Hebel sitzen und zur Not durch alle Instanzen gehen, wollen sie in der Regel einen Vergleich erreichen. Das mindert die Zahl der potenziellen Prozesse. Die Folge: Die Praxiserfahrung der Fachanwälte bezieht sich vor allem auf Prozesse, in denen sie die Versicherer vertreten.

Die Auswahl auf dem Anwaltsmarkt ist für Privatmenschen stark eingeschränkt, wenn es gegen einen Versicherer geht. »Geschädigte und Kunden haben schon das schlichte Problem, Rechtsschutz zu finden«, sagt der Berliner Rechtswissenschaftler Hans-Peter Schwintowski. Vertritt ein Anwalt einen Versicherer, kann er sicher sein, dass die Gesellschaft zahlt. Egal wie es ausgeht. Bei einem einfachen Bürger ist das anders. Verliert er, ist er möglicherweise wirtschaftlich ruiniert. Dann gibt es für den Anwalt nur noch die Prozesskostenhilfe. Solche Mandate sind für Juristen unattraktiv. Dass sie sie ablehnen, ist naheliegend. Die Kanzlei sei überlastet, heißt es dann.

In diesem Geflecht kaum zu durchschauender Interessen ist es für Privatleute sehr, sehr schwer, zu ihrem Recht zu kommen. Sie haben einen übermächtigen Gegner, der all das hat, was ihnen fehlt: Zeit, Geld und clevere Strategien. Die Versicherer nehmen bei einem Schaden den Anspruchsteller genau ins Visier. »Hat der Geschädigte einen Rechtsschutzversicherer oder einen großen Sozialversicherungsträger an seiner Seite, regulieren sie einen Schaden ganz anders als in den Fällen, in denen er keinen starken Partner hat«, sagt Rechtswissenschaftler Schwintowski. Wissen die Unternehmen, dass ihr Gegner den Weg durch die Instanzen durchhalten kann, sind sie vorsichtiger. Und selbst dann lassen sie es noch oft genug darauf ankommen. Viele Tausende Kunden oder Geschädigte erheben gegen Versicherer Klage, an manchen Gerichten gibt es eigene Versicherungssenate. Der Weg durch die Instanzen bis zum Bundesgerichtshof dauert im Schnitt vier Jahre. Rund 400 Verfahren sind dort im Jahr anhängig. Viele kommen gar nicht bis dahin, weil ihnen vorher die Puste ausgeht oder sie eine Klage nicht wagen, weil sie das finanzielle Risiko fürchten oder keinen geeigneten Rechtsbeistand finden.

Das ungleiche Kräfteverhältnis zwischen Verbraucher und Versicherer braucht eine Korrektur, fordert Jura-Professor Schwintowski. Damit Privatleute überhaupt die Gelegenheit haben, zu ihrem Recht kommen zu können, brauchen sie Unterstützung. »Geschädigte und Kunden müssen gleich starkgemacht werden, damit sie mit den Versicherern auf einer Ebene sind«, fordert er. Sein Vorschlag für eine Schadenregulierung auf Augenhöhe: Hat der Verbraucher keinen Rechtsschutzversicherer und kein dickes Konto, finanziert der Versicherer den Prozess für den Kunden vor. In vielen Fällen geht es nicht darum, ob der Geschädigte überhaupt etwas vom Versicherer bekommt, sondern nur, wie viel. Der Bürger ist dem Unternehmen völlig ausgeliefert, wenn es die Schadensumme einfach kürzen und darauf vertrauen kann, dass sich die betroffene Person nicht wehrt – weil sie keine Rechtsschutzversicherung hat. »Da müsste der Gesetzgeber etwas tun«, sagt Rechtswissenschaftler Schwintowski. Wie bei der Prozesskostenhilfe für Bedürftige könnte ein Gericht zu Beginn des Verfahrens prüfen, ob die Sache völlig aussichtslos ist. Nur wenn es keinerlei Aussicht auf Erfolg gibt, könnte der Versicherer die Finanzierung verweigern. »Es geht nicht darum, den Verbraucher gegenüber dem Versicherer besserzustellen«, betont Schwintowski. »Es geht darum, ihn genauso stark zu machen wie den Versicherer.«

Auch die Zermürbungstaktik der Versicherer will Schwintowski durchkreuzen. Die Versicherer sollen nicht folgenlos die Schadenregulierung verzögern können, fordert er. Zwar gibt es in Deutschland nicht den in den USA üblichen Strafschadensersatz. Aber Richter können die Verschleppung der Regulierung als Persönlichkeitsverletzung werten und deshalb das Schmerzensgeld erhöhen. Ab und zu geschieht so etwas auch, sagt Schwintowski. Aber in diesen Fällen ging es bislang nur um wenige Tausend Euro. Müssten die Gesellschaften damit rechnen, dass die Gerichte dem Geschädigten einen Schadensersatz in Höhe von 200 000 Euro oder 300 000 Euro zusprechen, wäre ihr Risiko hoch. »Wir brauchen ein oder zwei Musterfälle«, sagt Jura-Professor Schwintowski. Interessant könnte so etwas für Prozessfinanzierer sein. Diese Firmen übernehmen bei hohen Streitwerten die Kosten für Prozesse. Gewinnt der Kläger, bekommen sie einen Teil der erstrittenen Summe. Unter dem

Dach der Assekuranz gibt es Prozessfinanzierer, die Kunden zum Beispiel bei Verfahren nach einem Kunstfehler unterstützen. Dabei handelt es sich um Tochterunternehmen, oft von Rechtsschutzversicherern. Sie finanzieren durchaus auch Prozesse gegen Versicherer. Grundsätzlich prüfen sie die Erfolgsaussichten allerdings sehr genau und übernehmen nur Fälle mit hohen Streitwerten. Der Prozessfinanzierer des Rechtsschutzversicherers Roland zum Beispiel übernimmt nur fünf von 100 Verfahren. Die Klagen müssen einen Streitwert von 50 000 Euro und mehr haben. Es gibt auch eine Reihe von Prozessfinanzierern, die von der Branche unabhängig sind.

Kein scharfes Schwert

Ohnehin sind Musterverfahren ein sehr gutes Instrument, um die Position der Kunden zu stärken. In den USA haben Verbraucher eine mächtige Lobby. Eine ganze Industrie von Anwälten und Interessensvertretern lebt davon, die Rechte von Verbrauchern wahrzunehmen und auszubauen. In Deutschland gibt es das nicht, denn die Lobby der Versicherten ist schwach. Die Verbraucherzentralen vertreten viele Interessengebiete, ihre Etats sind knapp. Für die Belange Versicherungsgeschädigter ist da wenig Platz. Der Bund der Versicherten ist dagegen eine große Organisation. Seine große Kompetenz steht im eigenen Lager außer Frage. Der Bund unterstützt auch die wissenschaftliche Weiterentwicklung aus Sicht des Verbraucherschutzes. Kritiker greifen ihn allerdings an, weil er für seine Mitglieder auch Versicherungsschutz organisiert und Rahmenverträge mit Anbietern schließt. Zu Beginn des Jahrtausends trennte sich der Bund der Versicherten von seinem Mitgründer, Geschäftsführer und spiritus rector. Der seinerzeit profilierteste Assekuranzkritiker wurde wegen eines strafrechtlich relevanten Vergehens zur einer Gefängnisstrafe verurteilt. Das war nicht nur ein großer Imageschaden, sondern auch ein großer Verlust an Know-how. Unter seiner Führung profilierte sich die Organisation als scharfe Kritikerin der Assekuranz. Sein Satz »Kapitallebensversicherungen sind legaler Betrug« markiert die damalige strikte Haltung. Vergebens hat der Verband der Lebensversicherer versucht, dagegen juristisch vorzugehen. Der Skandal um seinen Mitgründer hat den Bund der Versicherten in eine Krise gestürzt. Seine Nachfolger an der Spitze der Organisation waren gegenüber der Assekuranz versöhnlicher. Die ehemalige SPD-Bundestagsabgeordnete Lilo Blunck etwa setzte als Vorsitzende eher auf Kooperation denn auf Konfrontation. Im September 2011 wurde der profilierte und im Umgang mit Medien sehr gewandte Versicherungsmathematiker Axel Kleinlein zum Vorstandschef gewählt. Mit ihm steht ein ausgewiesener Experte und Branchenkenner an der Spitze der Organisation, der für die Assekuranz ein harter Brocken sein dürfte.

Der Verbraucher-Lobby in Deutschland fehlt im Unterschied zu den USA ein scharfes Schwert: die Sammelklage. In Deutschland gibt es so etwas im engeren Sinne nicht. Aber das kann sich ja ändern. Aufgerufen übers Fernsehen oder Internet könnten sich viele Verbraucher mit gemeinsamen Streitanliegen in Listen eintragen, und eine Instanz würde für alle stellvertretend vor Gericht ziehen. Rechtswissenschaftler Schwintowski ist der Überzeugung, dass so etwas heute schon möglich ist. Man müsste es nur einmal ausprobieren. »Möglicherweise lehnen die Obersten Richter dieses Vorgehen ab«, sagt er. »Aber dann sagen sie etwas dazu, woran sich die Kläger beim nächsten Mal orientieren könnten.« Eine unkomplizierte Klagemöglichkeit zu schaffen, würde eine neue Kultur der Auseinandersetzung zwischen Versicherern und Verbrauchern ermöglichen. Damit würden Kunden ganz erheblich gestärkt und etwas näher auf Augenhöhe der Assekuranz rücken. Kein Wunder, dass die Branche nichts von diesem Instrument hält. »Wir sind gegen Sammelklagen«, sagt der Hauptgeschäftsführer des Gesamtverbands der Deutschen Versicherungswirtschaft Jörg von Fürstenwerth. »Damit hätten wir schnell Zustände wie in den USA.« In

Deutschland reiche die Möglichkeit der Verbandsklage aus, mit der zum Beispiel Verbraucherzentralen gegen Versicherungsbedingungen vorgehen können.

Erfolgreiche Verbandsklagen können für Kunden in wichtigen Streitfällen in der Tat der Weg zu einem für sie erfolgreichen Verfahren sein. Im Fahrwasser positiver Entscheidungen können sie ebenfalls auf Erfolg hoffen. Aber dabei müssen sie die Klage mit allem Drum und Dran selbst führen. Darauf, dass ein anderer Verbraucher in einer vergleichbaren Sache vor Gericht zieht und ein Grundsatzurteil auch zu ihren Gunsten erstreitet, brauchen Verbraucher nicht zu hoffen. Die Versicherer haben eine perfide Strategie, Grundsatzurteile zu ihren Ungunsten zu verhindern. Zeichnet sich ab, dass sie vor dem Bundesgerichtshof verlieren, schließen sie einen Vergleich mit dem Kläger.

Wie Versicherer Grundsatzurteile verhindern

Wer eine Sehschwäche im Bereich von plus vier bis minus zehn Dioptrien hat, ist Kandidat für eine Lasik-Operation. Mit einem Hornhauthobel oder einem Femtosekundenlaser schneidet der Chirurg in die Hornhaut, klappt sie auf und lasert das darunterliegende Gewebe. In weniger als einer halben Minute ist die Sache erledigt, der Patient kann rasch wieder scharf sehen, vor allem die Rechnung von einigen 1000 Euro. Kassenpatienten müssen diese Operation meistens selbst zahlen. Es sei denn, sie haben eine private Zusatzversicherung. Aber auch private Krankenversicherer wollen dafür nicht aufkommen. Schließlich können ihre Kunden ja eine Brille oder Kontaktlinsen tragen.

Immer wieder zogen Patienten wegen dieser Sache vor Gericht. Bis heute gibt es kein Grundsatzurteil in dieser Frage – nicht obwohl, sondern weil die Richter des Bundesgerichtshofs zu erkennen gaben, dass sie den Patienten recht geben würden. Kurz vor dem Urteilsspruch strichen die Versicherer die Segel und zahlten dem Patienten die Operationskosten. Irgendwann wurde es einer Richterin am Bundesgerichtshof zu bunt. Obwohl so etwas sehr unüblich ist, hat die damalige Bundesrichterin Sibylle Kessal-Wulf in einem Fachaufsatz präzise beschrieben, wie private Krankenversicherer gezielt und systematisch ein Urteil des höchsten Gerichts zur Kostenübernahme von Augenoperationen mit einem speziellen Laserverfahren verhindert haben. In den verhandelten Fällen übernahmen die Versicherer die Kosten für die Behandlung regelmäßig, als sich abzeichnete, dass der Bundesgerichtshof zugunsten der Patienten entschieden hätte. Ein Grundsatzurteil würde vielen das Klagen ersparen. Die Versicherer aber würde es viel Geld kosten, für eine Lasik-Operation sind zwischen 2500 und 5000 Euro fällig.

Die Strategie ist immer die gleiche: Über Jahre jagen clevere Anwälte der Versicherer die Kläger durch die Instanzen. Kurz vor dem letzten Wort des höchsten Gerichts schließlich knicken die Gesellschaften ein und schließen einen Vergleich. Auch wenn das im Einzelfall teuer ist, ist es immer noch billiger als ein Richterspruch mit Signalwirkung. Allein im Jahr 2009 haben Versicherer sieben Grundsatzurteile verhindert, die nach Schätzung von Experten Ansprüche von bis zu 40 Milliarden Euro zur Folge hätten haben können. Das strategische Verhindern der Revision vonseiten der Versicherer ist nicht akzeptabel. »Oft geht es um Fragen, die Millionen von Kunden betreffen«, sagt Rechtswissenschaftler Hans-Peter Schwintowski. Gegen die Strategie der Versicherer ist die Justiz nicht machtlos. Wenn die Versicherer ihre Revision zurückziehen, könnten die Richter des Bundesgerichtshofs schon heute ihre Meinung zu diesem Sachverhalt publik machen, sagt Schwintowski. Nicht nur in einem Fachaufsatz. »Die Richter sollten ihre Meinung als Statement des Bundesgerichtshofs veröffentlichen«, fordert er. Auch ohne ein Urteil wäre die Lage für viele Fälle klar und Rechtssicherheit hergestellt. Eine zweite Möglichkeit, das strategische Kassieren der Revision zu verhindern, wäre eine Gesetzesänderung. »Der Gesetzgeber könnte die Richter verpflichten, ihre Meinung zu veröffentlichen«, sagt er. Viele amtierende oder ehemalige

Oberrichter, das sind die Richter an den höchsten Gerichten, ärgern sich über das Vorgehen der Versicherer, und spätestens wenn sie ihr Amt verlassen, äußern sie sich offen gegen diese Praxis. Deshalb gehen Beobachter davon aus, dass Bewegung in die Sache kommt.

Dass Kunden und Verbraucherschützer beim Beschreiten des Rechtswegs oft in den unteren Instanzen verlieren, hat einen einfachen Grund, sagt der Düsseldorfer Fachanwalt für Versicherungsrecht Mark Wilhelm. »Die Versicherer dominieren die wissenschaftliche Literatur.« Die juristische Fachliteratur stamme aus der Feder von Experten, die der Branche nahestehen, einfach weil Unternehmen aus der Assekuranz zu ihren Mandanten gehören – und nicht die Kunden. Gesetze sind das eine. Ihre Auslegung ist eine andere Angelegenheit. Richter unterer Instanzen sind auf dem Fachgebiet Versicherungsrecht oft keine Spezialisten. »Sie orientieren sich an den wissenschaftlichen Veröffentlichungen«, sagt Wilhelm. Schon der Begründer der Kommentarliteratur zum Versicherungsrecht kam direkt aus einem Versicherungsunternehmen. Es war Erich Prölss, der seit 1936 im Vorstand und ab 1956 Generaldirektor der Bayerischen Rückversicherung war. Er legte die Grundlagen der versicherungsrechtlichen Auslegung und dominierte die Kommentarliteratur über Jahrzehnte. Heute stammen die meisten wichtigen Werke zum Versicherungsrecht aus der Feder assekuranznaher Juristen. Nur sehr wenige wissenschaftliche Autoren im Versicherungsrecht gehören nicht ins Lager der Versicherer. Dazu gehören der Rechtswissenschaftler Hans-Peter Schwintowski und der ehemalige Bundesrichter und frühere Versicherungsombudsmann Wolfgang Römer.

Verbraucherschutz per Klage

Trotzdem: Das schärfste Schwert der Verbraucherschützer ist die Klage. »Vor dem Gericht erreichen wir mehr als vor dem Gesetzgeber«, sagt Versicherungsexpertin Edda Castelló von der Verbraucherzentrale Hamburg. Die Strategie der Verbraucherschützer: Sie wollen möglichst viele höchstrichterliche Urteile zugunsten der Verbraucher erwirken, also genau das erreichen, was die Versicherer verhindern möchten. Die Attacke gegen einen Versicherer mit unfairen Methoden beginnt oft mit einer Abmahnung. Der Versicherer soll unterschreiben, dass er eine bestimmte Klausel nicht mehr anwendet oder eine bestimmte Geschäftspraxis abstellt, etwa unlautere Telefonwerbung. Bei der Werbung sind Versicherer oft zum Einlenken bereit. Bei den Klauseln bleiben sie fast immer hart – denn andernfalls müssen sie ihre Bedingungen ändern, und das ist mit Aufwand verbunden. Der Weg durch die Instanzen beginnt. Wie der ausgeht, ist ungewiss. Doch immer wieder schaffen Kunden oder Verbraucherschützer vor Gericht den großen Durchbruch. Sie konnten durchsetzen, dass die Versicherer Kunden in weitaus größerem Maße an ihren Gewinnen beteiligen müssen, als sie bereit waren. Erfolgreich sind die Verbraucherschützer immer wieder, wenn es um eine kundenfreundlichere Berechnung der »Rückkaufswerte« in der Lebensversicherung geht. Der Rückkaufswert ist das, was übrig bleibt, wenn der Kunde sein Geld aus der Lebensversicherung vor Vertragsablauf zurückhaben will. Weil der Versicherer so viel für Kosten abzieht, ist das oft viel weniger, als der Sparer eingezahlt hat. Verbraucherschützer haben dafür gesorgt, dass Kunden mehr zurückbekommen. Aber die Gesellschaften machen es der anderen Seite so schwer wie möglich. Haben die Verbraucherschützer etwas zugunsten der Verbraucher durchgesetzt, heißt das nicht, dass die Versicherer diese Änderung für alle anderen übernehmen. Lieber lassen sie sich Fall für Fall separat verklagen.

Von sich aus geben die Unternehmen ohnehin nichts her.

Verbraucher müssen vorenthaltene Gewinnanteile in der Lebensversicherung oder zu hohe Abzüge von ihren Prämien selbst erstreiten. »Wir wollen den Boden bereiten für Kunden«, sagt Castelló. Mit einem höchstrichterlichen Urteil im Rücken ist es für viele Kunden einfacher, vor Gericht ihr Recht durchzusetzen. Wenn es sich anbietet, versuchen die Verbraucherschützer Kunden zu einem Gruppenverfahren zu bewegen. Das entspricht nicht ganz den Vorstellungen von Jura-Professor Schwintowski, der für einfache Sammelklagen plädiert. Bei den Gruppenverfahren der Verbraucherzentrale treten Kunden Ansprüche ab. »Das ist extrem aufwändig«, sagt Castellä In jedem Einzelfall gibt es einen großen Papierkrieg, fordern die Versicherer Unterlagen an oder müssen Daten genau geprüft werden.

Nicht nur deshalb können die Verbraucher das Instrument der Klage nur sparsam einsetzen. Gerichtsverfahren kosten Geld und Kapazitäten. Für ein Verfahren durch alle Instanzen muss die Verbraucherzentrale 15 000 bis 20 000 Euro aufbringen. Die gesamte Verbraucherzentrale Hamburg hat einen Jahresetat von 3 Millionen Euro für zehn verschiedene Fachbereiche, die alle mit Personal ausgestattet werden müssen und Geld für eigene Projekte brauchen. Für Prozesse gegen Versicherer bleibt nicht viel übrig. Geld und Personal aber haben die Versicherer in weitaus größerem Umfang zur Verfügung.

Anwalts Liebling: Rechtsschutzversicherung

Nicht nur über Ausbildung und Auftragsvergabe hat die Versicherungswirtschaft Einfluss auf die Anwaltschaft. Die Rechtsschutzversicherer haben für die Juristen eine große Bedeutung als Kostenträger. Mit den Rechtsschutzversicherern verbindet Anwälte eine Art Hassliebe. Einerseits sind Mandanten mit einer Rechtsschutzversicherung im Rücken eher bereit, einen Rechtsstreit zu führen oder überhaupt einen Anwalt aufzusuchen. In Deutschland beziehen die Anwälte zwischen 10 und

15 Prozent ihrer Einkünfte von Rechtsschutzversicherern. Andererseits sind Rechtsschutzversicherer genauso knauserig wie alle anderen Versicherer. Sie versuchen, auf vielen Wegen Kosten zu reduzieren. Eine Rechtsschutzversicherung zahlt die Kosten für Anwalt und Gerichte bis zur vereinbarten Deckungssumme. In der Regel vereinbaren Kunden eine Eigenbeteiligung im Schadensfall. Das hat den pädagogischen Effekt, dass sie den Versicherer nur in Anspruch nehmen, wenn sie meinen, dass es wirklich sein muss. Üblich ist eine Selbstbeteiligung von 150 oder 250 Euro, also etwa so viel, wie ein Besuch beim Anwalt ungefähr kostet.

Rechtsschutzversicherer haben im Service-Zeitalter viel mehr im Angebot als die Übernahme von Anwalts- und Gerichtskosten. Die ROLAND-Rechtsschutzversicherung hat Manager als Zielgruppe entdeckt. Denen hat sie nicht nur ein Servicepaket für eine eventuelle Untersuchungshaft geschnürt, etwa mit Arznei-Bringdienst und Knast-Tagegeld. Inmitten der Finanzkrise hat das Unternehmen auch Verträge für die Sensibelchen unter den harten Entscheidern auf den Markt gebracht. Die sahen psychotherapeutischen Beistand bei besonderen Belastungen vor, etwa Trübsal wegen vieler ausgesprochener Kündigungen. Apropos Krise: Im Zuge der Kapitalmarktkrise in den Jahren 2001 und 2002 verschärften die Rechtsschutzversicherer die Bedingungen erheblich, unter denen Kunden Rechtsschutz bei Streit um Geldanlagen bekommen. Damit reagierten sie auf die Klagen enttäuschter Telekom-Anleger. Immer schon ausgeschlossen waren Wett- und Spekulationsgeschäfte. Für Anleger ist es aber nicht immer leicht zu erkennen, welchen Charakter eine Investition hat. Anbieter werben selten damit, dass es sich um windige Geschäfte handelt. Nach der Verschärfung der Investitionsklausel wurde die Sache noch komplizierter. Seitdem gibt es oft auch keinen Rechtsschutz mehr, wenn es um Aktien geht.

Für U-Haft-Paket und Knast-Tagegeld geben die Rechtsschutzversicherer – vielleicht noch – wenig aus. Das meiste Geld kosten sie die Gebühren für Anwälte und Gerichte. 2011 nahmen die rund 50 Rechtsschutzversicherer Prämien in Höhe von rund 3,3 Milliarden Euro ein, für Leistungen gaben sie 2,3 Milliarden Euro aus. Rechtsschutzpolicen verkaufen sich noch viel weniger von allein als andere Versicherungen, die Provisionen für die Vermittler sind mit mehr als 20 Prozent hoch. Um wettbewerbsfähig zu sein in einem zunehmend umkämpften Markt, wollen die Anbieter die Kosten senken. Die Rechtsschutzversicherer dürfen nicht wie die Kfz-Versicherer mit ihrem Werkstattnetz Kunden direkt in spezielle Anwaltsnetze steuern, denn die freie Anwaltswahl wird in Deutschland hochgeschätzt. Könnten sie das, würde die Schadenregulierung billiger. Die Rechtsschutzversicherer unterhalten trotzdem solche Netze, denn Empfehlungen dürfen sie durchaus aussprechen. Ob es für Verbraucher sinnvoll ist, von solchen Angeboten Gebrauch zu machen, müssen diese selbst entscheiden. Manche Rechtsschutzversicherer versuchen aber, Kunden durch finanzielle Anreize zu bestimmten Anwälten zu lotsen. Das stößt auf Argwohn, zum Beispiel bei der bayerischen Ministerin für Justiz und Verbraucherschutz Beate Merk (CSU). »Sobald zwischen dem Rechtsanwalt und der Rechtsschutzversicherung eine Geschäftsbeziehung besteht, wächst die Gefahr einer Interessenkollision zulasten des Versicherten«, sagt sie. »Denn die Versicherung mindert ihr Kostenrisiko, wenn der Rechtsanwalt dem Versicherten vom Rechtsstreit abrät und es nicht zum Prozess kommt.« Die Ministerin hat die Versicherungsaufsicht aufgefordert, die Praxis von Rechtsschutzversicherern in dieser Frage zu prüfen. »Wenn eine Rechtsschutzversicherung ihre Kunden über qualifizierte Anwälte informiert, ist das als Serviceleistung durchaus zu begrüßen. Für mich ist die Grenze aber dann überschritten, wenn die Versicherten in unzulässiger Weise zur Wahl von Vertragsanwälten der Versicherung bewegt werden sollen«, sagt die Ministerin. Doch was ist zulässig und was nicht? Im Zweifel müssen das die Gerichte klären. Doch wo kein Kläger ist, ist auch kein Richter. Vielen Kunden erscheint es hilfreich, von ihrem Rechtsschutzversicherer einen Juristen empfohlen zu bekommen. Sie lassen sich Telefonnummern und Adressen der Anwälte von den Versicherern gerne geben, weil sie selbst nicht wissen, an wen sie sich wenden könnten. Außerdem bekommen sie bei den Partneranwälten schnell einen Termin, denn die Juristen müssen dem Versicherer zusagen, dass sie gut erreichbar sind.

Weil der Markt für Rechtsschutzpolicen gesättigt ist, locken die Anbieter mit immer neuen Dienstleistungen. Kunden können vorab Verträge checken lassen, manche bieten – gegen Gebühr – Inkassodienste an. Fast schon zum normalen Inventar gehört die Möglichkeit, telefonisch Ratschläge von hoch qualifizierten Juristen auch in den Rechtsgebieten zu bekommen, die der Kunde nicht versichert hat. Bei vielen Versicherern zählt die Inanspruchnahme nicht als Schaden, sie können also danach nicht kündigen. Rechtsschutzversicherer sind dafür berüchtigt, dass sie ihren Kunden nach wenigen Schäden, je nach Kostenaufwand auch nach einem einzigen Schaden, kündigen. Wenn der Kunde für den Schadensfall eine Selbstbeteiligung vereinbart hat, muss er für die telefonische Hilfe nicht zahlen. Nähme er einen niedergelassenen Juristen in Anspruch, müsste er in die Tasche greifen. Für den Versicherer ist es billiger, wenn Kunden zum Telefonhörer greifen und nicht zum Anwalt gehen. Vor allem, wenn sie da erfahren, dass ihr aktuelles Anliegen nicht versichert ist. Dann kündigen sie den Vertrag möglicherweise. Den Beistand am Telefon werden sie dagegen als kostenlose Zugabe empfinden.

Vielen Verbrauchern ist beim Abschluss einer Rechtsschutzpolice nicht klar, dass der Vertrag in der Regel für genau definierte Rechtsgebiete geschlossen wird. Auch wenn die Sache »Familienrechtsschutz« heißt und der versicherte Bereich »privat« ist, gehört eine Scheidung nicht zu den versicherten Risiken. In den Werbeprospekten vieler Versicherer sieht das anders aus, da suggerieren die Bilder von Familien, dass auch die Kosten für die Trennung übernommen werden. Das gibt es aber nur als

Zusatzbaustein bei der ARAG, gegen einen saftigen Beitragsaufschlag und eine längere Wartezeit nach Vertragsabschluss, bis der Versicherer zum ersten Mal zahlt. Kein Wunder, dass diese Zusatzpolice nicht viele Abnehmer findet.

Neuerdings bietet die Mehrzahl der Versicherer Kunden die außergerichtliche Streitbeilegung beim Profi an, die Mediation. Das ist billiger als ein Prozess. Auch hier locken viele Anbieter damit, dass Kunden die Mediation in nicht versicherten Rechtsgebieten wahrnehmen. Das Ergebnis kann aber für eine der beiden Seiten schlecht sein, ohne dass der Betroffene es merkt. Auch hier gilt: Gespart wird auf Kosten der Kunden. Wer eine außergerichtliche Streitbeilegung einem Prozess vorzieht, sollte auf jeden Fall einen unabhängigen Anwalt seines Vertrauens mitnehmen. Den zahlen aber die Gesellschaften oft nicht, wenn es bei dem Streit um ein nicht versichertes Rechtsgebiet geht.

Früher war die Rechtsschutzversicherung die Angelegenheit kleinerer, spezialisierter Versicherer. Mittlerweile haben die großen Konzerne dieses Feld ebenfalls entdeckt. Marktführer ist die DAS, die zu ERGO gehört. Die DAS gehört zu den 17 Rechtsschutzversicherern, die von der Verbraucherzentrale Hamburg wegen einer intransparenten Klausel abgemahnt wurden. Ebenfalls abgemahnt wurden Advocard, ARAG, DAS, DEUTRAG, ROLAND, Neue Rechtsschutz, Allrecht, AUXILIA, Badische, R+V, Alte Leipziger, DEVK, Concordia, HDI-Gerling, Itzehoer, DMB und Jurapartner. Die Verbraucherzentrale will erreichen, dass diese Unternehmen auf die Formulierung verzichten, der Kunde habe »alles zu vermeiden, was eine unnötige Erhöhung der Kosten oder eine Erschwerung ihrer Erstattung durch die Gegenseite verursachen könnte«. Bei dieser Formulierung bleibt völlig unklar, wozu der Kunde tatsächlich verpflichtet ist. So könnten Fehler des Rechtsanwalts dem Kunden zugerechnet oder außergerichtliche Klärungen als Pflichtverletzungen gewertet werden. Aufmerksam auf die Klausel wurden die Verbraucherschützer, als ein Richter des Bundesgerichtshofs bei einer Veranstaltung explizit darauf hinwies. »Wir dachten, das wäre ein klarer Fall, der schnell erledigt ist«, sagt Verbraucherschützerin Castelló. Aber die Versicherer blieben hart und unterschrieben nichts. Sie ließen sich vor Gericht ziehen. Von den Verfahren gegen die Rechtsschutzversicherer hat die Verbraucherzentrale im ersten Anlauf fast alle gewonnen, einer ging bisher verloren. Wie die Sache insgesamt ausgeht, ist ungewiss.

Wegfall des Alles-oder-Nichts-Prinzips

Versicherer lassen es gerne auf einen Prozess ankommen, Verbraucher nicht. Mit der Reform des Versicherungsvertragsrechts 2008 hat es für Verbraucher eine wichtige Änderung gegeben: Das »Alles-oder-Nichts-Prinzip« ist weggefallen. Früher musste der Versicherer einen Schaden vollständig regulieren oder gar nicht zahlen, wenn der Kunde sich grob fahrlässig verhalten hatte. Der Versicherer übernahm nicht einen Teil des Schadens, es gab keine Entschädigung zwischen den Polen ganz und gar nicht. Grob fahrlässig verhält sich zum Beispiel, wer bei Rot über die Ampel fährt, das Fenster vor Verlassen des Hauses nicht schließt oder brennende Kerzen unbeaufsichtigt lässt. Bei einfacher Fahrlässigkeit muss der Versicherer so oder so zahlen, bei Vorsatz nie. In guten Versicherungsbedingungen verzichten die Anbieter allerdings auf die sogenannte Einrede bei grober Fahrlässigkeit, das heißt, sie tun so, als habe sich der Kunde nur einfach fahrlässig verhalten.

Nach der Reform kann die Gesellschaft auch bei grober Fahrlässigkeit die Zahlung, von wenigen Ausnahmen abgesehen, nicht mehr ganz verweigern, sondern nur noch kürzen. Ganz verweigern können die Versicherer die Schadenregulierung zum Beispiel, wenn ein Autofahrer schwer betrunken einen Unfall verursacht und von seinem Kaskoversicherer Geld haben will. Abgesehen von solchen schwerwiegenden Fällen dürfen sie nicht die gesamte Leistung ablehnen. Doch sie dürfen einen Teil entsprechend des Grades des Mitverschuldens des Kunden streichen. Wie viel das sein soll, hat der Gesetzgeber nicht gesagt. Deshalb gibt es erst einmal eine Reihe von Einzelfallentscheidungen. Für Kunden ist das schlecht, denn sie können selten einschätzen, ob sie mit einem Abzug von 25, 50 oder 75 Prozent gut oder schlecht bedient sind. Wollen sie mehr, als der Versicherer anbietet, müssen sie Einspruch einlegen und notfalls vor Gericht ziehen. Doch die erwartete Prozessflut ist bisher ausgeblieben. Wer will schon einen Rechtsstreit riskieren, wenn der Vertreter sagt: »Seien Sie froh, dass Sie überhaupt etwas kriegen, früher hätten Sie gar nichts bekommen.« Zu den wenigen Gerichtsentscheidungen, die es bereits gibt, gehören die zum Überfahren einer roten Ampel zum Beispiel wegen blendender Sonne. Es scheint sich herauszukristallisieren, dass Autohalter nach so einem Fauxpas ihren Schaden zu 50 Prozent vom Kaskoversicherer ersetzt bekommen.

Mit der Reform des Versicherungsvertragsgesetzes 2008 hat die Politik einige bizarre Regeln zum Wohle der Assekuranz abgeschafft. Zum Beispiel galt früher allen Ernstes ein Prinzip namens Unteilbarkeit der Prämie. Überwies ein Hausbesitzer im Januar die Prämie für die Wohngebäudeversicherung für das ganze Jahr, und der Anbieter kündigte den Vertrag nach einem Wasserschaden im März, bekam der Kunde nichts zurück. Jetzt bekommt der Kunde seine Jahresprämie anteilig zurück.

Auch die Kündigungsfristen für Kunden wurden verkürzt. Lang laufende Verträge sind seitdem nach drei Jahren kündbar, vorher waren es fünf Jahre. Mit dem neuen Versicherungsvertragsgesetz von 2009 wurde die Dreijahresfrist auch für die alten Policen in den Beständen der Versicherer verbindlich. Doch manche kriegen den Hals nicht voll und machen Kunden wegen geringer Prämien viel Ärger. Die Provinzial Rheinland sah die Rechtslage anders. Sie stand auf dem Standpunkt, dass für Altverträge weiter die Fünfjahresfrist gilt. Sie akzeptierte unter anderem die Kündigung eines Kunden nicht, der seine Unfallversicherung beenden wollte. Das ließ sich der Verbraucher nicht gefallen und zog mit Unterstützung des Bundes der

Versicherten vor Gericht. Die Organisation wäre bereit gewesen, bis vor den Bundesgerichtshof zu ziehen. Das war nicht nötig. Die Provinzial Rheinland gab schließlich klein bei. Das Verfahren hatte ihr negative Schlagzeilen gebracht. Zum Ärger der Gesellschaft hatte sich auch der Versicherungsombudsmann auf die Seite des kündigungswilligen Kunden gestellt. Der Versicherungsombudsmann ist eine von der Branche eingerichtete Schiedsstelle. Sie ist eine der wenigen Einrichtungen der Assekuranz, von der Verbraucher wirklich etwas haben.

3. Wer enttäuschten Kunden hilft

Als der internationale Fußballverband FIFA die Weltmeisterschaft 2018 an Russland und das Turnier 2022 an den Wüstenstaat Katar vergab, war das Entsetzen groß. Viele Fußballfans glauben nicht, dass bei der Vergabe alles mit rechten Dingen zugegangen ist. Der ehemalige Präsident des Bundesgerichtshofs Günter Hirsch war zum Zeitpunkt der Vergabe Mitglied der Ethikkommission der FIFA. Diese Kommission soll gegen Korruption innerhalb des Verbands vorgehen. Hirsch mochte kein Feigenblatt mehr sein. Er warf sein Amt als Fußball-Ethiker hin und schrieb der FIFA einen bösen Brief. Er habe den Eindruck, »dass die Verantwortlichen der FIFA kein wirkliches Interesse daran haben, eine aktive Rolle bei der Aufklärung, Verfolgung und Vorbeugung von Verstößen gegen das Ethikreglement der FIFA zu spielen«.[57] Auch mit der Ethikkommission selbst ging er hart ins Gericht. Sie kann nur tätig werden, wenn die FIFA das will. Eine merkwürdige Kontrollinstanz. Günter Hirsch ist ein Mann mit Rückgrat und Prinzipien. Der Jurist ist auch der Versicherungsombudsmann. Er ist für die außergerichtliche Streitschlichtung zwischen Kunden und Anbietern zuständig.

Schnell, unbürokratisch, kostenlos – das klingt so gar nicht nach Assekuranz. Und doch gibt es innerhalb der Versicherungswirtschaft mit dem Ombudsmann eine Instanz, die so vorgeht. Er half den Angehörigen eines Mannes, der mit Anfang vierzig einen Schlaganfall hatte. Seitdem liegt der Familienvater im Wachkoma. Dass er berufsunfähig ist, steht außer Frage. Trotzdem wollte sein Versicherer nicht zahlen. Der Mann hatte vor Vertragsabschluss im Antragsbogen unter anderem nicht angegeben, dass er wegen Rückenbeschwerden behandelt worden war. Daran war nicht zu rütteln. »Aber er hat ein Recht darauf, zu diesem Sachverhalt angehört zu werden«, sagt Ombudsmann

Hirsch. »Vielleicht kann er ja erklären, wie es dazu gekommen ist.« Der Patient im Wachkoma kann jedoch keine Auskunft geben, vielleicht niemals. Andere können zu der Sache keine Angaben machen. Mit so einem Fall hatten sich Richter noch nicht beschäftigt. »Ich habe dem Versicherer mitgeteilt, dass rechtlich völlig ungeklärt ist, was passiert, wenn der Versicherungsnehmer sich nicht artikulieren kann«, berichtet Hirsch. Das Unternehmen beschloss, aus Kulanz zu zahlen.

Bevor Hirsch Ombudsmann wurde, war er sechs Jahre der deutsche Richter am Gerichtshof der Europäischen Union in Luxemburg und fast acht Jahre Präsident des Bundesgerichtshofs, dem höchsten Zivil- und Strafgericht in Deutschland. Eigentlich ist er immer noch Richter, eben Schiedsrichter. Aber er sieht sich eher als Versöhner. »Anders als vor Gericht geht es bei mir nicht um den Kampf ums Recht«, sagt er. Sein Ziel ist, dass die Kontrahenten ihren Konflikt beilegen und der Vertrag danach weiterläuft. Für geschädigte Dritte wie Stefanie Jeske oder Sarah T. ist der Ombudsmann nicht zuständig. Unfallopfern, die der Versicherer des Schädigers über Jahre hinhält, kann er nicht helfen. Bei vergleichbaren Schiedsstellen in Nachbarländern ist das anders, zum Beispiel in Polen.

Über den Ombudsmann haben Kunden im Streitfall einen indirekten Draht zu den Unternehmen. Jeder Versicherer hat einen Mitarbeiter benannt, der für den Kontakt verantwortlich ist. Die Unternehmen müssen einen Mitgliedsbeitrag und darüber hinaus für jede Beschwerde eine Pauschale von bis zu 100 Euro zahlen. Anders als die Finanzaufsicht BaFin veröffentlicht der Ombudsmann die Namen der Gesellschaften nicht, über die sich Verbraucher beschweren. »Das würde in die Irre führen, die Zahl der Beschwerden sagt nicht viel aus«, sagt Hirsch. Es gibt Versicherer, die ihre Kunden im Streitfall offensiv auf den Ombudsmann aufmerksam machen und ihnen vorschlagen, die Sache dort klären zu lassen. Aber das macht nicht jeder.

Auf Millionen von Verträgen und unzähligen Internetseiten ist die Anschrift des Ombudsmanns vermerkt. Aber in der großen Menge der Informationen geht das oft unter. Viele Verbraucher wissen nicht, was sich hinter dieser Institution verbirgt. Möglicherweise scheuen manche den Weg zum Schiedsmann, weil sie glauben, er sei Teil der Branche. Aber Günter Hirsch ist unabhängig. »Ich bin kein Verbraucherschützer, ich bin neutral«, betont der 1943 geborene Jurist. »Aber die Schlichtungsstelle dient dem Verbraucherschutz.« Der Einrichtung zugrunde liegt die Einsicht, dass es ein enormes Gefälle zwischen Unternehmen und Kunden gibt. »Diese strukturelle Asymmetrie gleiche ich aus, indem ich für Waffengleichheit sorge«, sagt er. »Die rechtliche und moralische Verpflichtung des Ombudsmanns ist, dafür zu sorgen, dass sich beide Seiten auf Augenhöhe begegnen können.«

Die Entscheidungsgewalt des Ombudsmanns

Die Befugnisse des Ombudsmanns wachsen. Die Schiedsstelle wird von einem Verein getragen, dem Versicherer und – im Beirat – Verbraucherschützer angehören. Beide Seiten müssen sich auf eine Person einigen. Versicherer, die Mitglied in dem Verein sind – und das sind fast alle –, verpflichten sich, die Entscheidungen des Ombudsmanns bis zu einem Streitwert von 10 000 Euro zu akzeptieren und umzusetzen. Früher lag die Grenze bei 5000 Euro. Mit der Anhebung hat die Mitgliederversammlung des Vereins dem Ombudsmann nicht nur symbolisch mehr Entscheidungsgewalt gegeben. Bei 5000 Euro liegt die Grenze, bis zu der Amtsgerichte entscheiden. Nach der Erhöhung ist die Entscheidungsgewalt des Ombudsmanns auf den Bereich der Landgerichte ausgedehnt. Für Verbraucher ist das gut. Der Ombudsmann kann ihnen den Weg durch die Instanzen ersparen. Sie haben kein Risiko, sie müssen für das Schiedsverfahren ja nichts zahlen. Und mit ihrer Beschwerde beim Ombudsmann wird die Verjährungsfrist gestoppt. Sie verlieren also nichts, wenn sie zunächst diesen Weg beschreiten. Gefällt ihnen das

Ergebnis nicht, können sie immer noch klagen. Der Versicherer kann das nicht. Er ist an Hirschs Worte gebunden, jedenfalls bis zu einer Grenze von 10 000 Euro.

Ist der Streitwert höher, kann der Ombudsmann bis zu einer Grenze von 100 000 Euro eine Empfehlung aussprechen. In der Regel folgen die Versicherer ihr. Geht es um mehr Geld, ist Hirsch nicht zuständig. »Liegt der Streitwert über 100 000 Euro, mache ich die Akte gar nicht erst auf«, sagt er. Den Streitwert bemisst er nach derselben Methode wie die Gerichte.

Hirsch ist den Grundsätzen der Richter verbunden. Deshalb ist eines für ihn unantastbar: das Transparenzgebot. »Ich will nur Informationen, die allen Parteien zur Verfügung stehen«, sagt er. Verweigert ein Versicherer die Regulierung wegen des Verdachts auf Versicherungsbetrug, bieten Unternehmen dem Ombudsmann oft an, die konkreten Anhaltspunkte zu nennen. Sie wollen aber nicht, dass der Kunde sie erfährt. Denn wenn es vor Gericht geht, wollen sie ihr Pulver nicht verschossen haben. »Ich darf aber keine Informationen zur Kenntnis nehmen und der anderen Seite keine Gelegenheit geben, dazu Stellung zu nehmen«, erklärt er. Deshalb will er die konkreten Anhaltspunkte des Versicherers für einen Betrug gar nicht mitgeteilt bekommen. »Andererseits will ich aber auch nicht zum Instrument für Versicherungsbetrüger werden«, sagt er. Die Schiedsstelle hat eine Lösung für das Dilemma gefunden, allerdings zugunsten der Unternehmen. Sie bekommen einen Vertrauensvorschuss. Erklären die Versicherer substanziiert, dass sie Gründe für den Betrugsverdacht haben, beendet der Ombudsmann das Verfahren und überlässt die Entscheidung den Gerichten. Das müssen zwar ernsthafte Hinweise sein, etwa ein Gutachten, die Schiedsstelle prüft sie aber nicht. Der Beschwerdeführer kann entscheiden, ob er vor Gericht zieht oder nicht. Eine Ausnahme von diesem Transparenzgebot macht der Ombudsmann in der Lebensversicherung. Oft beschweren sich Verbraucher, weil ihnen die Auszahlung zu niedrig ist. Die Schiedsstelle fordert die versicherungstechnischen Berechnungsunterlagen von Unternehmen an und prüft sie auf Plausibilität. Die Mitarbeiter erhalten also die einschlägigen Formeln von den Unternehmen, die ansonsten streng geheim gehalten werden. Der Beschwerdeführer bekommt die Formeln nicht.

2010 erreichten den Versicherungsombudsmann 18 357 Beschwerden, das waren 1,2 Prozent mehr als im Vorjahr. Von diesen Eingaben sortierte die Schiedsstelle 5034 wegen Unzulässigkeit aus. Unzulässig ist eine Beschwerde unter anderem dann, wenn bereits bei der Finanzaufsicht BaFin ein Verfahren anhängig ist. Die meisten Eingaben, die den Versicherungsombudsmann erreichen, betreffen eine Lebens- und Rentenversicherung. 2010 waren das 38,5 Prozent. Danach kommen Rechtsschutz- mit 15,2 Prozent und Auto-Versicherungen mit 7,1 Prozent. Im Schnitt dauert ein Beschwerdeverfahren vier Monate. Im Jahr 2010 gab der Ombudsmann von den eingegangenen zulässigen Beschwerden im Bereich der Lebens- und Rentenversicherung in 19,3 Prozent der Fälle den Verbrauchern recht. In den übrigen Sparten waren es immerhin 38,2 Prozent. »Bei uns ist die Erfolgsquote etwas höher als bei Klagen an Amtsgerichten«, sagt er. Die geringe Erfolgsquote in der Lebens- und Rentenversicherung resultiert aus der faktischen und rechtlichen Komplexität der Verträge. Die Policen sind so kompliziert, dass die Kunden einfach nicht verstehen, wie etwa die Beteiligung an den stillen Reserven oder der Festsetzung der Überschussbeteiligung funktioniert. Hier muss die Schiedsstelle die Aufräumarbeiten für die Verkäufer leisten, die keine Zeit mit langwierigen, aber offenbar notwendigen Erklärungen verschwenden.

Kein echter Schiedsrichter für Privatpatienten

Mit dem Versicherungsombudsmann hat die Branche eine wirklich gute Einrichtung geschaffen. Aber muss es sie deshalb gleich doppelt geben? Für den Verbraucher ist das verwirrend. Statt eine Anlaufstelle für alle Sparten zu schaffen, gibt es für die privaten Krankenversicherer einen eigenen Ombudsmann. Die privaten Krankenversicherer sind in einem eigenen Verband organisiert, und die beiden Schiedsstellen unterscheiden sich durchaus. Der Ombudsmann für die private Krankenversicherung hat viel weniger Kompetenzen als Günter Hirsch.

Seit 2011 ist der ehemalige Staatssekretär im Bundesgesundheitsministerium Klaus Theo Schröder der Ombudsmann für die private Krankenversicherung. Seine Aufgabe laut Statut ist, zwischen Kunden und Unternehmen zu vermitteln und »Versöhnung« herbeizuführen. Die Gesellschaften haben sich allerdings nicht dazu verpflichtet, den Entscheidungen ihres Schiedsrichters zu folgen. Seine Antworten auf Beschwerden können völlig folgenlos bleiben – anders als das bei Hirsch der Fall ist. Der Ombudsmann für die privaten Krankenversicherer ist also kein echter Schiedsrichter, denn im Zweifelsfall kann er nicht die Rote Karte ziehen. Anders als sein Kollege Hirsch wurde Schröder nicht unter Beteiligung von Verbraucherschützern ausgewählt, sondern vom Vorstand des Verbands der privaten Krankenversicherer auf Vorschlag der Verbandsgeschäftsführung berufen. Doch Beschwerdemöglichkeiten über private Krankenversicherer werden künftig erheblich an Bedeutung zunehmen. Die Gesellschaften sind nicht nur für die 10 Prozent der Bevölkerung wichtig, die klassische Privatpatienten sind. Die gesetzlichen Kassen sollen nach dem Willen vieler Politiker, Funktionäre aus dem Gesundheitswesen und Wissenschaftler künftig weniger Leistungen zahlen. Der Bedarf an zusätzlicher, das heißt privater Absicherung steigt. Zahnzusatz- oder private Pflegezusatzpolicen aus dem Angebot der Privaten werden Kassenpatienten schon heute von allen Seiten empfohlen.

Hinzu kommt: Privat Krankenversicherte gelten im öffentlichen Bewusstsein als privilegierte Patienten, die beim Arzt und in der Klinik viel besser versorgt werden als der gemeine Kassenpatient. Aber privat Krankenversicherte haben es oft schwerer als Kassenpatienten, ihre Rechte durchzusetzen. In der gesetzlichen Krankenversicherung entscheiden die Sozialgerichte darüber, ob die Kasse zahlt oder nicht. Hat ein Kassenpatient eine Leistung vor Gericht erstritten, profitieren alle Kassenpatienten davon. In der privaten Krankenversicherung ist die Lage völlig anders. Hier gilt für den Versicherten, was im Vertrag steht. Der Privatpatient ist nicht Teil einer Solidargemeinschaft, sondern muss im Streitfall individuell gegen einen mächtigen Gegner antreten.

5964 Beschwerden gingen 2010 bei Schröders Vorgänger Helmut Müller ein, davon waren 1029 unzulässig. Mehr als vier Fünftel der Beschwerden bezogen sich auf die private Krankenkostenvollversicherung, also die reguläre Rundum-Krankenversicherung, weitere auf Zusatz- oder Krankenhaustagegeldversicherungen, Krankentagegeldversicherungen, Pflegeversicherungen und Reisekrankenversicherung. Bei einem Fünftel der Beschwerden stand die medizinische Notwendigkeit einer Leistung zur Debatte – also die Frage, ob der Versicherer eine Behandlung oder Diagnosemethode bezahlt. Da geht es ums Eingemachte. Im Jahr 2010 hat der Schiedsrichter der Krankenversicherer 4480 Beschwerden entschieden. In 28 Prozent der Fälle hatte der Kunde teilweise oder ganz Erfolg, in 72 Prozent nicht. Bei 0,2 Prozent der Fälle hat er eine förmliche Empfehlung ausgesprochen. Dazu kommt es, wenn der Krankenversicherer trotz der Intervention seines Ombudsmanns hart bleibt und dessen Lösung nicht akzeptiert. Die förmliche Empfehlung ist eine Art Fußaufstampfen. Der Krankenombudsmann verleiht seiner Auffassung Nachdruck. Die andere Seite kann, aber muss sich davon nicht beeindrucken lassen.

Die privaten Krankenversicherer behalten sich das alleinige Auswahlrecht vor und halten ihren Ombudsmann hinsichtlich seiner Kompetenzen ziemlich kurz. Das schützt die Unternehmen nicht vor unangenehmen Interventionen. Sehr selten äußern sich die Versicherungsombudsmänner zu konkreten Streitfällen, denn es ist ja gerade ihr Ansatz, im Stillen Konflikte beizulegen – sonst würden die Unternehmen sich auf dieses Modell wohl auch gar nicht einlassen. Doch manchmal platzt selbst den von Amts wegen verschwiegenen Streitschlichtern der Kragen. Schröders Vorgänger Helmut Müller hat sich öffentlich im Streit zwischen der Allianz Private Krankenversicherung und Kunden positioniert. Er griff den Versicherer öffentlich an. Ein höchst ungewöhnlicher Vorgang. Aber die Allianz Private Krankenversicherung hatte sich auch etwas höchst Bemerkenswertes geleistet.

Um den zurückgehenden Marktanteilen etwas entgegenzusetzen, führte der Krankenversicherer der Allianz 2007 einen neuen Tarif ein. Viele der alten Angebote standen neuen Kunden nicht mehr offen. Aussterbetarife sind für Kunden, die sie abgeschlossen haben, nicht gut. Weil keine neuen Tarifkollegen nachkommen, wird der Versicherungsschutz teurer, die Beiträge drohen zu steigen. Und stetig steigende Prämien sind in der privaten Krankenversicherung ohnehin ein chronisches Problem. Gleichzeitig waren die neuen Tarife billiger als die alten – sonst wären sie auch nicht dazu geeignet gewesen, die Marktanteile zu vergrößern. Aber die Tarife hatten einen Haken, der sie nicht für alle so billig machte, wie es schien. Der Versicherer wollte Zuschläge für mehr Risiken haben als bei den alten Angeboten. Wer sich privat krankenversichern will, muss umso mehr zahlen, je kränker er ist. Kunden, die aus einem alten in den neuen Tarif wechseln wollten, sollten einen besonderen Risikozuschlag in Höhe von 20 Prozent zahlen, unabhängig von ihrem Gesundheitszustand und davon, ob sie zuvor schon einen Zuschlag zahlen mussten. Die Allianz begründete das damit, dass der neue Tarif eben völlig anders kalkuliert sei als der alte. Doch das Versicherungsvertragsgesetz sieht vor, dass Kunden in einen Tarif mit gleichem Leistungsangebot beim selben Versicherer wechseln können, ohne dafür einen Zuschlag zahlen zu müssen. Deshalb sahen Kunden nicht ein, dass die Allianz für den Wechsel Geld wollte, und beschwerten sich beim Krankenombudsmann.

Die Frage war und ist von grundsätzlicher Bedeutung für privat Krankenversicherte. Das Tarifwechselrecht ist wichtig. Wird der ursprünglich gewählte Tarif für Kunden im Alter immer teurer, können sie durch einen Wechsel viel Geld sparen. Mit dem pauschalen Risikozuschlag unterläuft die Allianz dieses Recht, kritisierte Ombudsmann Helmut Müller. Dutzende von Kunden beschwerten sich bei ihm. Bei Dutzenden empfahl er der Allianz, den pauschalen Risikozuschlag zurückzunehmen. Sehr ungewöhnlich: Er machte das auch öffentlich, etwa bei einer Tagung des Bundes der Versicherten. Das Unternehmen nahm den Risikozuschlag daraufhin nicht zurück. Aber es unterlag schließlich vor Gericht in dieser Frage.

Die Versicherungsaufsicht BaFin

Verbraucher können sich nicht nur bei den Schiedsstellen der Branche beschweren, sondern auch bei der Aufsichtsbehörde mit dem anmutigen Namen »Bundesanstalt für Finanzdienstleistungsaufsicht«, kurz BaFin. Von dieser Möglichkeit machten verärgerte Kunden der Allianz Private Krankenversicherung im oben geschilderten Fall Gebrauch. Den Aufsehern gefiel das Vorgehen des Münchener Versicherers gar nicht. Sie schritten ein und untersagten der Gesellschaft, den Zuschlag zu nehmen. Das wiederum wollte sich die Allianz nicht gefallen lassen. Beide Seiten trafen sich vor Gericht. Schließlich entschied das Bundesverwaltungsgericht zugunsten der BaFin, also im Sinne der Kunden. Die Allianz nahm den neuen Tarif vom Markt und kalkulierte ihn neu – die Beiträge stiegen im Schnitt um 12 Prozent. Die rund 2500 Kunden, die aus dem alten in den neuen Tarif gewechselt waren, bekamen die zu Unrecht erhoben Zuschläge zurück.

An die BaFin gerichtete Beschwerden über Versicherer landen auf dem Schreibtisch der Mitarbeiter von Burkhard Lehmann, dem Leiter der Abteilung Verbraucherschutz/Recht bei der BaFin. Anders als die Versicherungsbranche hat der Staat nur eine Anlaufstelle für verärgerte Kunden. Im Gebäude des ehemaligen Finanzministeriums in Bonn an der Graurheindorfer Straße werden sowohl die Beschwerden über die privaten Krankenversicherer als auch die über Unternehmen anderer Sparten bearbeitet. Bürger können auch beim Verbrauchertelefon der BaFin anrufen. Rollt eine Welle mit Beitragserhöhungen der privaten Krankenversicherer durch den Markt, machen auch viele davon Gebrauch. Dann wird das Personal am Telefon aufgerüstet. »Viele Versicherungsnehmer wollen wissen, ob die Beitragserhöhungen rechtens sind«, berichtet Abteilungsleiter Lehmann. Das sind sie in der Regel. Mehr können die Mitarbeiter den erbosten Kunden am Telefon auch nicht sagen. Die Kunden können aber bei der BaFin prüfen lassen, ob der Versicherer die gesetzlichen Voraussetzungen für ihre Beitragserhöhung eingehalten hat.

Von »Verbrauchern« reden die Beamten in der Beschwerdestelle der BaFin nicht gerne. Anders als der Versicherungsombudsmann sind sie nicht nur für Privatleute und Kleingewerbetreibende zuständig, sondern für alle Versicherungskunden, auch die aus der Industrie. Ihr Selbstverständnis ist aber wie das des Ombudsmanns. »Wir sind Recht und Gesetz verpflichtet und unparteiisch«, sagt Lehmann. Die Aufseher stehen in der Neutralitätspflicht des Staates. »Wir müssen verschiedene Interessen in Einklang bringen.«

Anders als der Ombudsmann ist die BaFin auch für geschädigte Dritte zuständig, zum Beispiel Unfallopfer. Alle anderen müssen sich entscheiden, ob sie den Ombudsmann oder die BaFin einschalten, beides gleichzeitig geht nicht. Im Gegensatz zum Ombudsmann kann die BaFin im Streitfall nicht verbindlich entscheiden. Die beiden Stellen haben eine Aufgabenteilung. Der Ombudsmann ist für den individuellen Einzelfall zuständig, die Behörde für grundsätzliche Probleme.

Rund 13000 Beschwerden von Privatkunden und Unternehmen über Versicherer gehen jährlich bei der BaFin ein, jeweils die Hälfte der Fälle betreffen die Personen- und die Sachversicherung. Nicht einmal jede dritte Eingabe ist erfolgreich. Auch bei der BaFin fällt das Kommunikationsdefizit zwischen Versicherungswirtschaft und Verbrauchern auf. Wie beim

Ombudsmann gehen viele Beschwerden darauf zurück, dass den Kunden offenbar nicht klar war und vom Vermittler nicht klargemacht wurde, welche Ansprüche sie haben. »Wir bemühen uns, den Versicherungsnehmern den Sachverhalt zu erklären«, sagt Abteilungsleiter Lehmann. »Es kommt vor, dass Versicherungsnehmer sich dafür bedanken, etwas erklärt zu bekommen.«

Ein typischer Fall: Ein Kunde hat 20 Jahre in eine Lebensversicherung viel Geld eingezahlt und ist mit der Summe, die er nach Vertragsende bekommen hat, nicht einverstanden. Er beschwert sich bei der BaFin. Die Aufseher bitten den Versicherer um eine Stellungnahme. Die Unternehmen haben spezielle Ansprechpartner für die BaFin, damit Unregelmäßigkeiten schnell geklärt werden können. Der Versicherer antwortet, erläutert seine Sicht der Dinge und schickt die Formeln und ermittelten Überschussanteile, damit die Mathematiker der BaFin nachrechnen können. Stellt sich heraus, dass alles seine formale Richtigkeit hat, und das ist meistens der Fall, bekommt der Beschwerdeführer ein Schreiben mit der entsprechenden Erklärung. Hat sich das Unternehmen verrechnet, dringt die Aufsicht darauf, dass der Fehler korrigiert wird. Stellt die BaFin fest, dass Unternehmen ihren Informationspflichten nicht nachkommen, fordert die Behörde sie zu Änderungen auf. Mitarbeiter der BaFin nehmen regelmäßig Routineprüfungen bei den Unternehmen vor. Dabei kontrollieren sie auch, ob beanstandete Praktiken geändert wurden.

Hitliste der Beschwerden

Im Jahr 2010 gingen 30,7 Prozent der Verfahren für die Beschwerdeführer positiv aus, 55,1 Prozent bewertete die BaFin als unbegründet und in 14,2 Prozent der Fälle war sie nicht zuständig. Erfolgreich beschwert hatte sich eine Kundin, die in eine bestehende Rentenversicherung weitere 5000 Euro als zusätzliche Einzahlung eingebracht hatte. Der Versicherer erhöhte die garantierte Rente für die Frau nach Eingang der Zahlung nicht. Nach seiner Auffassung konnte die Zuzahlung nur Einfluss auf die Überschussbeteiligung haben, den nicht garantierten Teil der Rente. Die Kundin beschwerte sich bei der BaFin. Die Aufseher teilten ihre Auffassung, dass der Text in den Allgemeinen Versicherungsbedingungen so zu verstehen war, dass sich mit der Zuzahlung auch die Garantierente erhöht. Das Unternehmen hat die Formulierungen geändert und der Kundin angeboten, statt der Zuzahlung das Geld in einen separaten Vertrag zu stecken. Das war zwar nicht das, was die Kundin wollte, aber immerhin eine Lösung. Fallen Lehmann und seinen Kollegen systematische Fehler auf, etwa bei Formulierungen in Verträgen, geben sie diese an die operative Aufsicht weiter. Das schärfste Instrument der Aufsicht ist der Verwaltungsakt, mit dem sie Maßnahmen anordnen kann. Das wird im Zuge der Beschwerdeverfahren aber selten eingesetzt. Aufseher und Unternehmen haben Interesse an einem einvernehmlichen Verfahren, das bereitet beiden Seiten weniger Unannehmlichkeiten.

Die BaFin finanziert sich ausschließlich über Umlagen von den von ihr beaufsichtigten Unternehmen und Verwaltungseinnahmen, zusammen immerhin 143 Millionen Euro im Jahr 2010. Für ein Beschwerdeverfahren müssen Versicherer der BaFin nichts zahlen. Doch die Eingaben an die Behörde sind für die betroffenen Unternehmen schmerzhaft. Die Behörde erstellt regelmäßig eine Statistik, in der unterschieden nach Sparten die Zahl der Beschwerden für die einzelnen Versicherer aufgeführt wird. Diese Statistik ist im Internet auf der BaFin-Homepage und im Jahresbericht für jedermann einsehbar. Für Kunden ist sie vor Vertragsabschluss eine gute Orientierung. Bei einem Streit ist der Hinweis des Verbrauchers an den Versicherer sinnvoll, dass er eine Beschwerde bei der BaFin in Erwägung zieht. So manchen Sachbearbeiter bringt das dazu, eine Entscheidung zu überdenken.

Freiwillig hat die Aufsicht nicht mit der Veröffentlichung der Unternehmensnamen begonnen. Journalisten hatten nicht hingenommen, dass die Namen der Gesellschaften unter Verschluss gehalten wurden. Sie zogen vor Gericht, mit Erfolg. Das Oberverwaltungsgericht Berlin hat die Vorläuferbehörde der BaFin, das Bundesaufsichtsamt für das Versicherungswesen, im Jahr 1995 dazu verpflichtet, eine nach Unternehmen und Zweigen aufgeschlüsselte Beschwerdestatistik zu veröffentlichen. Über Gründe und Berechtigung der Eingaben erfährt die Öffentlichkeit nichts, allein die Tatsache des Beschwerens zählt. »Die Versicherer zählen mit, wie viele Beschwerden über sie bei uns eingehen«, sagt der Leitende Regierungsdirektor Rainer Schacht, der für Beschwerden über Lebens- und Krankenversicherer zuständig ist. Kommen die Versicherer auf andere Zahlen, beschweren sie sich ihrerseits. Die meisten Beschwerden in der Lebensversicherung verbucht Marktführer Allianz Leben mit 230 bei 10,24 Millionen Verträgen, während die sehr viel kleinere ERGO Leben mit 5,65 Millionen Verträgen und 155 Beschwerden relativ gesehen mehr unzufriedene Kunden verzeichnet.

Auffällig sind die Zahlen des selbst ernannten Kundenverstehers auch in anderen Sparten. Sein Krankenversicherer DKV kommt auf den Spitzenwert von 248 Beschwerden, obwohl er nach Vertragszahlen von 3,19 Millionen nur der Marktzweite ist. Mit 3,61 Millionen Verträgen ist die Debeka Marktführer in der privaten Krankenversicherung, sie kommt auf 82 Beschwerden. Nummer zwei in der Beschwerdehitliste ist die Allianz Private Krankenversicherung (169), gefolgt von AXA (164) und Central (133). Auch der ERGO-Rechtsschutzversicherer DAS erreicht Spitzenwerte, ist allerdings auch Marktführer in diesem Segment. Für die ERGO-Unfallversicherung, die als Einzige in der Sparte mehr als 100 Beschwerden erreicht, gilt das nicht. Sie ist die Nummer zwei auf dem Markt, aber Marktführer Generali kommt nicht einmal auf ein Fünftel der Beschwerden. Wenden sich Verbraucher nach einem erfolglosen Verfahren bei der BaFin an den Petitionsausschuss des Bundestags oder an das Bundesfinanzministerium, landet ihr Fall wieder bei den Aufsehern in der Graurheindorfer Straße. Die Behörde ist als zuständige

Fachstelle für Ministerium und Politik der erste Ansprechpartner und bereitet die Stellungnahmen für den Petitionsausschuss vor.

Anstalt für Vertrauensbildung

Die BaFin ist nicht nur für Versicherungen zuständig. Sie beaufsichtigt auch Banken, Finanzdienstleister und Wertpapierhändler. Chefin Elke König ist eine der wenigen Frauen, die es bis in den Vorstand eines Versicherungsunternehmens geschafft haben. Von 2002 bis 2009 war sie Finanzvorstand beim Rückversicherer Hannover Rück, der zum Versicherer Talanx gehört. Danach gehörte sie dem International Accounting Standards Board in London an. Das ist ein Gremium, das an Bilanzstandards für Unternehmen arbeitet. Verbindliche Standards für die Aufstellung von Bilanzen sind wichtig, damit Unternehmen dort auch die Wirklichkeit abbilden und schlechte Zahlen nicht verstecken. Für Elke König ist die Beschwerdeabteilung der BaFin sicher nicht die wichtigste. Die eigentliche Aufgabe der Behörde ist eine andere. Sie ist gewissermaßen die Anstalt öffentlichen Rechts für Vertrauensbildung im Finanzsektor. Als Oberaufseherin soll Elke König dafür sorgen, dass das deutsche Finanzsystem stabil und funktionsfähig bleibt. Anleger und Kunden sollen Vertrauen in die Branche haben können. Die Politik liefert die Bürger zwar der Finanzbranche aus. Aber sie will nicht riskieren, dass der Staat später auf den Kosten sitzen bleibt, wenn die Versicherer ihre Aufgaben schlicht nicht erfüllen können – zum Beispiel, weil sie sich in ihrer Gier nach Gewinn verzockt haben und einen Börsencrash nicht überstehen. Aus diesem Grund verlangt die Politik Sicherheitsmaßnahmen. Das ist auch Verbraucherschutz: Würde der Versicherer pleitegehen, wäre das für den Kunden sehr ungünstig. Zwar hat die Branche mit der Auffanggesellschaft Protektor eine Lösung für den Fall, dass Lebensversicherer in Turbulenzen geraten. Aber der Kunde muss in so einem Fall mit Abstrichen rechnen.

Die BaFin schaut mit scharfem Blick auf die Vermögensverhältnisse der Unternehmen. Die Aufseher achten darauf, dass die Unternehmen ihr Kapital »risikoadäquat« anlegen – sich also nicht verzocken. Haben die Unternehmen nicht genug Sicherheiten, kann die Behörde zum Beispiel verlangen, dass ein Finanzierungs- oder Sanierungsplan aufgestellt wird. Gleichzeitig müssen die Versicherer bestimmte Regeln bei der Gewährung der Überschussbeteiligung beachten, tun sie das nicht, schreitet die Aufsicht ein. Das geschieht auch, wenn Unternehmen möglicherweise gegen Gesetze verstoßen haben. Nach Bekanntwerden der Skandalserie um die »Budapest«-Reisen der ERGO-Vertreter rückten Aufseher an, um die Vorgänge zu prüfen.

Dabei hat die Behörde eine ganze Menge Möglichkeiten. Sie kann Sonderprüfungen vornehmen oder in Rundschreiben das Abstellen bestimmter Geschäftspraktiken anmahnen. Auf diesem Weg hat die BaFin einen Warnschuss für diejenigen Versicherer abgegeben, die für die Vermittlung privater Krankenpolicen völlig überhöhte Provisionen zahlen. Sie drohte mit Sonderprüfungen, falls Gesellschaften Vertreter überdurchschnittlich hoch beteiligen. Im Schnitt sind die Provisionszahlungen für Vermittler innerhalb von zehn Jahren von 7,5 Monatsbeiträgen auf 8,9 Monatsbeiträge gestiegen. Mit einer Sonderprüfung drohte die Aufsicht den Unternehmen, die über dem Durchschnitt lagen. Interessanterweise waren es Manager aus der Assekuranz, die die Aufsicht um Maßnahmen gebeten hatten. Lockt ein privater Krankenversicherer Vermittler mit zu hohen Vergütungen, wird in einem gesättigten Markt einem anderen etwas weggenommen. Diese Unternehmen wehren sich. Mittlerweile ist der Gesetzgeber eingeschritten und hat die Provisionen in der privaten Krankenversicherung auf neun Monatsbeiträge begrenzt.

Die BaFin kann Verwaltungsakte erlassen, Bußgelder verhängen, Manager abberufen oder im schlimmsten Fall Gesellschaften schließen. Zu ihren Instrumenten gehören Stresstests, mit denen die Auswirkungen von Börsencrashs, anhaltend niedrigen Zinsen und anderem Ungemach simuliert werden. Die Stresstests sind Resultat der Kapitalmarktkrise zu Beginn des Jahrtausends. Im Laufe des Jahres 2001 zeichnete sich das Ende des damaligen Börsenbooms ab, der Anschlag am 11. September beschleunigte die Talfahrt. Der Chef der Mannheimer Lebensversicherung, der passionierte Jäger Hans Schreiber, glaubte aber an eine rasche Erholung der Börsen. Das Unternehmen investierte bei fallenden Kursen noch mehr Geld in Aktien, als es ohnehin schon dort liegen hatte. Zu viel. Für die Branche und die Politik kam der Crash zur Unzeit. Gerade hatte die Bundesregierung die Teilprivatisierung der Altersvorsorge eingeleitet. Die Pleite eines Lebensversicherers hätte das Vertrauen der Bürger in die Privatrente extrem erschüttert, die Rentenreform wäre gescheitert.

Die Branche regelte die Sache selbst. Sie schuf eine eigene Auffanggesellschaft für gestrauchelte Versicherer mit dem bezeichnenden Namen Protektor. Die »Protektor AG Lebensversicherung« übernahm am 1. Oktober 2003 den Bestand der Mannheimer Lebensversicherung. Im Jahr 2004 hat die Bundesregierung die Einrichtung eines Sicherungsfonds gesetzlich vorgeschrieben. Mitglied sind hier alle Lebensversicherer, die in Deutschland ihr Geschäft betreiben: »Ausnahmen hiervon bestehen nur für Niederlassungen von Unternehmen, die ihren Sitz in einem anderen Land der Europäischen Union oder des Europäischen Wirtschaftsraumes (EWR) haben.« Auch Pensionskassen können Mitglied werden. Ob ein Versicherungsunternehmen zum Fall für Protektor wird, entscheidet die BaFin.

»Sicherungsfonds« und »Auffanggesellschaft« klingen gut, so als könne den Kunden nichts geschehen. Aber wenn es hart auf hart kommt, muss der Verbraucher für das Versagen der Kapitalanleger büßen. Finanziert wird Protektor zwar über Mitgliedsbeiträge der Unternehmen, mit denen ein Vermögen in hoher dreistelliger Millionenhöhe aufgebaut wurde. Reicht das nicht, kann Protektor weitere Beiträge von den Mitgliedern fordern, falls ein Versicherer seine Probleme nicht mehr aus eigener Kraft in den Griff bekommt. Doch wenn auch das nicht reicht, kann die BaFin die garantierten Ansprüche der Kunden, deren

Verträge Protektor übernimmt, um bis zu 5 Prozent herabsetzen. Die Behörde kann die Hand auch auf bereits gutgeschriebenes Vermögen legen, sodass dem Kunden Geld abgezogen wird, wenn das für die Rettung des Bestands erforderlich ist. Außerdem kann die Aufsicht verfügen, dass Kunden ihre Verträge nicht kündigen können, damit kein Kapital abgezogen wird. Reicht das alles immer noch nicht, werden die Versicherer nochmals zur Kasse gebeten.

Im Fall der Mannheimer hat die Sache funktioniert. Den Kunden wurde von bereits gutgeschriebenen Guthaben nichts abgezogen. Aber: Sie bekamen eine marktunterdurchschnittliche Verzinsung. Hätten sie ihre Verträge bei einer anderen Gesellschaft abgeschlossen, hätten sie am Ende wohl mehr herausbekommen. So schlimm wie die Mannheimer hat es bislang noch keinen anderen Lebensversicherer getroffen. Einen Fall wie die Mannheimer kann die Auffanggesellschaft Protektor verkraften. Die Schieflage einer kleineren Gesellschaft sicher auch. Geriete aber die gigantische Allianz Leben ins Schleudern, sähe die Lage dramatisch aus, und es ist kaum vorstellbar, dass nicht die gesamte Branche in erhebliche Schwierigkeiten geraten würde.

Die BaFin beaufsichtigt rund 600 Versicherungsunternehmen, fast die Hälfte ist auf dem Gebiet der Altersvorsorge tätig. Sie kümmert sich um Details, wie der Geschäftsbericht der BaFin unter Punkt 1.2 Anlagenverordnung zeigt: »Rohstoffinvestments sind nun innerhalb einer eigenen Mischungsquote von 5 % nach § 3 Abs. 2 Nr. 3 AnlV unter Einbeziehung in die Quote für Risikokapitalanlagen von 35 % möglich. Dadurch werden die Anlagemöglichkeiten für Versicherer erweitert.« Um das Eigentliche kümmern sich die Aufseher aber nicht: ob die Verträge für die Verbraucher in Ordnung sind, die die Branche verkauft. »Die BaFin prüft nur die Finanzstabilität der Versicherer«, kritisiert der Versicherungsmathematiker Axel Kleinlein. Ob die angebotenen Verträge den Kunden möglicherweise übervorteilen, untersucht die Behörde nicht – und auch keine andere Instanz in der Bundesrepublik. Heute stehen Verbraucher vor einem Dschungel nicht durchschaubarer Angebote, mit denen sie ihre Altersvorsorge sichern sollen. Genauso undurchsichtig wie die Angebote sind die unzähligen Siegel, Gütezeichen und Rating-Ergebnisse, mit denen die Versicherer werben. Die Anbieter haben viele Möglichkeiten, überteuerte Verträge an den Mann und an die Frau zu bringen. Daran ändert auch die Tatsache nichts, dass die Krankenversicherer neue Tarife der BaFin zur Kenntnis geben müssen. Manches können die Aufseher nicht kontrollieren, selbst wenn sie wollten. Der Gesetzgeber schreibt eine allgemeine Krankenversicherungspflicht vor. Aber er führt nicht aus, was das bedeutet und welche Leistungen eine Police mindestens vorsehen muss. Die BaFin könnte keinen der berüchtigten Billigtarife monieren oder gar aus dem Verkehr ziehen mit der Begründung, dass er den Mindestanforderungen nicht genügt – weil es die schlicht nicht gibt.

Als die Assekuranz noch ein Kartell war

Früher hatte die Versicherungsaufsicht weitreichendere Aufgaben. Der deutsche Staat des frühen zwanzigsten Jahrhunderts ging davon aus, dass er gegenüber den Bürgern im Bereich der Versicherung eine besondere Fürsorgepflicht hat. Denn die Assekuranz hat für das Funktionieren von Gemeinwesen und Wirtschaft eine wichtige Funktion. Gleichzeitig ist der Verbraucher aber auch einem möglichen Missbrauch der Macht der Unternehmen ausgeliefert. Bevor Versicherer früher einen neuen Tarif auf den Markt bringen konnten, mussten sie ihn von der zuständigen Aufsichtsbehörde genehmigen lassen. Preise und Bedingungen standen unter Kontrolle.

In Deutschland wurde 1902 das Kaiserliche Aufsichtsamt für Privatversicherung eingerichtet. Im Jahr 1910 trat das Gesetz über den Versicherungsvertrag in Kraft, das 1908 erlassen worden war. Seine Grundzüge überdauerten das ganze Jahrhundert – einer der Gründe, weshalb die Branche in vielem so antiquiert erscheint und eine so altertümliche wie bürokratische Sprache pflegt. Ab 1918 hieß die Behörde »Reichsaufsichtsamt für Privatversicherung«. Nach dem Zusammenbruch der Frankfurter Allgemeine Versicherungsaktiengesellschaft 1929 wurden die Aufsichtsregeln verschärft. Nach 1933 diktieren die Nationalsozialisten vielfach das Geschäft der Versicherer, die dafür allerdings ihre Prämieneinnahmen ausbauen konnten.

In der Nachkriegszeit begann in Westdeutschland schon vor der Währungsreform von 1948 der Wiederaufbau der Versicherungsaufsicht. Die Lebensversicherer, die zunächst vom Aufstieg der Nazis und von den Überfällen auf andere Länder profitiert hatten, litten nun stark unter den Kriegsfolgen. Ihr Vermögen war in großen Teilen aufgezehrt, zerstört oder lag im Osten und war damit verloren. Den Sachversicherern ging es ähnlich. Die Aufseher betätigten sich als Aufbauhelfer. »Die Aufsichtsbehörden leisteten in der Situation vor allem einen stabilisierenden Beitrag, unter anderem auch, indem sie Sonderbeauftragte in diejenigen Versicherungsunternehmen entsandten, die durch die Verlagerung ihres Sitzes und den Verlust ihrer Mitarbeiter nicht mehr ordnungsgemäß funktionierten«, schildert die BaFin die Funktion der Aufseher in der Nachkriegszeit.[58] Nach der Währungsreform wurden die Forderungen der Kunden an die Versicherer im Verhältnis eins zu zehn abgewertet. Wer mit einer Lebensversicherung privat fürs Alter vorgesorgt hatte, verlor also neun Zehntel seines Vermögens. Dass nicht auch das letzte Zehntel verloren ging, war nur erheblicher Zuschüsse zu verdanken. »Die Militärregierungen gewährten den Versicherern darum per Gesetz Ausgleichsforderungen gegen die Länder – insgesamt in Höhe von 3,1 Mrd. DM. Ohne diese Forderungen wäre der Ruin nahezu aller Versicherer besiegelt gewesen«, beschreibt die BaFin die damalige Lage.[59]

1952 nahm das für Westdeutschland zuständige Bundesaufsichtsamt für das Versicherungs- und Bausparwesen (BAV) in Berlin seine Tätigkeit auf. 1973 verlor das Amt die Zuständigkeit für die Bausparkassen, die auf das Bundesaufsichtsamt für das

Kreditwesen überging. Nach der Wiedervereinigung beschloss der Bundestag den Umzug der Behörde von Berlin nach Bonn. Im Jahr 2002 ging die BAV in die Bundesanstalt für Finanzdienstleistungsaufsicht (BaFin) über, dessen erster Chef Jochen Sanio die Branche durch zwei harte Krisen steuerte.

Seit 1994 gibt es keine Vorabgenehmigung der Allgemeinen Versicherungsbedingungen und der Tarife mehr. Davor glichen die Zustände in der Assekuranz einem Kartell. Über die Behörde sprachen die Anbieter Preise und Bedingungen ab. Das hat der Europäische Gerichtshof moniert und im Zuge der Dienstleistungsfreiheit im Binnenmarkt das Kartell kassiert. Gegen den Widerstand der deutschen Versicherer. Seit 1994 ist der Versicherungsmarkt »dereguliert«. Ausländische Anbieter können ihre Verträge in Deutschland anbieten, sie werden aber nicht von der BaFin beaufsichtigt.

Eine Folge hatte die Deregulierung auf jeden Fall: Der Wettbewerb zwischen den Anbietern hat erheblich zugenommen. Bis 1994 gab es in Deutschland, auch im Westen, sogenannte Monopolversicherer. Es ist noch keine zwei Jahrzehnte her, aber heute kaum noch vorstellbar: In den Regionen Bayern, Baden-Württemberg, Braunschweig, Hamburg, Lippe und Teilen von Hessen und Niedersachsen konnten sich Verbraucher nur bei dem jeweiligen öffentlichen Versicherer gegen Feuer versichern; in Baden-Württemberg lag auch die Elementarversicherung in der Hand der öffentlich-rechtlichen Gesellschaften. Die Elementarversicherung ist ein Zusatz zur Gebäude- und Hausratversicherung, mit dem Kunden auch Schäden aus Überschwemmungen, Erdbeben, Schneedruck, Lawinen und Starkregen decken können. Die öffentlich-rechtlichen Versicherungen treten auf unter Namen wie Versicherungskammer Bayern, Provinzial oder Sparkassenversicherung. Sie gehören Einrichtungen der öffentlichen Hand wie den Sparkassen, über die sie auch verkaufen, oder Kommunalverbünden. Sie sind nur regional tätig und achten darauf, sich nicht in die Quere zu kommen. Als Block sind sie nach der Allianz der größte Player im Markt und die

Einzigen, die es eines Tages schaffen könnten, den Giganten bei den Beitragseinnahmen einzuholen. Das ehemalige Monopol macht sich heute noch bemerkbar. In der Gebäudeversicherung sind sie in den meisten Regionen Marktführer. Sie verkaufen ihre Verträge vor allem über die Sparkassen. Deshalb haben sie einen guten Zugang zu Kunden. Und die öffentlichen Versicherer haben ehrgeizige Pläne. Sie wollen ihren Marktanteil erheblich ausbauen. Daran hindern könnte sie allerdings ihre interne Zerstrittenheit. Wie Provinzfürsten wachen die Chefs der einzelnen regionalen Gesellschaften über ihr Hoheitsgebiet.

Mit der Deregulierung scheinen die Zeiten der großen Zuwächse bei den Beitragseinnahmen vorbei zu sein. Vor der Liberalisierung konnte die Branche um bis zu 10 Prozent im Jahr wachsen, danach wurde es deutlich weniger. In der Kfz-Versicherung, für Vertreter oft der Türöffner, um weitere Policen zu verkaufen, sanken die Preise nach der Deregulierung um 20 Prozent. Aber hier zeigen sich auch die Untiefen der Deregulierung. Die Versicherer führten eine unübersichtliche Reihe von Rabatten ein, für Autofahrer mit geringer Kilometerleistung, für Garagenbesitzer, für Alleinnutzer. Die alte Faustregel, dass ein dickes Auto auch eine saftige Versicherungsprämie kostet und ein kleines eine geringe, gilt seitdem nicht mehr.

Verbraucher interessieren sich heute für das Kleingedruckte so wenig wie früher. Der Unterschied ist, dass früher zumindest jemand einen Blick auf die Rechtmäßigkeit eines Vertrags geworfen hat. Vor allem gibt es keine einheitlichen Standards mehr, Policen sind kaum zu vergleichen. Zusatzklauseln, die Leistungen unter bestimmten Bedingungen ausschließen, Zusatzleistungen und sogenannte Alleinstellungsmerkmale machen es Verbrauchern unmöglich, Tarife zu vergleichen. Einen echten Preiswettbewerb gibt es nur in der Kfz-Versicherung. Aber auch da lauern für Verbraucher böse Fallen.

4. Assekuranz in Europa

Katja Becker traute ihren Augen nicht, als sie den Brief der Debeka öffnete. Rund 30000 Euro wollte der Krankenversicherer von der alleinerziehenden Mutter zweier Töchter. Vor Monaten hatte Katja Becker einen Autounfall. Dabei war eine Kundin der Debeka verletzt worden. 30000 Euro kostete ihre Behandlung. Das Geld wollte die Debeka jetzt von Katja Becker. Denn bei ihrem Kfz-Haftpflichtversicherer Ineas, der für so etwas zuständig gewesen wäre, war nichts zu holen. Der war pleite. Hunderte von Kunden bekamen nach der Havarie des Versicherers die Kosten für die Instandsetzung ihres Wagens nicht erstattet, viele sollten für längst erfolgte Reparaturen aufkommen. Besonders schlimm: Der Versicherer zahlte auch nicht mehr für die Schäden, die seine Kunden Dritten zugefügt haben.

Für den Fall, dass der Haftpflichtversicherer ausfällt, gibt es den Verein Verkehrsopferhilfe. Er ist eine Einrichtung der Kfz-Versicherer und hat die Funktion eines Garantiefonds für Unfallopfer. Die Geschädigten sollen nicht auf ihrem Schaden sitzen bleiben, wenn ein Auto nicht haftpflichtversichert oder der Versicherer wie im Fall von Ineas pleite ist. Nur: Die Verkehrsopferhilfe der Versicherungswirtschaft zahlt nicht, wenn für den Schaden des Unfallopfers eine andere Instanz aufkommt, zum Beispiel eine Krankenkasse oder ein privater Krankenversicherer. Denn dann wird dem Unfallopfer ja bereits geholfen. Krankenversicherer übernehmen zum Beispiel die Behandlungskosten. Aber diejenigen, die für das Unfallopfer aufkommen, wollen das Geld von Verursachern wie Katja Becker zurückhaben. Immerhin: Die Debeka kommt der jungen Mutter entgegen. Sie wartet den Ausgang des Insolvenzverfahrens ab. Zurzeit scheint es so, als würde die Insolvenzmasse reichen, um allen finanziellen Verpflichtungen des Kfz-Versicherers nachzukommen.

Die International Insurance Corporation (IIC) hat mit den Marken Ineas und Ladycar in Deutschland rund 57000 Kfz-Haftpflicht- und Kaskoverträge verkauft. Mit der Pleite des Unternehmens 2010 ist hierzulande zum ersten Mal ein Autoversicherer zahlungsunfähig geworden. Dass ein Versicherer pleitegeht, kommt in Deutschland extrem selten vor. Im Jahr 2003 hatte die Finanzaufsicht BaFin einen Insolvenzantrag für den Schiffskaskoversicherer ANTRA Niederelbe-Trampfahrt gestellt, das Verfahren läuft immer noch. 2006 folgte der Insolvenzantrag für das Unternehmen Ancora, das Diskotheken und Spielhallen versichert hatte.

Im Preiskrieg der Autoversicherer ist Ineas besonders aggressiv mit billigen Tarifen aufgetreten. Immer wieder hatte der Versicherer bei Rankings und Vergleichen hervorragend abgeschnitten. Gute Testergebnisse sind für Versicherer eine hervorragende Werbung, viele Verbraucher orientieren sich daran. Oft ist ihnen nicht bewusst, was genau die Prüfer testen. Im Fall des niederländischen Kfz-Versicherers war es das Preis-Leistungs-Verhältnis, nicht die Finanzstärke. Ein hervorragendes Preis-Leistungs-Verhältnis bedeutet eben nicht, dass auch die Finanzkraft des Unternehmens gut ist. Wenn einer gar nicht mehr leistet, ist das gute Preis-Leistungs-Verhältnis nichts wert. Bei Ineas waren die finanziellen Verhältnisse desolat. Der Verbraucher sollte annehmen dürfen, dass eigentlich über so etwas die Aufsicht wacht. Aber die BaFin war für den niederländischen Versicherer schlicht nicht zuständig. Viele Leute aus der Branche sind davon überzeugt, dass es unter deutschen Aufsichtsbedingungen nicht zu einer Insolvenz gekommen wäre oder dass der ins Schleudern geratene Versicherer von einem anderen Unternehmen übernommen worden wäre. Die Branche löst Problemfälle gerne so, denn es erspart ihr Imageschäden. Auch für Ineas gab es einen Interessenten. Die Itzehoher Versicherung hätte die Gesellschaft gerne übernommen, sie will wachsen. Aber nachdem ihr Interesse vorzeitig publik geworden war, nahm sie Abstand. Zu groß war die Furcht, dass das schlechte Ansehen abfärbt.

Der Fall zeigt, wie überfällig europäische Aufsichtsregeln sind. Der Aufbau einer Versicherungsaufsicht innerhalb der Europäischen Union steht noch ganz am Anfang, obwohl Europapolitiker seit Jahren daran arbeiten. Das Projekt trägt den Namen Solvency II und ist formal gesehen eine EU-Richtlinie. Eine Menge Details, aber auch große Linien sind noch nicht geklärt, und es wird noch lange dauern, bis sich die Aufseher aus den verschiedenen Ländern geeinigt haben. Bei vielen Fragen geht es um das für den Alltag des Versicherungsbürokraten sicher wichtige, aber für Laien unendlich langweilige Klein-Klein. Doch was hier entschieden wird, hat erhebliche Auswirkungen auf Verbraucher. Unterliegt das Unternehmen aus Spanien oder Belgien, bei dem ein Kunde seine Versicherung kauft, der deutschen Aufsicht oder der seines Heimatlands? »Für Verbraucher ist das eine wichtige Frage«, sagt Lars Gatschke, Versicherungsexperte des Bundesverbands der Verbraucherzentralen. Haben Kunden ein ernsthaftes Problem und der Versicherer sitzt in Lissabon, haben sie es ziemlich weit. Ihnen ist vielleicht auch nicht bewusst, welche Aufsichtsregeln in Portugal gelten, etwa ob die Finanzstärke regelmäßig geprüft wird. »Verbraucher müssen wenigstens darüber informiert werden, wenn der Versicherer nicht der deutschen Aufsicht unterliegt«, fordert Verbraucherschützer Gatschke. Wenn sie vielleicht auch nicht umgesetzt werden, gehört werden seine Forderungen auf jeden Fall. Denn Gatschke ist Mitglied des Beirats für Verbraucherschutz von EIOPA, der europäischen Agentur für Versicherungsaufsicht.

Die Aufsichtsagentur EIOPA

Auf der Homepage der in der Öffentlichkeit weitgehend unbekannten europäischen Agentur EIOPA steht eine Wegbeschreibung. »From Frankfurt's central station (›Hauptbahnhof‹) it is only a 10 minute walk to EIOPA.« Wer wirklich zehn Minuten braucht, hat vielleicht noch einen Abstecher zur Evangelischen Hoffnungsgemeinde gemacht, die auf dem Weg liegt. Die Agentur hat einen ordentlichen Sicherheitszuschlag auf die Zeitangabe gegeben. In so etwas ist sie geübt. Sicherheit ist ihre Aufgabe. Im vierzehnten und fünfundzwanzigsten Stock des grünglasigen Westhafen Towers sitzt die europäische Aufsicht über die Assekuranz in den 27 Ländern der Europäischen Union. Die Agentur ist jung, bald wird sie viel mehr Platz brauchen. Erst 2011 hat sie die Arbeit aufgenommen, 2013 oder 2014 werden die europäischen Politiker prüfen, ob sie sich bewährt hat. Knapp 60 Leute arbeiteten Ende 2011 hier, bis 2014 sollen es 100 bis 120 sein.

Manchmal wenden sich verärgerte Kunden, die sich von ihrem Versicherer über den Tisch gezogen fühlen, an EIOPA. Sie sind hier falsch. Kommen die Beschwerden aus Deutschland, werden ihre Eingaben an die BaFin weitergeleitet – oder an den europäischen Ombudsmann. Trotzdem ist die Arbeit von EIOPA für Verbraucher ungeheuer wichtig. Die Agentur soll verhindern, dass die Versicherer in Schieflage geraten und untergehen.

Wegen der stets fließenden Beiträge haben die Versicherer anders als die Banken zwar kein Liquiditätsproblem, sie haben aber langfristige Verpflichtungen, denen sie nachkommen können müssen. Sie müssen die Garantieverzinsung für ihre Kunden erwirtschaften und eine wettbewerbsfähige Überschussbeteiligung bieten können. Das wird immer schwieriger, denn die Zinsen für Wertpapiere sind niedrig. Versicherer stecken viel Geld in die sogenannten festverzinslichen Wertpapiere, denn diese Anlagen sind sicher. Bei einer ganzen Reihe von Gesellschaften läuft es nicht rund, sie verkaufen keine neuen Verträge mehr. Nicht nur die ERGO-Tochter Victoria hat ihr Neugeschäft eingestellt. Auch andere wie die Bayerische Beamten Leben, die Delta Llyod, die Familienschutz Leben und die Plus Leben der Stuttgarter Leben haben den sogenannten Run-off bereits eingeleitet.

Was in der Frankfurter EIOPA-Zentrale im großen Sitzungssaal mit den blau bezogenen Stühlen und den großen Flachbildschirmen entschieden wird, dürfte so manchem Manager in den Vorstandsetagen der Versicherungsunternehmen zwischen Gibraltar und dem Nordkap den Schweiß auf die Stirn treiben. Dabei hat die Agentur – möglicherweise noch – keinen unmittelbaren Zugriff auf die Gesellschaften, kann ihnen direkt keine Vorschriften machen oder Strafen gegen sie verhängen. Aber hier wird über das Projekt Solvency II verhandelt, das in der gesamten europäischen Versicherungsbranche mit großem Argwohn beobachtet wird. Dahinter verbirgt sich ein ganzes Bündel verschiedenster Maßnahmen. Die Europäische Union wird die Gesellschaften dazu zwingen, genug eigenes Kapital vorzuhalten, um auch große Belastungen zu überstehen. Außerdem gibt es rigidere Vorschriften für die Kapitalanlage, und die Versicherer sollen nicht mehr Risiken von Kunden übernehmen, als sie sich leisten können. Gesellschaften mit wenig Eigenkapital und hochriskanten Investments können nach dieser Logik weniger Geschäfte machen als Unternehmen mit viel Eigenkapital und sehr sicher angelegtem Vermögen. Damit soll verhindert werden, dass ein Versicherer sich an den Börsen verzockt und die Bürger die Zeche zahlen, indem sie zum Beispiel ihre Altersvorsorge abschreiben müssen oder als Geschädigte auf hohen Kosten sitzen bleiben.

Das klingt einfach, ist aber eine hoch komplizierte Sache. Denn festzulegen, wie viel ein Versicherer in Aktien, Staatsanleihen oder Immobilien investieren kann, bis es kritisch wird, ist eine heikle Entscheidung. Dazu bedarf es genauer Abwägungen, welches Papier, welches Investment wie bewertet wird. Ist die Investition in ein griechisches Einkaufszentrum genauso sicher wie die in ein Mietshaus in der Kölner Innenstadt? Sind Aktien genauso riskant wie Immobilien? Die Versicherer wollen, dass ihre Kapitalanlagen als möglichst sicher gelten. Je riskanter die Anlage, desto mehr Kapital müssen sie dagegenhalten. Griechische Staatsanleihen galten bis zum Ausbruch der Staatsschuldenkrise als absolut sicher, irische, italienische und portugiesische ebenfalls. Auf europäischer Ebene wird auch über

Sicherungssysteme diskutiert, die fallende Versicherer auffangen können. »Dafür soll es einheitliche Regeln geben«, sagt EIOPA-Beiratsmitglied Gatschke.

Deutschland hat mit Protektor für Lebensversicherer und mit Medicator für private Krankenversicherer bereits solche Einrichtungen. Im Vergleich zu den europäischen Nachbarn ist die Bundesrepublik bei der Überwachung und Sicherung der Solvenz weit, finden die Versicherer. Die europäischen Aufseher ziehen in Erwägung, dass die Sicherungssysteme auf nationalstaatlicher Ebene tätig sind, aber den Vorschriften der Union folgen. Kommt es zu einem Crash, könnten sie sich gegenseitig stützen. Sollte es so kommen, hätte das den Vorteil, dass die Branche den Untergang eines Versicherungsgiganten wie die Allianz oder die französische AXA verkraften könnte.

Solvency II

Mit Solvency II sollen Risiken, die Versicherer eingehen, berechenbar sein. Dafür werden komplizierte Formelwerke entwickelt, die zu einem Standardmodell zusammengefasst werden. Es müssen sehr, sehr viele Details bewertet, die Auswirkungen geschäftspolitischer Entscheidungen sorgfältig abgewogen werden. Dazu gehört die Frage, ob Rückversicherungsschutz gleich Rückversicherungsschutz ist. Denn wenn sich Erstversicherer, also Unternehmen, die direkt mit Privatleuten oder Unternehmen Verträge abschließen, damit außerhalb der Europäischen Union eindecken – in der Schweiz, auf den Bermudas oder in Japan –, ist der möglicherweise nicht so sicher wie die Deckung bei einem Rückversicherer, der von der europäischen Aufsicht kontrolliert wird. Auf den Bermudas haben Investoren nach großen Naturkatastrophen wie Hurrikans Rückversicherer gegründet. Oft steigen nach großen Schadenereignissen die Preise für Rückversicherungsschutz. Daran wollen Investoren verdienen. Die Bermudas sind für sie aus steuerlichen und aufsichtsrechtlichen Gründen ein günstiger Standort, denn dort sind die Regeln nicht so streng wie in der EU. Manche der auf den Bermudas gegründeten Rückversicherer bestehen lange, andere nur kurz. Gerät ein Rückversicherer aufgrund lascher Aufsichtsregeln in eine Schieflage, kann er möglicherweise im Falle einer Katastrophe die Schäden nicht zahlen – dann bekommt der Erstversicherer nicht die vereinbarte Summe und gerät eventuell selbst in Schwierigkeiten. Ein der EU-Aufsicht unterliegender Rückversicherer ist vielleicht gerade wegen der hohen Sicherheitsanforderungen teurer als einer auf Bermuda. Der Preisvorteil wäre für den Erstversicherer dahin.

Die Versicherer dürfen aber auch ein eigenes Modell entwickeln, wenn sie der Meinung sind, dass die Standardlösung ihre besondere Situation nicht widerspiegelt. Das machen große Versicherer wie die Allianz oder Munich Re, aber auch kleine Nischenanbieter wie der auf Senioren spezialisierte Berliner Versicherer Ideal. Wofür auch immer sich die Gesellschaften entscheiden, am Ende kommen drei Zahlen heraus: das bestehende Eigenkapital, das von der Aufsicht gewünschte Eigenkapital und das mindestens erforderliche. Hat das Unternehmen zu wenig Vermögen, schreitet die Aufsicht ein. Sie kann eine andere Kapitalanlage oder schlimmstenfalls das Einstellen bestimmter Geschäftstätigkeiten verlangen.

Solvency II ist der Versuch, eine europäische Aufsichtsbehörde, also gleiche Regeln für Tausende von Versicherungsunternehmen zu etablieren – Jahre, nachdem der europäische Binnenmarkt für Versicherungsdienstleistungen scharf geschaltet worden ist. Damit sollen EU-weit einheitliche Wettbewerbsbedingungen geschaffen werden. Erste Anläufe stammen aus dem Jahr 2000. Den letztendlichen Anstoß für die Schaffung einer europäischen Aufsicht gab die große Finanzkrise, die 2008 begann. Die Europapolitiker wollen verhindern, dass im Versicherungssektor so eine Krise entsteht wie im Bankenbereich. Anders als die Banken sind die Versicherer in der Finanzkrise nicht ins Schleudern geraten. Der US-amerikanische Versicherer AIG, der vom Staat gerettet werden musste, ist über versicherungsferne Geschäfte gestolpert. Aber die Versicherer sind so eng mit den Banken verbandelt, dass ein durchschlagender Bankencrash sie mit in die Tiefe reißen würde. Die großen deutschen Lebensversicherer haben mehr als die Hälfte ihrer Kapitalanlagen in Banken investiert.

Auch früher trafen sich die Aufseher aus den europäischen Staaten regelmäßig. Sie nannten sich Cheiops, residierten zuletzt ebenfalls im Frankfurter Westtower und waren organisiert als Verein nach deutschem Recht. Cheiops war ein Sekretariat ohne eigenen Rechtsstatus, das nichts entscheiden konnte – auch wenn sich die Aufseher informell auf bestimmte Vorgehensweisen verständigten. EIOPA dagegen ist eine von 29 europäischen Agenturen. Im Zuge der Finanzkrise ist die Verbindung der verschiedenen Sektoren wie Banken, Versicherungen und Fonds untereinander drastisch klar geworden.

Die europäischen Aufseher haben schöne Ideen, die Verbraucher freuen und Versicherer schrecken dürften. »Auf europäischer Ebene soll eine Initiative zum Beschwerdemanagement von Versicherern starten«, berichtet Verbraucherschützer Gatschke. Dabei sollen Richtlinien dafür geschaffen werden, wie die Unternehmen mit Beschwerden von Kunden oder Geschädigten umgehen. Es soll klare Regeln geben, wie Eingaben in den Gesellschaften behandelt werden, was geschieht, wenn sie wiederholt erhoben werden und wer darüber informiert wird. »Die Aufsichtsbehörde kann über diesen Mechanismus sehen, was bei der Schadenbearbeitung schiefläuft«, erklärt Gatschke. In diesem Zusammenhang will sich die europäische Ebene auch mit der Frage befassen, wie Anordnungen oder Gerichtsentscheidungen von den Gesellschaften umgesetzt werden müssen. Die Verbraucherschützer fordern, dass nach jeder erfolgreichen Unterlassungsklage gegen einen Versicherer festgestellt wird, ob damit grundsätzlich Ansprüche der Kunden verbunden sind. »Ist das der Fall, müsste es Sache der Versicherer sein, die Kunden anzuschreiben und zu fragen, ob sie Ansprüche stellen wollen«, sagt Gatschke.

Das Entscheidungszentrum von EIOPA ist das Board of Supervisors, das aus den Aufsehern der 27 EU-Staaten besteht. Sie treffen sich alle zwei Monate, abwechselnd im Konferenzraum im vierzehnten Stock in Frankfurt und in einem der Mitgliedsländer. Kommt eine Krise, will man schnell entscheiden können. Ein Aufseher kommt selten allein, meistens bringt er einige Spezialisten zu der Frage mit, um die es gehen soll. Für Deutschland kommt Gabriele Hahn, die Leiterin der Versicherungsaufsicht in der Bundesanstalt für Finanzdienstleistungsaufsicht.

Bei den regelmäßigen Treffen ist man zwar auf Ausgleich und Kompromissfindung aus, aber die Aufseher aus den 27 Staaten diskutieren durchaus kontrovers. Uneinig waren sie zum Beispiel bei der Frage, ob und in welchem Umfang sie die Ergebnisse aus den sogenannten »Auswirkungsstudien« an die Öffentlichkeit geben sollen. Bei diesen Studien testen die Aufseher, was mit den Kapitalanlagen der teilnehmenden Versicherer bei einem Börsencrash geschieht. Können sie einen plötzlichen Kurssturz um 20 oder 30 Prozent aushalten, oder sind sie dazu nicht in der Lage? EIOPA prüft, was bei so einem Szenario geschieht. Bei solchen Stresstests fallen immer wieder Versicherer durch. Ist es sinnvoll, ihre Namen zu veröffentlichen? Aufseher aus manchen Ländern sind dafür. Doch es ist gut möglich, dass erst durch die Benennung der kritischen Unternehmen Schwierigkeiten für sie entstehen: Kunden ziehen ihr Geld ab, obwohl der Stresstest ja nur eine Simulation war. EIOPA veröffentlicht die Namen daher nicht, die Aufsichtsbehörden in den einzelnen Ländern auch nicht. Manche geben die anonymisierten Ergebnisse für ihren Geltungsbereich allerdings durchaus an die Öffentlichkeit. Die Presse stürzt sich mit Wonne darauf, um Urteile über die Stabilität der Branche zu fällen.

Im Board of Supervisors hat jedes Land eine Stimme. Bei Uneinigkeit wird abgestimmt, die Mehrheit setzt sich durch. Ein Vetorecht hat keiner, aber wenn ein Land ernsthafte Bedenken hat, nehmen die anderen Aufseher Rücksicht. EIOPA hat zwar keine politischen Aufgaben, sondern soll die Beschlüsse der politischen Gremien der EU umsetzen. Aber technische Fragen haben immer auch einen politischen Aspekt, etwa die Frage der Methodik bei Solvency II. EIOPA kann technische Leitlinien erlassen, die für die Versicherer verbindlich sind. Verstoßen Versicherer dagegen, hat die Agentur eine Palette von Möglichkeiten, von der Anfrage über eine Abmahnung bis zu einer Klage vor dem Europäischen Gerichtshof.

Im fünfundzwanzigsten Stock des Frankfurter Westtower residieren Chairman Gabriel Bernadino und Generalsekretär Carlos Montalvo. Sie werden vom Europäischen Parlament für fünf Jahre gewählt und sind nur bei schweren Verfehlungen absetzbar. Damit soll die politische Unabhängigkeit der Agentur gesichert werden. Der Chairman ist der politische Repräsentant, der Generalsekretär für das Tagesgeschäft zuständig. Transparenz ist bei EIOPA ein großes Thema. Es soll nicht der Eindruck entstehen, die Assekuranz oder die Lobbys der Kunden könnten Einfluss auf die Entscheidungen der Agentur nehmen. Die Interessen von Versicherungsnehmern müssen nicht identisch sein. Die Chemie- oder Nahrungsmittelindustrie hat in Versicherungsfragen andere Wünsche als Privatleute. Möglicherweise widersprechen sie sich, zum Beispiel hinsichtlich von Verjährungszeiten. Im Internet ist nicht nur der detaillierte Haushaltsplan von EIOPA abrufbar, auch Treffen von Bernadino und Montalvo sind verzeichnet. So will sich die Agentur gegen den Vorwurf schützen, Lobbyisten zu viel Gehör zu verschaffen.

Zum Glück gibt es Europa

Für die Versicherer ist die Europäische Union und die Gemeinschaftswährung eine prima Sache. Die großen deutschen Gesellschaften können in der Nachbarschaft unkompliziert gute Geschäfte machen, durch den Euro sind Finanztransaktionen einfacher, und es gibt quasi keine Konvertierungsrisiken mehr.

Aber die Europäische Union ist auch für Kunden von Versicherern eine gute Sache. Ohne die Union würde es mit dem Verbraucherschutz in Deutschland noch weniger vorangehen. Auch wenn die Branche alles tut, um Fortschritte zu konterkarieren.

Ab Dezember 2012 dürfen Versicherer keine Policen mehr verkaufen, bei denen Frauen und Männer wegen des Geschlechts unterschiedliche Preise zahlen müssen. Der Europäische Gerichtshof hat das im Frühjahr 2011 verboten. Damit geht eine über Jahre anhaltende Diskriminierung zu Ende – aber billiger wird es für niemanden. Dafür sorgen schon die »Sicherheitszuschläge«, die sich die Unternehmen vorbehalten. Weil sie nicht wissen, wie viele Frauen und wie viele Männer eine private Rentenversicherung abschließen werden, werden eben alle behandelt, als seien sie Frauen. Das hat den – für die Versicherer – angenehmen Nebeneffekt, dass die zu hoch kalkulierten Sicherheitszuschläge zu erheblichen Anteilen bei ihnen hängen bleiben werden.

In Deutschland sind unterschiedliche Tarife für Frauen und Männer in der Lebens- und Krankenversicherung üblich, teilweise auch in der Unfallversicherung. Weil Frauen länger leben als Männer, zahlen sie in der Risikolebensversicherung bislang für die gleiche Leistung weniger Beitrag und in der Rentenversicherung mehr. Dass Frauen, die immer noch deutlich weniger als Männer verdienen, mehr für die spätere gleichhohe monatliche Rente zahlen müssen, ist ein sozialpolitischer Hohn. Geringere Beiträge in der Risikolebensversicherung sind dafür kein Ausgleich. Dass die Versicherungswirtschaft nicht auf die Idee gekommen ist, selbst etwas gegen diese Ungerechtigkeit zu tun oder diesen Skandal zumindest zum Thema zu machen, zeigt einmal mehr, wie ungeeignet diese Branche ist, wichtige sozialpolitische Aufgaben zu übernehmen. Statt den Missstand anzuprangern, hat sie seine Abschaffung mit großem Geheule beklagt. »Mit der Entscheidung wird ein zentrales Prinzip der privaten Versicherungswirtschaft, nämlich das Prinzip der Äquivalenz von Beitrag und Leistung, infrage gestellt«, schimpfte der Hauptgeschäftsführer des Branchenverbands Jörg von Fürstenwerth. »Es ist davon auszugehen, dass die Versicherungen teurer werden«, meldete sich der Vorstandsvorsitzende der Allianz Deutschland Markus Rieß zu Wort.[60] Ungleiches gleichzubehandeln sei falsch. »Es ist ein Fehler, unterschiedliche Risiken zu sozialisieren«, sagte Alexander Erdland, Chef des Finanzkonzerns Wüstenrot & Württembergische.[61] Dabei hat die Branche schon seit Jahren Erfahrungen mit Unisex-Tarifen. Riester-Renten dürfen gar nicht anders angeboten werden. Zu den ganz wenigen aus der Branche, die das Urteil begrüßten, gehörte der Bundesverband der FinanzFachFrauen. »Natürlich weisen Frauen und Männer Unterschiede auf. Aber das darf kein Grund sein, die Beiträge zu differenzieren«, sagt Regina Weihrauch von den FinanzFachFrauen in Göttingen. Der Verband ist enttäuscht über die Reaktionen der Versicherungsbranche auf die Entscheidung des Europäischen Gerichtshofs. »Wir Frauen müssen aufpassen, dass die Diskussion nicht auf unserem Rücken ausgetragen wird, und dürfen dieser plumpen und einfachen Argumentation nicht folgen«, sagt Regina Weihrauch. Im Schnitt müssten vierzigjährige Frauen mit einer Rundum-Versorgung mit Berufsunfähigkeitspolice, privater Renten- und Krankenversicherung 1500 Euro mehr im Jahr an Versicherungsprämien zahlen als Männer.[62]

Die deutsche Politik ist nicht willens oder nicht fähig, den Verbrauchern im ungleichen Verhältnis zu den starken Versicherern und ihren großen Fußtruppen den Rücken zu stärken. Im Zweifel ist die Assekuranz fast immer dazu in der Lage, ihre Interessen in Berlin durchzusetzen. In Brüssel ist das wenigstens ein bisschen anders. Aus Brüssel kommen für Verbraucher hoffnungsvolle Signale. Die Beseitigung des Kartells 1994, die Reform des Versicherungsvermittlerrechts oder das Ende der Geschlechtsdiskriminierung sind wichtige Schritte, weitere werden folgen. Denn mit der Einführung der neuen Richtlinie Solvency II werden die Versicherer viel mehr über sich preisgeben müssen, als sie es heute tun. Wissen ist Macht, das gilt auch und gerade für Verbraucher. Transparenz scheut diese geheimniskrämerische Branche wie der Teufel das Weihwasser. Das wird Gründe haben. Zeit, Licht ins Dunkel zu bringen.

Literatur

Baum, Gerhart/Reiter, Julius/Methner, Olaf: *Abkassiert. Die skandalösen Methoden der Finanzbranche.* Reinbek bei Hamburg 2009.

Beucker, Pascal/Krüger, Anja: *Die verlogene Politik. Macht um jeden Preis.* München 2010.

Beucker, Pascal/Überall, Frank: *Endstation Rücktritt!? Warum deutsche Politiker einpacken.* Bonn 2011.

Böhle, Ingo: *Private Krankenversicherung (PKV) im Nationalsozialismus. Unternehmens- und sozialgeschichtliche Studie unter besonderer Berücksichtigung der Deutschen Krankenversicherung AG (DKV).* Frankfurt am Main 2003.

Eggenkämper, Barbara/Modert, Gerd/Pretzlik, Stefan: *Die staatliche Versicherung der DDR. Von der Gründung bis zur Integration in die Allianz.* München 2010.

Feldmann, Gerald D.: *Die Allianz und die deutsche Versicherungswirtschaft 1933 – 1945.* München 2001.

Föhrenbach, Walter/Schwebler, Robert (Hg.): *Jahre der Wende. Festgabe für Alex Möller zum 65. Geburtstag.* Karlsruhe 1968.

Gesamtverband der Deutschen Versicherungswirtschaft e.V. (Hg.): *Die deutsche Lebensversicherung in Zahlen 2010/2011.* Berlin 2011.

Gesamtverband der Deutschen Versicherungswirtschaft e.V. (Hg.): *Statistisches Taschenbuch der Versicherungswirtschaft 2011.* Berlin 2011.

Gesamtverband der Deutschen Versicherungswirtschaft e.V. (Hg.): *Verantwortung: Gesellschaft und Versicherungen im Wandel der Zeit. 50 Jahre Versicherungswirtschaft in Deutschland.* Berlin 1998.

Maizière, Lothar de: *Ich will, dass meine Kinder nicht mehr lügen müssen. Meine Geschichte der deutschen Einheit.* Freiburg im Breisgau 2010.

Möller, Alex: *Tatort Politik.* München/Zürich 1982.

Möller, Alex: *Genosse Generaldirektor.* Vollständige Taschenbuchausgabe. München/Zürich 1980.

Möller, Alex: *Ein Arbeitsleben für die Assekuranz.* Karlsruhe 1973.

Müller-Vogg, Hugo: *Der letzte Patriarch. Reinfried Pohl im Urteil bedeutender Zeitgenossen.* Hamburg 2008.

Philipp, Michael: *Persönlich habe ich mir nichts vorzuwerfen. Politische Rücktritte in Deutschland von 1950 bis heute.* München 2007.

Pohl, Reinfried: *»Ich habe Finanzgeschichte geschrieben.« Ein Gespräch mit Hugo Müller-Vogg.* 5. Aufl., Hamburg 2010.

Provinzial Versicherungen (Hg.): *Alle Sicherheit für uns im Norden. Die Geschichte der Provinzial Versicherungen.* Kiel 1999.

Surminski, Arno: *Versicherung unterm Hakenkreuz.* Berlin 1999.

Volksfürsorge Versicherungsgruppe (Hg.): *75 Jahre Volksfürsorge Versicherungsgruppe.* Hamburg 1988.

Anmerkungen

1 www.hdi-gerling.de/de/firmenkunden/unternehmensleiter/bu/index.jsp?rid=2 (Stand: 03.10.2011).

2 www.wertmeinerarbeit.de/online/portal/amvinternet/wertmeinerarbeit/content/349420/348482 (Stand: 03.10.2011).

3 www.amv.de/internet/amven/amven_inter.nsf/ContentByKey/DRXS-53RHXZ-DE-p (Stand: 03.10.2011).

4 www.dvag-unternehmensblog.de/2011/05/04/risiko-berufsunfaehigkeit/ (Stand: 03.10.2011).

5 www.focus.de/finanzen/versicherungen/berufsunfaehigkeit-alarm-studie-schreckt-20-jaehrige-auf_aid_418052.html (Stand: 03.10.2011).

6 *Financial Times Deutschland*, 23.08.2011.

7 Wissenschaftstagung des Bundes der Versicherten 2010.

8 Sigma Nr.2/2011: Assekuranz Global: Prämienvolumen steigt wieder, Kapitalisierung nimmt zu, herausgegeben von Swiss Re, Zürich.

9 Vgl. Lothar de Maizière: *Ich will, dass meine Kinder nicht mehr lügen müssen.* Freiburg im Breisgau 2010, S. 83.

10 Pressemitteilung 26. April 2007.

11 www.verbraucherzentrale-bremen.de/themen/geld/altersvorsorge/statistische-Lebenserwartung-4.html (Stand: 03.10.2011).

12 Peer Steinbrück: *Unterm Strich.* Hamburg 2010, 2. Aufl., S. 295.

13 Peer Steinbrück: *Unterm Strich.* Hamburg 2010, 2. Aufl., S. 295.

14 Peer Steinbrück: *Unterm Strich.* Hamburg 2010, 2. Aufl., S. 295.

15 Pressemitteilung vom 16.05.2011.

16 *Capital* Nr. 4, 2011.

17 www.mr-ag.com/de/startseite.html (Stand: 03.10.2011).

18 Hugo Müller-Vogg: Das höchstkarätig besetzte Ehemaligen-Treffen Deutschlands. Online unter: www.bild.de/news/standards/ag/berlin-intern-11574162.bild.html (Stand: 03.10.2011).

19 *FAZ*, 22.01.2011.

20 So auch der Titel von Alex Möllers 1978 erschienener Autobiografie.

21 Gerald D. Feldman: *Die Allianz und die deutsche Versicherungswirtschaft 1933 – 1945.* München 2001, S. 550.

22 Michael Philipp: *Persönlich habe ich mir nichts vorzuwerfen. Politische Rücktritte in Deutschland von 1950 bis heute.* München 2007, S. 374.

23 www.history.allianz.com/history/sp/de/themen/kapitel2/index_1.html (Stand: 03.10.2011).

24 http://www.bundestag.de/bundestag/abgeordnete17/biografien/B/burkert_martin.html (Stand: 03.10.2011).

25 http://www.bundestag.de/bundestag/abgeordnete17/biografien/B/bosbach_wolfgang.html (Stand: 03.10.2011).

26 http://de.walterservices.com/de/referenzen.html (Stand: 03.10.2011).

27 Zum Beispiel: Ulrike Flach (FDP, AUPU Versorgungswerke), Wolfgang Gerhard (FDP, Alte Leipziger), Ulrich Kelber (SPD, VPV Versicherungen), Bettina Kudla, (CDU, Sparkassen Versicherung Holding Sachsen), Jens Spahn (CDU, Iduna Lebensversicherung, SIGNAL

IDUNA Pensionskasse), Christian Freiherr von Stetten (CDU, Allianz Global Investors), Lena Stothmann (CDU, Signal Unfallversicherung), Carl-Ludwig Thiele (FDP, Signal Krankenversicherung), Dagmar Wöhrl (CSU, Nürnberger Allgemeine Versicherung)

28 AXA-Pressemitteilung vom 09.03.2011.

29 Vgl. Gerald D. Feldman: *Die Allianz und die deutsche Versicherungswirtschaft 1933–1945*. München 2001.

30 Reinfried Pohl: »*Ich habe Finanzgeschichte geschrieben.« Ein Gespräch mit Hugo Müller-Vogg*. Hamburg 2005, S. 124.

31 Reinfried Pohl: »*Ich habe Finanzgeschichte geschrieben.« Ein Gespräch mit Hugo Müller-Vogg*. Hamburg 2005, S. 32.

32 Reinfried Pohl: »*Ich habe Finanzgeschichte geschrieben.« Ein Gespräch mit Hugo Müller-Vogg*. Hamburg 2005, S. 120.

33 www.stern.de/wirtschaft/news/sexskandal-bei-der-hamburg-mannheimer-live-porno-fuer-herrn-kaiser-1686772.html (Stand: 03.10.2011).

34 www.bild.de/regional/ruhrgebiet/ruhrgebiet-regional/zeigt-tueten-venus-finanz-hostess-14448458.bild.html (Stand: 03.10.2011).

35 www.fondsfinanz.de/dkm/ (Stand: 09.08.2011), nach eigener Aussage hat der Leiter des Marketing von FondsFinanz, Andreas Pollak, die Seite im August 2011 entfernen lassen. Er begründet das mit einem Strategiewechel des Unternehmens in der Außendarstellung, siehe auch FTD vom 26.10.2011 »Die Wahrsager von Dortmund«.

36 www.laubach-cie-coaching.de/branchen/finanzdienstleistung/finanzdienstleistung.php (Stand: 03.10.2011).

37 www5.cosmosdirekt.de/owx_medien/media23/2349.pdf (Stand: 03.10.2011).

38 www.bild.de/unterhaltung/leute/werbung/der-schoene-mann-aus-der-ergo-versicherung-werbung-13427074.bild.html (Stand: 03.10.2011).

39 www.icon-added-value-source.com/2011/02/04/das-interview-mit-dr-stachon-ergo-bilanz-der-ergo-kampagne/ (Stand: 03.10.2011).

40 *Süddeutsche Zeitung*, 27.05.2011.

41 www.ergo.com/de/Presse/Overview/Pressemappen/HMI/FAQ (Stand: 03.10.2011).

42 *die tageszeitung*, 04.08.2011.

43 http://www.horizont.net/aktuell/marketing/pages/protected/Allianz-startet-Imagekampagne_95668.html (Stand: 03.10.2011).

44 www.horizont.net/aktuell/marketing/pages/protected/Allianz-startet-Imagekampagne_95668.html (Stand: 03.10.2011).

45 Pressemitteilung vom 21.04.2008.

46 www.autohaus.de/huk-coburg-macht-die-million-voll-1012052.html (Stand: 03.10.2011).

47 www.neue-assekuranz-gewerkschaft.de/images/stories/Dokumente/bericht_gr_mitgliederversammlung.pdf (Stand: 03.10.2011).

48 www.neue-assekuranz-gewerkschaft.de/images/stories/Dokumente/bericht_gr_mitgliederversammlung.pdf (Stand: 3.10.2011).

49 www.generali.de/online/portal/geninternet/content/11478/46306 (Stand: 03.10.2011).

50 Wochenbericht des DIW Berlin Nr 3/2011.

51 Wochenbericht des DIW Berlin Nr 3/2011.

52 Zit. n. *Versicherungswirtschaft* Heft 4, 15. Februar 2011, S. 225.

53 Zit. n. *Versicherungswirtschaft* Heft 4, 15. Februar 2011, S. 225.

54 Wochenbericht des DIW Berlin Nr 3/2011.

55 *Women Matter. Gender diversity, a corporate performance driver* (2007). Online unter: www.mckinsey.com/locations/paris/home/womenmatter/pdfs/Women_matter_oct2007_english.pdf (Stand 03.10.2011). *Women Matter 2. Female leadership, a competitive edge for the future* (2008). Online unter: www.mckinsey.com/locations/paris/home/womenmatter/pdfs/Women_matter_oct2008_english.pdf (Stand 03.10.2011).

56 www.allianz.com/de/presse/news/unternehmensnews/personalthemen/news_2011-03-02.html (Stand: 03.10.2011).

57 www.spiegel.de/sport/fussball/0,1518,738673,00.html (Stand: 03.10.2011).

58 www.bafin.de/cln_152/nn_723148/DE/BaFin/Grundlagen/Geschichte/geschichte__node.html?__nnn=true#doc723154bodyText2 (Stand: 03.10.2011).

59 www.bafin.de/cln_152/nn_723148/DE/BaFin/Grundlagen/Geschichte/geschichte__node.html?__nnn=true#doc723154bodyText2 (Stand: 03.10.2011).

60 www.spiegel.de/wirtschaft/service/0,1518,748394,00.html (Stand: 03.10.2011).

61 www.spiegel.de/wirtschaft/service/0,1518,748394,00.html (Stand: 03.10.2011).

62 www.finanzfachfrauen.de/downloads/unisex_Maerz_2011.pdf (Stand: 03.10.2011).